Vandenberg · Das Tal

Philipp Vandenberg

Das Tal

Auf den Spuren der Pharaonen

C. Bertelsmann Verlag

Gesamtherstellung Mohndruck Graphische Betriebe GmbH, Gütersloh
ISBN 3-570-07045-X · Printed in Germany

Inhalt

I.
Am Anfang war das Pulver 9

II.
Ein Mann und 5000 Jahre Vergangenheit 45

III.
Die Herren Maulwürfe 77

IV.
Wunder der Gegenwart, Wunder der Vergangenheit 120

V.
Der schleichende Tod 148

VI.
Weltausstellung in Paris 176

VII.
Achmed, der König der Grabräuber 202

VIII.
Der Suezkanal 219

IX.
Mariettes Tod 232

X.
Stimmen aus dem zweiten Jahrtausend 263

XI.
Das Geheimnis von Tell-el-Amarna 288

XII.
Spuren im Tal der Könige 307

XIII.
Männer, Träumer und Rivalen 322

Karte von Ägypten 345

Bibliographie 346

Register 347

Bildnachweis 351

Die Altertumswissenschaft ist ein
schönes Mädchen ohne Mitgift.

Jean François Champollion

I.
Am Anfang war das Pulver

Er hatte vieles erwartet, aber nicht, daß im Innern des riesigen Granitsarges ein Tisch für drei Personen gedeckt war. Mariette meinte: »Es ist nicht sehr geräumig, aber sauber und gemütlich.«

Gelber Staub wirbelte auf unter den Hufen des Schimmels, den Mariette durch die Wüste hetzte: »Allez, Allez!« schrie er immer wieder gegen den heißen Wüstenwind und stieß dem Gaul die Sporen seiner Stiefel in die Flanken. Mit der Rechten hielt er den Zügel, sein linker Arm umklammerte ein Paket Pulver-Stangen. »Allez!«

Irgendwo zwischen den Dörfern Abusir und Sakkara, wo ein paar halbverfallene Pyramiden aus den Sanddünen ragten, knatterte an einer Fahnenstange die Trikolore. Etwa dreißig Fellachen mühten sich in monotonem Singsang mit Hilfe von Holzschaufeln und Körben ein Mauerwerk freizulegen, das knapp einen Meter aus dem Sand ragte und mit einem riesigen Felsbrocken beschwert war.

»Bonnefoy!« rief der Reiter, während er vom Pferd sprang und das Pulver-Paket durch die Luft schwenkte. Die Fellachen stellten ihre Arbeit ein. Bonnefoy kam angerannt und band das Pferd fest.

»Damit sprenge ich alle Pyramiden in die Luft«, lachte Mariette, und an seine Grabungsarbeiter gewandt rief er: »Haut ab, Ihr Kaffern, sonst fliegen Euch Eure Vorfahren um die Ohren! Weg da!«

François Auguste Mariette pflegte einen nicht gerade gewählten Umgangston, und von weitem hätte man den dreißigjährigen Franzosen, der sich wie die Fellachen aus den Dörfern im Niltal kleidete, auch für einen Ägypter halten können. Seine Haare waren wirr und lang, ein dichter Oberlippenbart hing an den Seiten nach unten, und der blonde Kinnbart in dem von der Sonne verbrannten Gesicht zeigte wenig Pflege.

Die Fellachen warfen ihre Körbe in den Sand und rannten zu der größeren Pyramide, um Schutz zu suchen.

»Hast du ein Sprengloch vorbereitet?« fragte Mariette seinen Assistenten. Der zeigte auf einen tiefen Spalt unter dem Mauerwerk: »Ich hoffe, es ist tief genug.«

Mariette musterte die Öffnung, steckte eine Stange Sprengstoff hinein, schob eine zweite hinterher und schließlich eine dritte. Die drei Zündschnüre drehte er zusammen und legte die knapp einen Meter lange Lunte. Dann sang er lautstark den Refrain der Marseillaise »An die Waffen, Bürger . . .«, setzte die Zündschnur in Brand und brachte sich eiligst in Sicherheit.

Unter ohrenbetäubendem Knall wurden Felsen, Mauerbrocken und Sand so hoch in die Luft geschleudert, daß sich für Minuten der Himmel verfinsterte wie einst unter den mosaischen Plagen. Mariette und sein Assistent hasteten zur Sprengstelle. Der Wüstenstaub brannte in den Augen. Hustend und schwer atmend starrten sie in den gewaltigen Krater, den das Pulver aufgerissen hatte. Langsam, ganz allmählich, schälte sich aus der gelbbraunen Wolke am Fuße des Trichters eine menschliche Gestalt.

»Bonnefoy!« rief Mariette entsetzt, »Bonnefoy, kneif mich mal ins Bein!« Aber Bonnefoy, von seinem Herrn und Meister an alle möglichen Überraschungen gewöhnt, war zu keiner Regung fähig: Vor ihnen lag der mumifizierte Leichnam eines Mannes, als hätten ihn die Leichenbestatter gerade hier niedergesetzt. Das Gesicht des Toten bedeckte eine

Goldmaske. Auf seiner Brust lag ein Falke mit ausgebreiteten Schwingen aus Gold und Email. Amulette hingen an einer Goldkette um seinen Hals, sie trugen den Namen des Prinzen Chaemwese.

Auguste Mariette hatte den Lieblingssohn Ramses II. aus dem Wüstenboden gesprengt, jenen Chaemwese, der lange Zeit Statthalter im nahe gelegenen Memphis war, mehr noch, er hatte den Zugang zu einem Labyrinth entdeckt, in dem man vor 3000 Jahren eine ganze Galerie kostbarer Särge aus der 19. bis 22. Dynastie verborgen hatte. Das geschah am 15. März 1852.

Vor eineinhalb Jahren war Auguste Mariette, der Sohn eines Marineoffiziers aus Boulogne-sur-Mer, mit drei Maultieren, einem Esel und einem Zelt in die Wüste gezogen. Kein Mensch hätte je gedacht, daß diese Reise der Beginn einer unglaublichen Ausgräberkarriere sein würde – am wenisten er selbst. Vergessen war inzwischen auch der Auftrag. Mit 6000 Francs in der Tasche hatten ihn die Herren vom Pariser Louvre nach Ägypten geschickt, um alte Papyrusrollen zu kaufen. Die Jagd nach Papyri war damals nicht nur eine Sache der Museen, sondern eine ausgesprochene Modeerscheinung. Kein Wunder, man konnte gerade seit ein paar Jahren die rätselhaften altägyptischen Schriftzeichen deuten, man glaubte es zumindest.

Den Pyramiden bei Giseh galt Mariettes erstes Interesse. Dort wühlten ein paar Beduinen im Sand auf der Suche nach vergrabenen Schätzen. Auguste, auf dem Gymnasium in Boulogne ein Musterschüler, erinnerte sich eines Satzes des griechischen Schriftstellers Strabo. Irgendwann um die Zeitenwende hatte der Alte geschrieben:

»Auch gibt es einen Tempel des Serapis in der Wüste, wo der Wind Sanddünen aufhäuft. Unter dem Sand konnten wir zahlreiche Sphingen erkennen, einige waren fast völlig verschüttet, andere weniger. Wir schlossen daraus, daß der zu diesem Tempel führende Weg recht gefährlich sein müsse, wenn man von einem unvorhergesehenen Sandsturm überrascht wird.«

Sphingen, Löwen mit Menschenköpfen, hatte Mariette schon bei verschiedenen Händlern gesehen. Irgendwo in der Wüste bei Sakkara habe man sie gefunden, lautete die immer wiederkehrende Antwort.

Soll ich anderen Ruhm und Profit dieser Entdeckung überlassen? schoß es Mariette durch den Kopf, während er seinen Esel und die Maultiere mit dem Gepäck in Richtung Süden lenkte. Und beinahe wäre er, in Gedanken versunken, über einen steinernen Kopf gestolpert, der aus dem Sand ragte. Mit bloßen Händen versuchte Mariette den Fund freizulegen; aber der Kopf gehörte zu einer riesigen Sphinx. Mariette ließ Tiere und Gepäck zurück und hastete durch die Sanddünen nach Sakkara.

»Bakschisch, Bakschisch!« rief er schon von weitem. Die Ankündigung blieb nicht ohne Wirkung. Mit einer wilden Horde von dreißig Fellachen kam er zurück und begann noch am selben Tag zu graben.

Unglaublich, was der Wüstenboden schon nach wenigen Tagen freigab, eine Sphinx nach der anderen schälte sich aus dem Sand, manche dicht unter der Oberfläche, andere zehn Meter unter dem Terrain, insgesamt 134 Fabelwesen. Im Abstand von sechs Metern flankierten sie eine ganze Allee, an deren Ende, so vermutete Mariette, der Zugang zu dem Serapis-Tempel liegen mußte. Er grub, schaufelte und wühlte – überall Sand, zwischen den Zähnen, in den Haaren, unter der Kleidung – Sand, immer nur Sand.

Nach knapp einem halben Jahr hatte Auguste Mariette seine 6000 Francs aufgebraucht, er war auf Gräber und Statuen gestoßen, wertvolle Funde gewiß; aber den Zugang zu dem unterirdischen Tempel hatte er nicht gefunden.

»Bonnefoy«, sagte er eines Abends im Zelt zu seinem Assistenten, »unser Traum wird sich nicht erfüllen. Die Wüste wird ihr Geheimnis behalten.«

Bonnefoy, beinahe doppelt so alt wie Mariette, sah die Enttäuschung im Gesicht des Ausgräbers. »Wir können zufrieden sein mit unseren Funden. Wenn wir nur einen Teil davon nach Paris schicken, wird man im Louvre hocherfreut sein.«

»Aber es ist kein einziger Papyrus darunter. Die wollen doch nur Papyrusrollen!«

»Wir haben 134 Sphingen gefunden«, erwiderte Bonnefoy, »jede einzelne ist mehr wert, als unsere gesamte Grabung gekostet hat!«

Mariette wurde wütend: »Was nützen uns 134 Kolosse in der Libyschen Wüste. Jeder wiegt mindestens 20 Tonnen. Der Transport nach Paris kostet mehr als so ein Ding wert ist.«

»Aber die Grabbeigaben und Statuen . . .«

Schließlich einigten sich die beiden, die besten Fundstücke in sechs selbstgezimmerte Holzkisten zu verpacken und per Schiffsfracht nach Paris zu schicken. In einem Brief kündigte Auguste Mariette die kostbare Sendung an und fragte zaghaft, ob der Louvre bereit sei, eine weitere Grabungssaison zu finanzieren. Möglicherweise stehe eine große Entdekkung bevor.

Ohne die Frachtsendung abzuwarten, bewilligte die Pariser Akademie der Wissenschaften in der Hoffnung auf reiche Funde 30000 Francs. Das Unternehmen war gerettet.

An einem leuchtenden Novembermorgen gab ein Stein unter dem Tritt eines Ausgräbers nach, sackte langsam nach unten, hinterließ ein schwarzes gähnendes Loch im Boden und polterte mit donnerndem Echo in ein Gewölbe. Mariette wurde gerufen.

Aus der Öffnung kam ein kühler Luftstrom. Der Franzose legte sich auf den Bauch. »Halt mich an den Füßen fest, Bonnefoy!« Dann zwängte er sich durch die enge Öffnung. – »Hol einen Lumpen und Petroleum!« kommandierte er mit ungeduldigen Handbewegungen seinen Assistenten. Der mit

Petroleum getränkte Fetzen wurde angezündet und in das Loch im Boden geworfen, dann tauchte Mariette erneut in den engen Schlund.

Hustend wand er sich aus der Öffnung. Sein Gesicht verriet keine Regung. Vergeblich versuchten die anderen, die in engem Kreis um ihn herumstanden, aus seinem Mienenspiel Erfolg oder Mißerfolg abzulesen. Doch Mariettes Gesichtsausdruck blieb starr. Keiner wagte, selbst in das Loch zu kriechen, das sich da vor ihnen auftat. Langsam drehte sich der Chef im Kreis, sah jedem in die Augen, trat schließlich auf Bonnefoy zu und schlug ihm mit beiden Händen auf die Schultern. »Mon cher!« brüllte er, »ich glaube, wir haben gefunden, was wir suchen.«

In andächtiger Prozession aufgereiht, durfte jeder einen kurzen Blick in das unterirdische Labyrinth werfen. Auf dem Boden züngelten noch immer die Flämmchen des Petroleumfetzens. Sie warfen lange Schatten in ein unendlich scheinendes Gewölbe, an dessen Seiten Nischenöffnungen zu erkennen waren.

Morseapparate und Telegrafen sandten die Sensation in alle Welt: »Unterirdischer Serapis-Tempel südlich von Kairo entdeckt – Unermeßliche Schätze vermutet – Ägyptische Regierung läßt Grabungen einstellen.«

Kairo, 14. Mai 1853.

Das »Hotel d'Orient« machte einen ziemlich heruntergekommenen Eindruck, obwohl es im neuen, vornehmen Stadtviertel Al-Ismailia lag. Die Jalousien der hohen Fenster waren wohl noch nie geöffnet worden; aber der Fremde hatte keine andere Wahl, das »Hotel d'Orient« galt als das beste Quartier der Stadt und als das einzige, in dem ein Deutscher logieren konnte, ohne um sein Leben fürchten zu müssen. Das »British Hotel«, vor zehn Jahren errichtet, war ausschließlich Engländern vorbehalten, die sich auf dem Weg nach Indien befanden.

Während zwei Diener in langen Gewändern den Esel entluden, der das Gepäck des Gastes, zwei grobe Säcke mit der Aufschrift »Österreichischer Lloyd«, vom Nil-Hafen in Bulak hergetragen hatte, betrat der Fremde die düstere Eingangshalle. Von buntem Glas gefilterte Sonnenstrahlen drangen durch die abgeschirmten Fenster und warfen gleißende Lichtkegel auf die zum Teil übereinanderliegenden Teppiche. Jeder Schritt wirbelte eine kleine Staubwolke auf. Die Wände zierten blaue und rote Ornamentkacheln. Von der Decke hingen riesige Ampeln aus durchbrochenem Messing, in denen bunte Flämmchen flackerten.

»Salam!« Hinter der Portiersloge zur Rechten verneigte sich ein europäisch gekleideter Empfangschef. Auf dem Kopf trug er einen roten Fez, dessen schwarze Quaste bei jeder Verbeugung vornüberbaumelnd heftige Bewegungen vollführte.

»Dr. Brugsch aus Berlin!« sagte der Gast und fügte in bestem Französisch hinzu: »Ich würde gerne für ein paar Tage bei Ihnen logieren.«

Der Portier schien sichtlich erfreut, verneigte sich noch einmal und meinte mit einem breiten Lächeln: »Es ist uns eine Ehre, Monsieur, eine große Ehre, das Zimmer hat einen Blick zum Esbekija-Garten, Bienvenu.« Devot schob er dem Gast das Fremdenbuch über die Tischplatte. »Wenn Sie die Freundlichkeit haben würden . . .«

Der Fremde griff zum Federkiel und notierte: »Dr. Brugsch, Heinrich, geb. 18. Februar 1827 in Berlin, verheiratet, Forscher.«

»Ah, der Serapis-Tempel!« sagte der Portier, »ich verstehe.« Brugsch ging nicht darauf ein: »Wenn Sie mich bitte dem preußischen Generalkonsul avisieren würden!« Der Portier nickte: »Selbstverständlich, Monsieur! Bitte untertänigst mir zu folgen.«

Das Zimmer im ersten Stock war spartanisch möbliert und atmete den muffigen Geruch faulender Tapeten. Schwüle lag in dem Raum. Er war so hoch, daß man im Dämmerlicht der geschlossenen Fensterläden nicht einmal die Decke erkennen konnte. Ein Gestell aus dickem Schilfrohr mit grellbesticktem Stoff verhängt, diente als Schrank. Gegenüber stand in einer Nische eine hochgepolsterte Liegestatt, davor ein Tischchen mit runder Steinplatte und einem zerbrechlichen Scherenstuhl – mehr Wohnlichkeit war nicht vorhanden. Brugsch entlohnte die Gepäckträger und drückte dem Portier ein Bakschisch in die Hand, er schloß die Tür und ließ sich ermattet auf das Polsterbett fallen.

Kairo! Traum eines sechsundzwanzigjährigen Lebens! Vor vier Monaten hatte Brugsch sich von seiner jungen Frau Pauline verabschiedet. Sie hatte geweint und gesagt, was man so sagt, wenn man noch keine zwei Jahre verheiratet ist: »Paß gut auf dich auf!« – »Daß du mir aber auch recht bald schreibst!« und »Leb wohl und denk an mich!«

Der Vater, ein preußischer Armeeoffizier, war mit dem jungen Brugsch per Bahn dritter Klasse nach Triest gefahren. Die »Calcutta«, ein Schaufelrad-Dampfer des Österreichischen Lloyd, hatte nach zwei Tagen Maschinenschaden; hilflos trieben sie auf See, bis der kleine Dampfer »Oriente« sie aufnahm, irgendwo vor Ithaka, der rauhen Insel des Dulders Odysseus. Stürme hatten die »Oriente« schließlich in drei Tagen bis an die ägyptische Küste getrieben, während Brugsch, an die Reeling geklammert, Neptun opferte. Doch dann, am Morgen des vierten Tages, waren am südlichen Horizont felsenähnliche Umrisse aufgetaucht: Abukir. Brugsch standen die Tränen in den Augen. Das war das Land seiner Träume, der Boden, auf dem man einst demotisch sprach und schrieb! »Gott segne König Friedrich Wilhelm von Preußen!« hatte er lauthals aufs Meer hinausgerufen, während die übrigen Passagiere lachten.

Im Hafen von Alexandria wäre er beinahe von vier Arabern in ebensoviele Teile zerrissen worden, weil jeder lärmend und schreiend sich seiner und des Gepäcks bemächtigen wollte. Türken und Araber, exotisch in Trachten und Gebärden, kleine, stoisch vor sich hinblickende Esel und gravitätisch schreitende Kamele, fliegende Händler mit hochrädrigen Karren und verschleierte Frauen – der Zauber des Orients hatte ihn gefangen.

Mit einem Empfehlungsschreiben Alexander von Humboldts öffneten sich alle Türen. Er bewunderte die Papyrus-Sammlung des steinreichen Engländers Anthony C. Harris und seine in England erzogene Tochter Selima, die fließend französisch, italienisch und arabisch sprach und pikanterweise von dunkler Hautfarbe war. Er hatte auch die antiken Wasserleitungen und Kanäle bestaunt, die Alexandria durchzogen, und gehofft, irgend jemand würde ihn mit seinem Boot nach Kairo und weiter nach Oberägypten nehmen; denn die 1500 Thaler, die ihm der Preußenkönig in der Hoffnung bewilligt hatte, Brugsch würde reiche Funde aus Ägypten heimbringen, mußten ein ganzes Jahr reichen. Für Fahrtspesen blieb da nicht viel übrig.

Lautes Klopfen riß Brugsch aus seinen Gedanken, er sprang auf und öffnete. Vor der Tür standen ein junger Mann und eine Frau im finsteren Hotelkorridor. Der Mann stellte sich als Erbgraf Schönburg vor, die Frau war, wie Brugsch später erfuhr, eine geborene Fürstin Windischgrätz.

»Der preußische Generalkonsul hat von Ihrer Ankunft Kenntnis erhalten. Er gibt heute ein Essen, er bittet Sie, sein Gast zu sein. Gestatten Sie ...« Und beide hakten den verblüfften Gast unter.

Das deutsche Generalkonsulat lag unmittelbar hinter dem »Hotel d'Orient« am Rande des Esbekija-Gartens. Zwischen riesigen exotischen Bäumen luden hier zahlreiche Kaffeehäuser zum Mokka, der auf kleinen Holztischen im Freien serviert wurde und zusammen mit dem Balsamduft der Wasserpfeifen eine Atmosphäre wie aus Tausendundeinernacht zauberte.

»Pentz!« Der alte Konsul stellte sich zackig vor, wie sich

das seiner Meinung nach für einen Preußen gehörte, und um der Prägnanz willen unterschlug er sogar seinen Adelstitel; eigentlich hieß er Baron von Pentz.

»Also, aus Berlin kommen Sie, junger Mann?«

»Jawohl, Herr Konsul!«

»Wollen sich wohl frischen Wind um die Nase wehen lassen?«

»Seine Majestät haben mir gnädigst ein Stipendium bewilligt zur Erforschung ägyptischer Altertümer.« Brugsch zog einen Brief aus der Tasche. »Dies ist ein Empfehlungsschreiben von Alexander von Humboldt.«

Pentz überflog die Zeilen, klatschte dem jungen Brugsch auf die Schulter und sagte: »Na, dann werde ich Sie einmal mit den übrigen Gästen bekannt machen. Den Grafen Schönburg und seine reizende Frau kennen Sie ja schon ...«

Eine illustre Gesellschaft hatte sich eingefunden: Dr. Theodor Bilharz, etwa im gleichen Alter wie Brugsch. »Seine Forschungen über das elektrische Organ des Zitteraales sind weltberühmt«, sagte v. Pentz, »im Vorjahr entdeckte er den Erreger einer gefährlichen Wurmkrankheit, die man jetzt sogar nach seinem Namen Bilharziose nennt!« Klein, dick, nach vorne gebeugt und mit schwarz gefärbtem Haar und Bart, machte der österreichische Generalkonsul v. Huber einen eher bohemienhaften Eindruck, und v. Pentz bemerkte: »Mein lieber Kollege ist ein ebenso überzeugter Junggeselle wie Verehrer weiblicher Anmut, außerdem ist er ein feinsinniger Sammler und Ausgräber.«

Es waren noch zwei weitere Besucher aus Wien anwesend, Dr. Jemtschik, ein Mediziner, dessen ganzer Lebensinhalt die Jagd war, und Dr. Natterer, ein Naturwissenschaftler, den der Liebeskummer nach Ägypten verschlagen hatte.

»Geh, sagen 'S«, bohrte Dr. Jemtschik, während die Diener einen duftenden Hammel auftrugen, »wie kann man nur wegen einer Frau von der Donau bis zum Nil fliehen?«

»O sagen Sie das nicht!« warf Baron v. Huber ein, »die

Liebe geht verschlungene Pfade.« Und mitfühlend wandte er sich an Dr. Natterer: »Sie hat Sie betrogen?«

Natterer schüttelte den Kopf. Als er alle Augen auf sich gerichtet sah, begann er zu erzählen. Eine ehrsame Schneidermamsell habe zehn Jahre treu zu ihm gehalten, obwohl sie wußte, daß sein Vater gegen die Verbindung war. Doch dann sei sie des Wartens überdrüssig geworden, habe ihm einen Abschiedsbrief geschrieben und Hals über Kopf einen anderen geheiratet. Jetzt wolle er auf dem Sklavenmarkt in Kairo eine Frau kaufen, die für alle Zeit sein wohlbezahltes und wohlerworbenes Eigentum bleiben müsse. Das sei sein voller Ernst.

Dr. Jemtschik schlug sich vor Vergnügen auf die Schenkel und rief immer wieder: »Das ist eine urgescheite Idee, eine urgescheite Idee ist das!« Als er das ungläubige Gesicht des jungen Brugsch sah, fragte er vorsichtig: »Wie steht's mit Ihnen, brauchen Sie nicht auch eine Frau?« Dem Berliner war das Ganze sichtlich peinlich. Er lächelte verlegen und zeigte dem Fragesteller den Ring an seiner rechten Hand. »Mein Bedarf ist gedeckt!«

Dr. Jemtschik ließ nicht locker: »Ich schlage vor, wir begeben uns morgen gemeinschaftlich zum Sklavenmarkt im Khan-en-Khalili-Basar und helfen Dr. Natterer eine Frau zu finden.« Die Runde war begeistert.

»Brugsch, Sie kommen doch auch mit!« erkundigte sich Jemtschik. Brugsch erwiderte, eigentlich sei er ja nach Ägypten gekommen, um sich mit den hiesigen Altertümern zu beschäftigen, von Frauen sei nie die Rede gewesen, aber seine Majestät, der König, werde sein gnädigst gewährtes Stipendium wohl nicht gleich einziehen, wenn er auch einen Blick auf die lebenden Schönheiten des Landes werfe.

»Wie kamen Sie überhaupt auf die Wissenschaft der alten Ägypter?« wollte der preußische Konsul wissen.

»Das begann schon im Alter von zwölf Jahren«, antwortete Brugsch. »Ich war ein Einzelgänger und spielte nie mit anderen Kindern. Aber heimlich schlich ich mich, sooft es ging, in die Oranienburger Straße, in der es ein kleines Museum gab, in dem ägyptische Kunstwerke und andere Funde ausgestellt waren. Der Eintritt war frei. Mich interessierten vor allem die rätselhaften Schriftzeichen auf den Ausstellungsstücken, ich begann sie abzumalen – zur Freude des Museumsdirektors übrigens. Mit sechzehn hatte ich mir bereits ein solches Wissen angeeignet, daß ich eine Grammatik der demotischen Sprache schreiben konnte, das ist die seit dem 7. vorchristlichen Jahrhundert in Ägypten gebräuchliche Sprache und Schrift.«

»Erstaunlich, höchst erstaunlich«, rief der preußische Konsul, und die Frau des Erbgrafen Schönburg warf dem jungen Gelehrten einen bewundernden Blick zu. »Wenn Sie in Berlin aufgewachsen sind, dann haben Sie ja auch die März-Revolution erlebt?« fragte der Konsul.

»O ja, ich erinnere mich nur zu gut«, sagte Brugsch, »und nicht garade mit Freude. Während ich in meinem Gymnasium am Köllnischen Fischmarkt mein Abitur schrieb, tobte auf der Straße der Aufstand. Mein Vater war eingezogen. Als er zurückkam, rief ich ihm in meinem jugendlichen Unverstand zu: ›Vater, das Volk hat gesiegt!‹, worauf er mir eine schallende Backpfeife verabreichte.«

Die Gäste lachten laut. Brugsch fuhr fort: »Was aber viel schlimmer für mich war: Damals lebte eine reiche Erbtante in unserer Familie. Sie pries überschwenglich die errungene Freiheit und ließ über Despotismus und Soldatenwirtschaft einige unbesonnene Äußerungen fallen, worauf mein Vater sie aufforderte, sie solle sich aus dem Hause scheren. Und mit der Tante ging auch meine erhoffte Erbschaft dahin.«

Da erhob sich der preußische Konsul von seinem Platz, nahm sein Glas zur Brust und rief: »Es lebe Seine Majestät, König Friedrich Wilhelm IV. hoch, hoch, hoch!« Die Gäste erhoben sich eiligst, griffen ebenfalls zu ihren Gläsern und riefen artig: »Hoch, hoch, hoch!«

Auf vier Eseln zogen sie am nächsten Morgen die Muski-Straße entlang zum Basar: Jemtschik, Bilharz, Brugsch und Natterer, um den es ging. Die Sharia-el-Muski, benannt nach dem Prinzen Musk, einem Nachkommen Saladins, galt als reichste Straße des ganzen Orients. Feilgeboten wurden nicht nur exotische Erzeugnisse, Kunsthandwerk, Mobiliar

Straßenszene in Kairo, Mitte des 19. Jahrhunderts.

und Teppiche, kostbar bestickte Kleider, Perlen und Goldschmuck, Gewürze, Spezereien und Honig, sondern auch Opium und Sklaven.

Zu Tausenden boten Stände und Geschäfte unter Bögen und Baldachinen oder einfach im Staub der Straße ihre Waren an. Balken und über die Straße gespannte Seile waren mit Schilfmatten oder Stoffbahnen belegt, um das grelle Sonnenlicht abzuschirmen. Handwerker dengelten Kupfer und Messing unter klingenden Schlägen zu dickbauchigen Gefäßen, Brotverkäufer schürten ihre Öfchen mit getrocknetem Kamelmist, den Gassenjungen für einen Piaster haufenweise ablieferten. Würdige Scheichs sogen auf dem Pflaster an ihrer brodelnden Opiumpfeife. Dazwischen knieten und lagen Bettler auf der Straße, verdreckt, verkommen, blind, halbtot, mit ausgestreckten Händen »Bakschisch« murmelnd. Frauen in langen, weiten Gewändern, die dunklen Augen hinter schwarzen Schleiern verborgen, trugen riesige Lasten auf dem Kopf – Waren, die ihre Männer käuflich erworben hatten. Kinder sprangen zwischen geschäftigen Käufern und Verkäufern hin und her, dazu abgerichtet, den Lebensunterhalt für ganze Familien zusammenzustehlen. Wieselflink hetzten sie mit einer Beute durch das Gewirr der Menschen und verschwanden unvermittelt in dunklen Hauseingängen.

Vor einem großen Gebäude, mit Außenwänden aus gelbem Sandstein und roten Ziegeln, machten die vier halt und gaben ihre Esel in die Obhut eines dicken Hausdieners. Um den Innenhof waren hölzerne Galerien gruppiert, die sich baufällig und zerbrechlich vier Stockwerke übereinander türmten. Winzige Fenster mit kunstvoll geschmiedeten Gittern davor ließen nur wenig Licht in die dahinterliegenden Räume, in denen angeblich zweitausend Sklaven, Gefangene aus dem Sudan und Abessinien, untergebracht waren.

Der Sklavenhändler, ein kostbar gekleideter Araber mit weißem Turban, einem roten Kinnbart und widerlich freundlicher Miene, trug seine kleinen dicken Hände zufrieden über den ausladenden Bauch gefaltet. Jemtschik verdeutlichte dem Dicken mit Händen und Füßen und ein paar Brocken arabisch, daß sie eine Frau suchten. Der Sklavenhändler komplimentierte die vier Europäer über ein steinernes Treppenhaus zur obersten Galerie. Er stieß eine Tür auf, aus der ihnen stinkender Qualm entgegenwallte. Im Dämmerlicht, das von einem dünnen schrägen Sonnenstrahl durchflutet wurde, konnte man eine Frau erkennen, die mitten im Raum auf einem Blech über einer kleinen Glut Fladen buk. An die Wände des leeren Zimmers gelehnt, dämmerten zwei Dutzend andere dunkelhäutige Frauen und Mädchen, bis zum Hals in Säcke eingenäht, vor sich hin. Der Händler machte grinsend eine einladende Handbewegung, näher zu treten. Brugsch verspürte ein beklemmendes Gefühl im Hals; er schluckte und überlegte einen Augenblick, ob er nicht einfach weglaufen sollte, so sehr traf ihn dieser Anblick.

Dabei galt Sklaverei keineswegs als anrüchig. Auch in der Türkei, in Spanien und in Amerika wurde noch mit Menschen gehandelt. Negermädchen aus Abessinien oder dem Sudan waren am billigsten, sie hatten meist Plattfüße, wulstige Lippen und schlechte Zähne und fanden nur im Haushalt, beim Wäschewaschen oder in der Küche Verwendung. Völlig rechtlos waren sie nicht. Nach den Gesetzen des ottomanischen Reiches, zu dem auch Ägypten gehörte, stand ihnen nach sieben Jahren Arbeit die Freiheit zu.

Weiße Sklaven kosteten mehr als schwarze. Sie waren zäher und erhielten erst nach neun Jahren die Freiheit. Die meisten von ihnen kamen aus dem Kaukasus. Vornehme Herren erstanden auf dem Sklavenmarkt acht- bis neunjährige Mädchen, ließen ihnen eine ausgezeichnete Erziehung zukommen und nahmen sie später in ihren Harem auf, was für eine Sklavin als erstrebenswerte Laufbahn galt. Die schönsten von ihnen lehrte man tanzen und musizieren, womit sie ein für allemal von jeglicher Arbeit befreit waren, die ihrer Figur oder ihrer Stimme schaden konnte. Dies erklärt, daß sich hübsche Mädchen auch freiwillig auf dem Sklavenmarkt einfanden, in der Hoffnung, ein Scheich könnte an ihnen Gefallen finden. Bis zu 100 000 Piaster wurden für ein attraktives Mädchen bezahlt, vor allem, wenn es nachgewiesenermaßen noch Jungfrau war.

Die drei Männer waren inzwischen damit beschäftigt, die Mädchen prüfend zu betrachten. Diese würdigten die Männer keines Blickes. Blieben sie vor einer Frau stehen, dann trat der Sklavenhändler hinzu, öffnete den Sack am Hals, streifte ihn ab und präsentierte das armselige Geschöpf nackt wie Allah es geschaffen hatte. Die meisten ließen diese Prozedur gleichgültig über sich ergehen; nur eine Frau mit wirren krausen Haaren spuckte bei dem Versuch, ihren Sack zu öffnen, dem Dicken ins Gesicht, der sofort mit seiner fetten rechten Hand zurückschlug.

Natterer blieb vor einem jungen Mädchen stehen. Mit gespreizten Fingern bedeutete der Händler, daß sie erst vierzehn sei, dann öffnete er den Sack, und heraus stieg ein gazellenhaftes, bronzefarbenes Geschöpf mit zierlichen zarten Körperformen. Das Mädchen lächelte.

»Diese und keine andere!« rief Dr. Natterer entzückt und strich der Kleinen mit der Hand über die Wange. Er musterte den makellosen Körper von oben bis unten und meinte dann: »Sie wird es gut bei mir haben.«

Der nun einsetzende Handel wurde lautstark geführt und erstreckte sich beinahe über eine Stunde. Bei hundert Maria-Theresia-Thalern gaben sich schließlich beide Seiten zufrieden, und Natterer erhielt noch ein langes Kleid für seine Erwerbung als Dreingabe. Weniger aus Höflichkeit als aus Angst, sie könnte weglaufen, setzte der Österreicher die Kleine auf seinen Esel, so strebten sie gemächlich dem »Hotel d'Orient« zu.

»Sie wissen«, begann Brugsch unterwegs, »daß Sie mit diesem Handel eine schwere Verantwortung auf sich genommen haben.«

Natterer blickte Brugsch verwundert an. »Wie meinen Sie das?« fragte er im Gehen.

»Nun, Sie müssen vor Ihrem Konsul eine Erklärung abgeben, daß Sie an dem Kind die Elternstelle vertreten wollen und für eine angemessene Schulbildung sorgen werden.«

»Elternstelle?« Natterer lachte. »Was heißt hier Elternstelle!« Er gab der Kleinen einen zärtlichen Klaps. »Das hier ist nicht meine Tochter, das ist meine künftige Frau!«

Es wurde eine turbulente Nacht, in der Brugsch, der das Hotelzimmer neben Natterer bewohnte, kaum Schlaf finden konnte. Da ihm Baron v. Pentz ein Zimmer in seiner großen Wohnung angeboten hatte, zog Brugsch am nächsten Morgen um in das preußische Konsulat an der Muski-Straße.

Die Grabungsstelle mitten in der Wüste war nicht zu übersehen. Die Trikolore, wenngleich seit der letzten Sprengung etwas zerzaust, wies von weitem den Weg. Nach vierstündigem Ritt hielt Brugsch vor dem abenteuerlichen Lehmziegelbau an, den Mariette während der Grabungen errichtet hatte. Das Gebäude machte einen derart verfallenen Eindruck, daß Brugsch zunächst glaubte, es handele sich um einen alten Stall und schon weiterreiten wollte. Mehr als zwei Dutzend Affen tobten um das Haus, saßen auf dem flachen Dach oder sprangen durch die offenstehenden Fensteröffnungen. Der Anblick des Fremden versetzte sie in Erregung, sie tobten wie wild um das Haus und stießen hohe quiekende Schreie aus. Da ging die Tür auf.

»Ich bin Dr. Brugsch aus Berlin!« stammelte der Preuße, als er sich unvermittelt Mariette gegenübersah. Die Resignation in den harten Zügen des bärtigen Mannes wandelte sich augenblicklich in sprühende Heiterkeit, und seine Augen blitzten: »Brugsch! Ich habe viel von Ihnen gehört! Kommen Sie herein!« Er streckte dem Fremden seine große Hand entgegen und zog ihn durch die Tür.

Die Innenwände des Hauses unterschieden sich in keiner

Vielbestaunte Attraktion für Touristen aus aller Welt: Mariettes Haus in der Wüste bei Sakkara.

Weise von den Außenwänden. Es waren rohe, ungebrannte, dreitausend Jahre alte Lehmziegel. »Sie stammen aus dem Serapis-Tempel«, meinte Mariette beiläufig, der den staunenden Blick des Gastes bemerkte. Drei Zimmer waren nach vorne gerichtet, Küche, Ruheraum und Vorratskammer befanden sich der Kühle wegen im rückwärtigen Teil des Hauses. Ein Wildschwein und eine Gazelle lebten wie Haustiere. Von der Decke hingen Spinnweben, am Boden huschten Eidechsen. Man merkte, daß dieser Mann nun schon dreißig Monate in dieser gottverlassenen Wüste hauste, nur von dem einen Gedanken besessen, dem Sand die letzten Schätze zu entreißen.

Deshalb brach Brugsch auch nicht gerade in Begeisterungsrufe aus, als Mariette ihm, nach kurzem Austausch gegenseitiger Komplimente, empfahl, unter seinem Dach zu wohnen. Da er schon die Einladung des preußischen Generalkonsuls angenommen habe, könne er jetzt nicht gut dessen Gastfreundschaft mißachten.

»Ach?« meinte der Franzose, »meine Behausung ist Ihnen wohl nicht gut genug?«

»Doch, doch!« versicherte Brugsch, »vor allem die Nähe zu den Altertümern ist geradezu verlockend.«

»Wenn Sie sich für meine Grabung interessieren, können Sie nicht täglich vier Stunden her- und vier Stunden zurückreiten.« Während er redete, griff Mariette vorsichtig zu seiner Schrotflinte, die geladen auf dem Tisch lag. Ein Knall – und vor ihnen am Boden wand sich eine Schlange in den letzten Zügen. Ohne auf den Vorfall einzugehen, fuhr Mariette fort: »Zusammen wären wir ein gutes Gespann. Ich mag ein guter Ausgräber sein, aber meine Schriftenkenntnisse sind bescheiden. Ihnen dagegen geht der Ruf voraus, der beste Schriftenexperte der Gegenwart zu sein. Also zieren Sie sich nicht länger, nehmen Sie morgen die Maultiere und holen Sie Ihr Gepäck. Einverstanden?«

Brugsch sah mit Entsetzen, wie das zahme Wildschwein die zerfetzten Schlangenreste verzehrte, und wagte nicht zu widersprechen. Wenn die Chance bestand, an irgendwelche Funde heranzukommen, dann war es hier. In diesem Augenblick trat Bonnefoy ein. »Mon ami Monsieur Brugsch aus Berlin«, stellte der Ausgräber seinen Gast vor.

»Ah, Monsieur ist Preuße«, antwortete der Assistent verblüfft.

Darauf Mariette: »Gewiß! Aber ein Preuße nach meinem Herzen!« Und damit war das Thema ein für allemal erledigt.

»Bonnefoy«, sagte Mariette und machte eine Verneigung vor Brugsch, »wir wollen unseren Freund heute abend im Serapis-Tempel würdig empfangen.« Und dabei zwinkerte er mit einem Auge.

»Ich verstehe«, antwortete dieser, »ich werde das Nötige veranlassen«, drehte sich um und verschwand.

Mariette sah ihm hinterher. »Die Pariser Akademie hat ihn mir als Hilfskraft geschickt, er soll aber vor allem unseren Etat verwalten. Ich kann nun einmal mit Geld nicht umgehen. Kein Wunder, ich hatte nie welches. Und Sie, mon ami?«

Brugsch hob die Schultern. »Mein Vater war bei den Ulanen. Das war ein angesehener Beruf, aber nicht sehr einträglich. Ein Soldat vertrat bei mir die Stelle der Kinderfrau. Ich war froh, daß das Geld reichte, um mich auf das Französische Gymnasium zu schicken . . .«

»Sie haben, soviel ich weiß, in Paris studiert?«

»Ja, es war eine schöne Zeit. Alexander von Humboldt empfahl mich an den Besitzer eines kleinen Hotels in der Rue-des-petits-Augustins, wo ich billig wohnen konnte. Zu Beginn fiel mir das Studium nicht leicht. Paris schien mir eine ganz andere Welt zu sein, gegen die mein geliebtes Berlin eigentlich nur ein Dorf war. Notre-Dame, der Louvre . . .«

»Palais Royal«, fiel Mariette ein.

»Palais de Justice!«

»Place de la Concorde!«

»Place Vendôme!«

»Mon ami!« rief Mariette voll Begeisterung, »Sie sind kein Preuße, Sie sind ein Franzose!« und er umarmte und küßte ihn.

»O ja«, strahlte Brugsch, »ich kenne die billigsten Restaurants und die willigsten Grisetten.«

Mariette goß ein dunkles Gebräu aus einer Kupferkanne in zwei Gläser und schob eines seinem Gegenüber hin: »Auf gute Freundschaft und erfolgreiche Zusammenarbeit. Es lebe Preußen!«

»Es lebe Frankreich!«

»Eigentlich«, meinte Mariette, »möchte ich wieder zurück nach Frankreich. Sie dürfen nicht glauben, daß all das hier die Verwirklichung meines Lebenstraumes ist. Aber so ist das nun mal im Leben: Träume erfüllen sich nur selten.«

Brugsch sah den neuen Freund verwundert an. Ausgerechnet er, der gefeierte Entdecker, dessen Name um die ganze Welt ging, der in dem Ruf stand, den Pharaonen alle Geheimnisse zu entreißen, dieser Mann beklagte sein Schicksal? »Und was ist Ihr Lebenstraum?« fragte der Deutsche.

»Mein Freund«, antwortete Mariette, »ich habe den falschen Weg eingeschlagen. Mein Reich, mein Ideal ist die Welt des Schönen. Ich träumte einmal davon, Schriftsteller, vielleicht Dichter zu werden. Jetzt muß ich mich mit dem Schicksal abfinden, meinen unverhofften Ruf als gefeierter Entdecker des Serapis-Tempels zu behaupten.«

»Oh, hätte ich nur diesen Ruf!« lachte Brugsch.

Mariette nahm einen tiefen Schluck und wischte sich mit dem Ellbogen über die Mundwinkel. »Sie sind ein studierter Mann, Brugsch, Sie lesen die Hieroglyphen wie eine Speisekarte. Ich bin Autodidakt, ich habe mir das alles mühsam selbst angeeignet.«

»Wenn ich Ihnen behilflich sein kann, soll es mir eine Ehre und ein Vergnügen sein.«

»Sieben Jahre«, fuhr Mariette fort, »habe ich jede freie Minute darauf verwendet, das Altägyptische zu studieren, dann bekam ich einen Posten im Louvre als wissenschaftliche Hilfskraft. Wissen Sie, was das bedeutet, von früh bis abend Inschriften zu kopieren? Ich war schon halb verrückt, sah nur noch Hieroglyphen, überall an allen Wänden Hieroglyphen. Dann haben sie mich hierhergeschickt, um in den Kopten-Klöstern Papyrusrollen zu kaufen. Auf die Genehmigung des Patriarchen zum Besuch der Klöster warte ich heute noch. So habe ich den Serapis-Tempel ausgegraben.«

Bonnefoy trat in die Tür: »Wir sind soweit, Maître.«

»Also dann«, Mariette erhob sich, »dann wollen wir mal hinabsteigen in die heiligen Hallen des Serapis.«

Der Eingang lag nur ein paar Schritte von Mariettes Haus entfernt. Der heiße Wüstenwind hatte sich gelegt und einer stillen Abenddämmerung Platz gemacht. Geführt von Mariette stieg Brugsch zu dem schmucklosen Eingangsportal hinab. Ein schmaler Schräggang führte nach unten. Mariette trug eine fauchende Karbidlampe, er sagte kein Wort.

Das Herz des Deutschen schlug bis zum Hals. Der tanzende Lichtschein der Lampe ließ Szenen lebendig werden: Kahlköpfige Priester zogen die Mumie eines heiligen Apis-Stiers, geschmückt wie ein toter Pharao mit Gold und Edelsteinen, auf einem Schlitten durch die Sphingenallee zu dem unterirdischen Labyrinth. Heilige Gesänge und Duftwolken begleiteten das gespenstische Zeremoniell, das im Dunkel vor einem riesigen Granitsarkophag endete.

Schon morgen würden sich die Priester auf die Suche nach einem neuen Stiergott machen, würden nilauf, nilab fahren, die fruchtbaren grünen Weiden des Tales nach einem jungen schwarzen Stier absuchen, kenntlich an einem weißen Dreieck auf der Stirn, am Hals und an den Flanken einen weißen Halbmond und unter der Zunge einen Knoten. Ja, das war er, der heilige Apis-Stier, das lebende Symbol der Fruchtbarkeit, die Inkarnation des Schöpfergottes Ptah, der im Sterben mit dem Totengott Osiris eins wurde und dann Osiris-Apis, Serapis genannt wurde.

Sie kamen zu einem Quergang. Mariette bedeutete mit der Lampe, den Weg nach links zu nehmen. Nach wenigen Metern öffnete sich der Gang zu einem Gewölbe. Brugsch blickte nach rechts. »Mein Gott!« entfuhr es ihm, und er schlug die Hand vor den Mund. Vor ihm tat sich im Lichterglanz zahlloser Kerzen eine mehr als 300 Meter lange Galerie auf, eine Gangflucht, drei Meter breit und mit einem acht Meter hohen Deckengewölbe. Zu beiden Seiten tiefer liegende Nischen, 24 an der Zahl, mit riesigen roten und schwarzen Sarkophagen aus Assuan-Granit, jeder mindestens vier Meter lang und drei Meter hoch, alle glatt und schmucklos.

»Willkommen im Totenreich des Serapis«, sagte Mariette und schwenkte seine Karbidlampe, daß der Schatten sein Gesicht zu einer erschreckenden Maske verwandelte. Brugsch bewunderte diesen Mann immer mehr. Einmal im Leben wollte er eine so gigantische Entdeckung machen, einmal im Leben als erster den Fuß auf Boden setzen, den seit Pharaonenzeiten niemand betreten hatte. Sein Leben würde er dafür geben!

»Kommen Sie, mein Freund!« Der Franzose spürte die Ergriffenheit des anderen und führte ihn behutsam an den Stiersarkophagen vorbei. »Leider waren sie alle leer«, sagte er leise und leuchtete die Sargungetüme ab, »schon in alter Zeit aufgebrochen und ihres kostbaren Inhaltes beraubt. Es gibt ja Leute, die glauben, *ich* hätte die Sarkophage ausgeraubt und die Schätze versteckt. Ich bin zwar stark und kräftig, aber gegen diese 70 Tonnen wiegenden Ungetüme habe ich keine Chance.« Er lachte.

Mariette und sein Begleiter stiegen über Steine und Trümmer, die wahllos herumlagen. »Was von den Grabräubern verschont geblieben war«, erklärte er, »ist in frühchristlicher Zeit von den Mönchen des nahen Jeremias-Klosters zerhackt, zerschlagen und zertrümmert worden. Hier, sehen Sie!« Er zeigte auf einige Granit-Fragmente, die ohne Zweifel Bestandteil einer Skulptur gewesen waren. »Den Grabräubern erschien sie wertlos, den Mönchen war sie ein heidnisches Götzenbild.«

Jeder ihrer Schritte verursachte eine trockene Staubwolke, die zum Husten reizte und das Kerzenlicht noch diffuser erstrahlen ließ. Am Ende der Galerie brannte vor dem größten Sarkophag eine Fackel. Der Deckel des Stiersarges war etwas zur Seite geschoben. Vor der Öffnung lehnte eine Leiter, Man hörte Stimmen.

»Ich habe eine kleine Überraschung für Sie vorbereitet«, sagte Mariette und drückte Brugsch die Karbidlampe in die Hand, »ich darf vorausgehen.«

Der Franzose stieg die Leiter empor, bedeutete seinem Freund, ihm zu folgen, und verschwand in der Öffnung des

Sarkophages. Brugsch hatte vieles erwartet, aber nicht, daß im Innern des riesigen Granitsarges ein Tisch für drei Personen gedeckt war. Mariette meinte: »Es ist nicht sehr geräumig, aber sauber und gemütlich.«

Mariette, Brugsch und Bonnefoy wurden von Hassan bedient, der von einem Tischchen in der Ecke des Sarges auftrug: Fladenbrot und frischen Käse, Dörrfisch und Butter und, zur Feier des Tages, eine Flasche Bordeaux. Es wurde eine lange Nacht. Die Gemüter erhitzten sich bei der Diskussion darüber, wie alt die ganze Anlage überhaupt sei. Vor wieviel tausend Jahren Chaemwese diese unheimliche Galerie in den Wüstenboden getrieben habe.

»Brugsch, was glauben Sie«, fragte Mariette sein Gegenüber, »wann lebte nach unserer Zeitrechnung Chaemwese?«

Der hob die Schultern. »Wir müssen uns darauf gefaßt machen, daß das noch gar nicht so lange her ist, jedenfalls nicht so lange, wie wir bisher annahmen. Sie wissen ja, Ihr Champollion datierte den Beginn der I. Dynastie und damit der ägyptischen Geschichtsschreibung noch in das Jahr 5867 vor Christus.«

»Ich selbst glaube an das Jahr 5004, aber das ist auch nur eine Theorie . . .«

»Und Richard Lepsius«, unterbrach Brugsch seinen Gastgeber, »ist neuerdings der Auffassung, daß die 1. Dynastie im Jahre 3892 vor unserer Zeitrechnung begann.«

Weinselig begannen beide ein großes Rechnen, in welcher Zeit die 19. Dynastie, in der Chaemwese lebte, anzusetzen sei; aber der rote Wein und die verbrauchte Luft hatten bereits ihre Sinne getrübt. Und gegen Mitternacht entschlossen sie sich zum Aufstieg aus der Unterwelt.

Glitzernd hing der Sternenhimmel über der Wüste. Von irgendwoher drang das Heulen eines Schakals, der für den Mondgott Chons seine Totenklage anstimmte. Nicht anders mag die Nacht gewesen sein, als Chaemwese noch hier verweilte.

Affen quiekten, ein paar Fledermäuse fuhren erschreckt hoch, als Mariette die Türe zum Ausgräberhaus öffnete. Wortlos faßte er Brugsch am Arm und zog ihn zu einem der hinteren Räume. Mariette stieß die Tür auf und hielt seine Lampe hinein. Brugsch versuchte anfangs vergeblich, irgend etwas zu erkennen; doch dann erblickte er im tanzenden Lichtkegel der Laterne das grinsende Gesicht einer Mumie.

»Chaemwese!« schrie der Franzose, »Chaemwese, wie alt bist du?«

Energisches Klopfen. Heinrich Brugsch fuhr hoch. Es dauerte eine Weile, bis er begriff, daß er all das nicht geträumt hatte. Nein, er hatte tatsächlich die Nacht Wand an Wand mit der Mumie Chaemweses verbracht. »Wenn Sie duschen wollen, müssen Sie aufstehen!« Mariettes Stimme. Duschen? Hier, in der wasserlosen Wüste? Womöglich in einem Sarkophag der Apis-Stiere?

Als er vor die Türe trat, huldigte Mariette bereits der Hygiene. Er stand splitternackt im Sand. Vor ihm eine lange Schlange kichernder und palavernder Fellachenmädchen, jedes mit einem Wasserkrug auf dem Kopf. Die Mädchen stiegen vor dem Ausgräber auf einen Steinblock und gossen dem genüßlich schnaubenden Maître Wasser über den Kopf.

»Sie dürfen es ihnen nicht abschlagen«, prustete Mariette, »wegen Ihnen sind sie heute in doppelter Formation angetreten, sonst kommt nur die Hälfte!« Kaum hatte eine ihren Krug geleert, machte sie schon der nächsten Platz. Im Gänsemarsch, die leeren Krüge auf dem Kopf balancierend, machten sie sich sogleich auf den Rückweg in ihr Dorf.

»So genüßlich habe ich nicht einmal im preußischen Konsulat in Kairo geduscht«, sagte Brugsch, als sie im Hof des Ausgräbercamps beim Frühstück saßen.

Mariette lachte breit: »Ja, ja, das Leben in der Wüste, abseits jeder Zivilisation, hat auch seine Reize.« Ein Affe saß auf seiner Schulter, aber den Franzosen schien das nicht zu stören. Erst als der Affe unruhig von der Schulter sprang und aufgeregt im Sand hin und her rannte, erhob sich Mariette und blickte zum nördlichen Horizont, wo eine dunkle Staubwolke zum Himmel stieg. Er ging in das Haus und kam mit einem Fernrohr zurück.

»Ich glaube, wir bekommen Besuch«, sagte er nach einem Blick durch das Fernrohr, »wie mir scheint, unliebsamen Besuch. Entschuldigen Sie mich bitte einen Augenblick.« Dann nahm er einen Stock und begann damit im Wüstensand einen Strich zu ziehen, der das Ausgräberhaus, die Sphingenallee und den Zugang zum Serapis-Tempel einschloß. Schließlich zog er die französische Fahne auf, die am Abend zuvor eingeholt worden war, rief die Grabungsarbeiter von ihrer Arbeitsstelle zu sich und händigte seinem Assistenten eine Schrotflinte aus. Er selbst nahm sein Gewehr und stellte sich unmittelbar hinter der frisch gezogenen Demarkationslinie auf.

»Männer!« rief er, während Mohammed, der Vorarbeiter, übersetzte. »Ich glaube, der türkische Pascha will uns um die Früchte unserer Arbeit bringen. Aber keine Bange, wir werden ihnen eine Lektion erteilen!«

Die Fellachen johlten, als gelte es in den Krieg zu ziehen. Sie haßten die türkischen Herren, und der kleinste Anlaß, gegen sie vorzugehen, war ihnen willkommen. Jetzt machte ein Dutzend Reiter, mazedonische Arnauten, die damals Polizeidienste in Ägypten leisteten, vor ihnen halt. Ihr Anführer stieg vom Pferd, zog einen Firman aus seiner Satteltasche und wollte auf Mariette zugehen.

»Halt!« Der Franzose riß seine Flinte hoch, zeigte mit dem Gewehrlauf auf den Strich, der zwischen beiden verlief, und schrie den erschreckten Hauptmann an: »Keinen Schritt weiter! Hinter diesem Strich beginnt französisches Terrain. Die Wüste ist Freiland. Sie gehört niemandem. Ich habe diesen Teil der Wüste besetzt.«

Der Hauptmann versuchte auf Mariette einzureden, Pa-

Auguste Mariette auf einer Zeichnung aus dem Jahr 1861.

scha Abbas habe sie ausgesandt, um alle Ausgrabungen zu unterbinden und die kostbaren Funde abzuholen. Kein einziges Fundstück dürfe mehr außer Landes gebracht werden.

Mariette trat zwei Schritte zurück und stellte sich neben seinen bewaffneten Assistenten. Brugsch, der dem Franzosen alles zutraute, suchte hinter einem Hauseck Deckung. Er hörte, wie Mariette sein Gewehr entsicherte und mit fester Stimme verkündete: »Ich schieße jeden von seinem Pferd herunter, der es wagt, französisches Hoheitsgebiet zu betreten!«

Einen Augenblick herrschte atemlose Stille. Die bewaffneten Soldaten waren zwar in der Überzahl, aber konfrontiert mit dieser unerwarteten Situation, wußte der Arnauten-Hauptmann im Augenblick nicht, was er tun sollte. Verursachte er mit der Einnahme dieses Terrains gar einen diplomatischen Konflikt? Er gab ein kurzes Kommando, die Reiter machten kehrt und preschten in die Richtung davon, aus der sie gekommen waren.

Mariette lachte. Er lachte, daß die Tränen über sein tiefgefurchtes Gesicht kullerten. Sein Lachen wirkte ansteckend, und auf einmal lachten sie alle, als wollten sie einen Alptraum abschütteln: der französische Assistent, die Fellachen und Brugsch. »Entschuldigen Sie die kleine Unterbrechung!« sagte Mariette. »Ich hasse diese Störungen beim Frühstück. Hassan, noch Kaffee für unseren Gast!«

Brugsch, der ernstlich um sein Leben besorgt gewesen war, bewunderte die kühle Haltung des Franzosen. Der hielt die Hand vor den Mund und sagte, so als ob es niemand hören sollte: »Sie müssen wissen, ich habe ein Schiff geordert, es wird morgen erwartet und soll meine Ausgrabungen nach Paris bringen – Sie verstehen.«

Was Mariette nicht wußte: Dieses Schiff segelte unter französischer Flagge bereits nilaufwärts. Die Nachricht davon war Pascha Abbas überbracht worden, der daraufhin die Polizeiaktion ausgelöst hatte. Nun versuchte der wütende Pascha dem Franzosen mit List beizukommen. Am nächsten Morgen sandte er einen alten zahnlosen türkischen Bimbaschi nach Sakkara, der Mariette nicht ohne Würde mitteilte, daß die Ausgrabungen in der »französischen« Wüste nicht mehr gestört würden. Er sei jedoch dazu ausersehen, den Transport der Denkmäler auf ägyptischem Gebiet zu überwachen und diese als Eigentum der Regierung dankbarst in Empfang zu nehmen.

Was tun? Am Nil ankerte bereits der Frachter.

Mariette ließ Raki-Schnaps einschenken, und zwischen

ihm und dem Bimbaschi entspann sich die folgende Unterhaltung.

»Monsieur le Major, ich freue mich, Eure Bekanntschaft gemacht zu haben. Ihr seid ein braver Mann, dem ich das höchste Vertrauen schenke.«

»Gott schenke Euch, erlauchter Mariette, alles Heil und verlängere Euer Alter.«

»Ich muß Euch im strengsten Vertrauen mitteilen, daß ich gestern einen großen Goldfund gemacht habe . . .«

Das Zeremoniell war jäh beendet. »Wo ist er? Gebt ihn sofort heraus!« rief der Alte.

»Erlaubt mir, daß ich meine Rede zu Ende führe«, beruhigte Mariette. »Ich will Euch sagen, wo ich ihn versteckt halte. In einem Brunnen.«

»Wo ist der Brunnen? Ich muß das Gold sehen!«

»Ich stehte zu Euren Diensten. Steigt selber hinab, um Euch davon zu überzeugen.«

»Bei Allah, das will ich.«

»Aber bedenkt Euer Alter. Ihr müßt Euch mit einem Strick um den Bauch von zweien meiner Arbeiter 30 Ellen in die Tiefe abseilen lassen.«

»Das soll geschehen. Und zwar sofort!«

»Wie es Euch beliebt«, meinte Mariette. »Leute, ans Werk!«

Sie seilten den Bimbaschi in einen alten Grabschacht und warfen, als er unten angelangt war, das obere Ende des Seiles hinterher.

Mariette spielte Entsetzen: »Monsieur le Major, uns ist das Seil entglitten. Aber seid unbesorgt, wir lassen aus Kairo ein neues kommen!«

Von unten hörte man die Stimme des Alten fluchen, schimpfen, drohen. Es sei überhaupt kein Goldschatz zu sehen, man habe ihn hereingelegt. Das werde Folgen haben.

»Kein Goldschatz?« rief Mariette in die Tiefe. »Allah sei uns gnädig; dann haben ihn Diebe geraubt!«

24 Stunden dauerte das Possenspiel. In der Zwischenzeit lief ein sorgfältig geplantes Unternehmen ab. Mariettes Arbeiter schaufelten einen mit Sand zugedeckten Grabeingang frei. Staunend sah Brugsch, wie die Männer Holzkisten aus der Höhle schleppten und auf eine Kamelkarawane verfrachteten. Jede einzelne Kiste trug die Aufschrift: Louvre, Paris.

Als das Schiff mit seiner kostbaren Fracht bereits nilabwärts segelte, wurde der alte Major aus seinem Gefängnis befreit. Mariette dämpfte seinen Zorn sehr schnell, indem er ihm eine Handvoll französischer Goldmünzen in die Hand drückte. Auch die Bedenken, was er denn nun dem Pascha vorzeigen solle, verstand der Franzose zu zerstreuen. Aus einer zweiten Höhle ließ Mariette weitere Holzkisten hervorholen, die mit Scherben und zweitklassigen Funden gefüllt waren, was den Pascha im übrigen nicht weiter störte. Er ließ die Beute auf die Zitadelle schaffen, die Inschriften und Reliefs abschleifen, um ihnen ein hübscheres Aussehen zu verleihen, und präsentierte den Rest als besondere Merkwürdigkeiten ausländischen Besuchern.

Pascha Abbas I. lag mit über dem dicken Bauch gefalteten Händen auf dem Diwan, neben sich eine Peitsche. Sein schwarzbärtiges Gesicht hatte den gewohnt mürrischen Ausdruck, der Mund war nur ein Strich. Abbas trug weite Pluderhosen und einen Fez. Zu seinen Füßen gähnte ein Löwe. Zwei nackte schwarze nubische Sklaven hinter dem Diwan fächelten ihm mit Straußenfedern Kühle zu. Abbasija, ein selten geschmackloses Nilschloß bei Heliopolis, bevorzugt in himmelblauer Farbe gehalten, war nur eine von einem halben Dutzend Residenzen, in denen sich der ägyptische Vizekönig von des türkischen Sultans Gnaden wechselweise aufhielt. Wie die römischen Kaiser befürchtete er tagtäglich ein Attentat. Das Volk nannte ihn den »Grausamen«. Er war ein pathologischer Sadist. »Meine Enkel sollen ernten, was ich gesät habe«, soll sein weiser Großvater Mohammed Ali einst gesagt haben. Aber die Schulen, Universitäten und Fabriken, die Mohammed Ali hatte errichten lassen, wurden von seinem Enkel, der nahezu alles Europäische haßte, geschlossen. Abbas erntete nicht, er zerstörte nur. Die hinter seinen Aggressionen stehende Angst war nicht unbegründet; denn an der Spitze der Opposition, deren Druck zunehmend stärker wurde, standen sein Onkel Said und sein Neffe Ismail.

Abbas klatschte in die Hände. Eine Horde rotlivrierter Diener drängte durch eine Seitentür in den Audienzraum. Vor sich her stießen sie eine an den Händen gefesselte junge Frau. Sie trug ein rosafarbenes durchsichtiges Gewand, das aus einer weiten Bluse und einer flatternden Pluderhose bestand. Den Mund bedeckte ein zarter Schleier.

Das Mädchen fiel vor dem Diwan des Paschas auf die Knie und schluchzte leise. Der Anführer der Diener zog ein Schriftstück hervor und verlas theatralisch, Emine, die achte Ehefrau des Paschas Abbas I., sei des Ehebruchs überführt und durch allerhöchsten Befehl zum Tode durch Ertränken bestimmt.

Ohne ein Zeichen von Gefühlsregung nahm Abbas seine Peitsche und warf sie dem Anführer zu. Zwei Diener richteten die wimmernde Frau auf, rissen ihr die Kleider vom Leib und begannen auf sie einzuschlagen, daß rote Striemen über ihren weißen Körper liefen. Lautlos sackte sie zusammen. Schließlich warfen sie die Leblose zusammen mit einer wild fauchenden Katze und ihren Jungen in einen Sack und verschnürten das Ganze zu einem zuckenden Bündel. Abbas befahl den Dienern mit einer unwilligen Handbewegung, sich zu entfernen.

Zurück blieb Hassan Pascha Monasterli, sein Vertrauter und Berater.

»Hassan«, fragte der Pascha besorgt, »weiß auch wirklich niemand, daß wir hier sind?«

Nachdem Hassan dies beteuert hatte, fragte Abbas, »was bringst du für Neuigkeiten?«

»Neuigkeiten keine. Aber du solltest daran denken, den Verkauf von Haschisch zu verbieten. Die Männer liegen nur noch rauchend und träumend herum.«

»Ach was«, rief Abbas unwillig, »die Männer brauchen irgendein Vergnügen. Wenn ich Haschisch verbiete, dann kaufen sie diesen griechischen Raki-Schnaps. Der verursacht in ihren Köpfen revolutionäre Ideen. Haschisch macht dumm, Raki macht das Gegenteil. Mir ist es lieber, wenn sie Haschisch rauchen.«

Hassan wußte, daß der Pascha keinen Widerspruch duldete, und versuchte erst gar nicht, irgendwelche Gegenargumente anzuführen. Er überreichte ihm ein Papier mit verschiedenen Zahlenreihen. »Das sind die Berechnungen der französischen Ingenieure zur Errichtung eines Nilstaudammes. Links die Kosten, wenn man dazu die Pyramiden abträgt, rechts die Kosten, wenn man das erforderliche Baumaterial aus den Steinbrüchen von Assuan gewinnt.«

Abbas stutzte: »Wenn ich das recht erkenne, dann ist die Neugewinnung des Baumaterials billiger als die Abtragung der Pyramiden?«

»So ist es, Pascha.«

»Und du hältst das für möglich?«

»Gewiß.«

Der Pascha schwieg; schließlich meinte er: »In Allahs Namen, dann laßt diese nutzlosen Kolosse eben stehen!«

Vor dem Palasteingang verfrachteten die Diener den Sack mit der Todeskandidatin eben auf einen Karren, als eine schwarze Kutsche heranpreschte. Ihr entstiegen v. Pentz und Brugsch. Ein Lakai verwehrte beiden den Weg: »Bedauere Exzellenz melden zu müssen, daß Seine Hoheit das Schloß bereits verlassen hat!«

Pentz stieß ihn beiseite: »Melde Seiner Hoheit die Ankunft des preußischen Generalkonsuls und des Gelehrten Dr. Brugsch. Aber rasch, unsere Zeit ist knapp!« Der Lakai rannte davon.

»Man darf die Leute hier nicht anders behandeln. Sie verleugnen den Pascha, sooft es nur geht. Kommen Sie!«

Ohne die Antwort des Dieners abzuwarten, schritten sie den plüschbespannten Gang entlang, in dem Spiegel und Kristallüster blinkten. Mit gedämpfter Stimme meinte v. Pentz: »Der Pascha ist ein rechter Rüpel, wir Preußen stehen bei ihm in nicht gerade hohem Ansehen. Außer den Briten haßt er alle Europäer, aber wenn Sie ihm reiche Schätze versprechen, dann werden Sie Ihre Grabungserlaubnis schon erhalten.«

»Warum gerade die Briten?« fragte Brugsch, »ich meine, warum gehört gerade ihnen seine Sympathie?«

Der Diplomat lachte. »Die Engländer haben ein neues Spielzeug erfunden, die Dampfeisenbahn. Sie haben den Pascha überredet, von Kairo nach Alexandria Schienen durch das Nildelta legen zu lassen. Angeblich ist man schon am Ziel. Aber ich bezweifle, ob so ein Dampflokomobil den Wüstenritt übersteht.«

Der Lakai kam zurück, dienerte beinahe bis zum Boden und sagte: »Seine Hoheit lassen bitten!«

»Na also«, brummelte Baron v. Pentz und schob Dr. Brugsch vor sich in den Audienzraum. Dort lag der Pascha noch immer mürrisch blickend auf dem Diwan vor dem bunten Fenster und zog an seiner Wasserpfeife. Hinter ihm stand Nubar Effendi, der Hofdragoman, dem die schwierige Aufgabe oblag, alle Gespräche vom Türkischen ins Französische zu übersetzen und umgekehrt, denn Hoheit sprachen nur türkisch.

Der preußische Konsul hatte soeben den Wissenschaftler vorgestellt, als unvermittelt der englische Konsul, Sir Charles Murray, eintrat. Der Pascha begrüßte ihn überschwenglich und hieß ihn Platz zu nehmen. Baron v. Plentz wurde wütend. Er forderte, der Engländer habe sich zu entfernen, da er zuerst gekommen, offiziell angemeldet und empfangen worden sei. Abbas machte eine ablehnende Geste, tuschelte mit Sir Charles einige Sätze auf türkisch und begann dann plötzlich mit Hilfe Nubar Effendis, auf die Preußen zu schimpfen und schließlich den Konsul persönlich zu attakkieren.

»Wissen Sie, was Sie sind –«, rief ihm Baron Pentz daraufhin in höchster Erregung zu und wartete, bis der Dragoman jedes einzelne Wort gedolmetscht hatte, »Sie sind der Nachkomme eines mazedonischen Tabakhändlers!«

Nubar Effendi wurde bleich. Sir Charles lächelte gequält und Brugsch begann, um sein Leben zu fürchten. Da schleuderte Abbas den Schlauch der Pfeife von sich, daß das Rauchgefäß umstürzte und Funken über den kostbaren Teppich sprühten. Er sprang auf und verschwand durch eine Tapetentür. Brugsch ahnte nichts Gutes. An eine Grabungslizenz war jetzt nicht mehr zu denken.

»Und Ihr Entschluß ist unabänderlich, mon ami?«

Brugsch nickte. »Wissen Sie, Mariette, ich glaube einfach, daß es besser ist, außerhalb der Reichweite des Paschas zu sein, zumindest für ein paar Monate, solange bis sich sein Zorn gelegt hat. Man muß bei diesem Mann ja mit allem rechnen.«

»Wenn er auch nur *einen* Schritt über diese Schwelle wagt . . .« Mariette griff zu seinem Gewehr, das wie immer in Reichweite lag. Nur Fledermäuse, die durch die offenen Fenster huschten, unterbrachen das nächtliche Gespräch im Ausgräberhaus über dem Serapis-Tempel.

»Aber es ist nicht der Pascha allein, der mich nach Süden treibt«, begann Brugsch erneut, »ich weiß nicht, ob Sie das verstehen, in mir steckt der Drang, *selbst* eine Entdeckung zu machen. Gewiß, hier gibt es noch viel zu tun, aber all das wird immer *Ihre* Entdeckung bleiben.«

Mariette griff zum Glas und schüttete einen Raki in sich hinein. »Ich verstehe Sie, Monsieur Brugsch. Ihr Wissen ist größer als das meine. Sie haben Ihre eigene Chance verdient.

Obwohl ich Sie sehr vermissen werde. Ich glaube zu wissen, was Sie im Auge haben . . .«

Brugsch sah seinen Freund fragend an.

»Theben. Das Tal der Könige«, sagte Mariette zögernd.

»Sie haben recht. Ich glaube, daß dort der Schlüssel zur Ägyptologie begraben liegt. All die Erkenntnisse, die wir bisher über die Geschichte des alten Ägypten erlangt haben, sind doch nur ein Gerüst ohne Fundament. Wir wissen manches, aber wir wissen nicht einmal, wann diese Geschichte anfängt. Gewiß, Ihr Franzosen besitzt seit zehn Jahren die Königstafel von Karnak, die die Reihenfolge der Pharaonen von der ältesten Zeit bis zur 18. Dynastie nennt. Und die Tafeln an den Apis-Särgen haben diese Liste bestätigt. Aber wenn es darum geht, die Regierungsjahre eines Ramses oder Thutmosis zu nennen, müssen wir alle passen. Dann sind wir mit unserer Weisheit am Ende.«

»Und wie wollen Sie an diese Daten herankommen? Die alten Schreiber haben ihre Aufzeichnungen nun einmal nicht mit der Einleitung ›Im Jahre des Herren soundsoviel vor Christus‹ begonnen.«

»Das ist ein mühsam zu erreichendes Ziel, aber wir können uns ihm annähern, indem wir so viele historische Informationen wie irgend möglich sammeln und sie in Beziehung zueinander setzen. Ich bin überzeugt, eines Tages werden wir mit großer Sicherheit sagen können, wann die Pyramiden gebaut wurden oder wann Ramses der Große gelebt hat.«

»Und warum glauben Sie die Antwort gerade im Tal der Könige zu finden?«

»Ganz einfach. Weil die Könige es waren, die die Geschichte gemacht haben, und weil ihre Taten in ihren Gräbern verherrlicht worden sind.«

»Gut, gut, mon ami, aber ihre Gräber kennen wir ja. Belzoni hat schon vor 35 Jahren behauptet, daß es im Tal der Könige keine anderen Gräber mehr gebe als die von ihm entdeckten, und Ihr Lepsius hat das der preußischen Expedition vor zehn Jahren ausdrücklich bestätigt.«

Brugsch mußte husten: »Weder Belzoni noch Lepsius sind unfehlbar. Alle bisherigen Entdeckungen haben bestätigt, daß sich die Geschichte dieses Landes kontinuierlich entwikkelt hat. Deshalb glaube ich nicht daran, daß im Tal der Könige nur jeweils ein oder zwei Pharaonen der 18., 19. und 20. Dynastie bestattet worden sein sollen. Wo hätten die anderen sonst ihre letzte Ruhestätte finden sollen?«

Mariette schwieg. Er goß Raki nach. »Vielleicht gibt es noch ein anderes Tal ...«

»Möglich«, meinte der Deutsche, »dann müssen wir es suchen. Wir müssen alle Inschriften in den Tempelstätten von Karnak, Kurna und Luxor nach irgendwelchen Hinweisen absuchen. Vielleicht hilft uns das weiter. Fest steht jedenfalls, Diodorus, der griechische Geschichtsschreiber, welcher im ersten Jahrhundert vor Christus Ägypten bereiste, spricht von 47 Königsgräbern. Er konnte allerdings nur 17 finden. Und Strabo erwähnte dreißig Jahre später hinter dem Memnonium etwa 40 Gräber. Ob er sie gesehen hat oder nicht – wir wissen es nicht. Aber während der 18. bis 20. Dynastie regierten über dreißig Pharaonen. Wo sind sie, frage ich? Alle Grabzugänge im Tal der Könige, egal ob sie zu einem Prachtgrab führen oder zu einem Höhlenversteck, alle zusammen ergeben die Zahl 21. Und die allermeisten gehören nicht einmal Königen. Verstehen Sie jetzt, warum ich so neugierig bin?«

Lächelnd ergriff Mariette sein Glas und prostete Brugsch zu: »Ich sehe schon, es wäre zwecklos, Sie zu bitten, hierzubleiben. Ihr Herz und Ihr Verstand sind schon längst im Tal ...«

II.
Ein Mann und 5000 Jahre Vergangenheit

Der flackernde Schein einer Kerze warf tanzende Schatten auf die gegenüberliegende Wand und brachte die erhabenen Reliefs scheinbar zum Leben. Ein trächtiges Nilpferd mit aufgesperrtem Rachen tauchte vor ihm auf, da drüben wieder, hier noch einmal. Trug es nicht Krone und Zepter? – Ipet! schoß es Brugsch durch den Kopf. Er lag im Heiligtum der Göttin Ipet.

An der Stelle, wo schon vor mehr als dreitausend Jahren Gott Amun auf eine Nilbarke verfrachtet worden war, um in das jenseitige Theben, das Reich der Toten, gerudert zu werden, stand Dr. Heinrich Brugsch hilflos um sich blickend neben zwei Holzkisten mit Reisegepäck. Eseltreiber, Marktschreier und Bettler um ihn herum rempelten ihn an, und jeder versuchte, ihn in eine andere Richtung zu ziehen.

Das sollte die Königin der Städte, das hunderttorige Theben sein? Für Brugsch war es zunächst einmal eine Enttäuschung. Luxor, das geschäftige Dorf in Oberägypten, hatte die Tempelanlagen regelrecht verzehrt, mit Häusern, Hütten und Viehställen überwuchert, und nur manchmal konnte man hinter Häuserwänden und unter hohen Fundamenten Reste alter Bauten erkennen.

Ein Fremder kam zu dieser Zeit nicht jede Woche nach Luxor und erregte deshalb unter den Einheimischen stets Interesse. »François?« fragte ein besonders Aufgeweckter.

»Non«, sagte Brugsch, »Prussien!«

»Ah – Prussien.« Der Fellache bedeutete mit beiden Händen, Brugsch möge hier warten, dann rannte er davon. Bald kehrte er mit einem weißbärtigen alten Mann zurück, der dem Preußen schon von weitem zurief: »Eila mit Weila!« Brugsch war verblüfft. In einer Mischung aus Deutsch, Französisch und Arabisch erklärte der Alte, er sei Auad aus dem Dorf Scheich abd el-Kurna auf der jenseitigen Seite des Nils und habe vor zehn Jahren dem Preußen Richard Lepsius als Führer gedient. Ob er denn schon eine Unterkunft habe?

Brugsch verneinte. »Ah, gutt«, sagte Auad, forderte ein paar tatenlos herumstehende Halbwüchsige auf, sich um das Gepäck des Effendi zu kümmern, und zog den Fremden hinter sich her.

Ob er eine gute Reise gehabt habe, fragte er, sich freundlich umblickend.

Ja.

Und Lepsius, ob er ihn gekannt habe?

Ja.

Ob er auch Forscher sei, wie Lepsius?

Ja.

»Gutt!«

Brugschs Einsilbigkeit hatte ihren Grund: Vor ihm schälte sich das Bild eines gewaltigen Tempels aus der Häuserflut. Zum Teil bis zu den Querbalken der Säulen verschüttet, diente er als Fundament für verschiedene Häuser und eine Moschee. Sollte dies der Tempel des Amun von Theben sein?

Über Berge von Trümmern und zwischen aus dem Schutt ragenden Säulen hindurch führte Auad den Fremden zu einer aus Nilschlammziegeln errichteten Treppe mitten im Tempel. Brugsch blickte nach oben. Dort thronte in luftiger Höhe auf den Kapitellen der Säulen ein skurril geformtes Spukschloß. *»La maison de France«*, sagte Auad andächtig und bat seinen Begleiter, ihm über die steile Treppe zu folgen.

Oben angelangt, tat sich hinter einem Torbogen eine weiträumige Terrasse auf. Für einen Augenblick glaubte Brugsch zu träumen: Ein dunkelhäutiger Diener schlug mit einer Axt auf einen prachtvoll bemalten Holzsarkophag ein. Der Preuße sprang hinzu und hielt die Rechte des Dieners mit dem Beil fest.

»Frag ihn, was er da macht!« schrie er Auad in höchster Erregung an. Der wechselte mit ihm ein paar Worte. – »Holz

Das *Maison de France* auf den Säulen des Luxor-Tempels, der im 19. Jahrhundert noch nicht ausgegraben war.

für die Küche«, kam die Antwort. Brugsch nahm ihm die Axt weg; doch dann spürte er, daß jemand hinter ihm stand. »Geben Sie das Beil her«, sagte eine Stimme. Als sich Brugsch umdrehte, sah er einen stattlichen Mann mit dunklen Haaren und sorgsam gezwirbeltem Bart vor sich.

»Entschuldigen Sie, Monsieur«, stammelte Brugsch, »aber Ihr Diener war gerade dabei, diesen Sarkophag zu zerhakken!«

Der Hausherr lachte: »Ich habe ihm den Befehl gegeben. Meine Frau ist es leid, mit Kamelmist zu kochen. Es stinkt bestialisch. Sie wollen Antiquitäten erwerben?«

»Mein Name ist Dr. Brugsch aus Berlin. Ich bin Forscher.«

»Bienvenu, Monsieur, ich heiße Maunier und handle mit Antiquitäten, Reiseandenken – Sie verstehen. Daneben mache ich auf Wunsch auch fotografische Aufnahmen. Sie kennen doch die Daguerreotypien?«

»Ich habe davon gehört«, sagte Brugsch, »phantastische Erfindung. Nein, gesehen habe ich solche fotografische Aufnahmen noch nicht.«

Da tauchte im Türrahmen eine schwarzhaarige Frau auf. »Ein Forscher aus Berlin«, sagte Maunier und – »meine Frau.«

Auad verabschiedete sich, als die beiden den Preußen ins Haus baten. Der kahle fensterlose Wohnraum war spärlich mit arabischem Mobiliar eingerichtet, quoll jedoch über von wertvollen Ausgrabungsfunden. Ob Maunier überhaupt wußte, welche Schätze er da aufbewahrte?

»Sind Sie mit der ›Serapis‹ angekommen?« erkundigte sich der Franzose. Brugsch nickte. »Und Sie wollen hier Forschungen betreiben? Haben Sie denn schon eine Unterkunft? Wir vermieten Zimmer an Fremde, zweitausend Piaster im Monat, wenn Sie wollen . . .«

»Das ist sehr freundlich«, bedankte sich Brugsch, »aber mein Etat erlaubt derartige Ausgaben nicht. Sie müssen wissen, ich bin seit beinahe einem Jahr unterwegs und mein Salär von 1500 Thalern ist aufgebraucht. 1860 Piaster hat die Schiffspassage hierher verschlungen. Ich habe schon ein Bittgesuch nach Berlin gesandt.«

»Kein Problem«, meinte der geschäftstüchtige Franzose, »ich verleihe auch Geld. Die Karawanen aus Dongola und Kordofan machen alle bei mir halt. Meine Zinsen sind nicht niedrig, aber immer noch reell.«

Heinrich Brugsch hatte alle Mühe, die verschiedenen Anerbieten abzuwehren. Schließlich ließ er sich überreden, eine Nacht zu bleiben, am nächsten Morgen wollte er weitersehen.

Wie ein Lauffeuer verbreitete sich die Kunde vom Eintreffen des deutschen Forschers. Timsah, ein angesehener Fellache, der nie ohne Turban ging, betrachtete es als seine Pflicht, dem Fremden Theben zu zeigen – schließlich habe er schon den großen Champollion durch die Tempelstätten geführt. Timsah, wörtlich »Krokodil«, genoß in Luxor einen Sonderstatus. Zum Dank für seine treuen Dienste hatte ihm die französische Regierung das Bürgerrecht verliehen, und als Franzose genoß das Krokodil Immunität, konnte von den einheimischen Behörden nicht belangt werden und mußte auch keine Steuern zahlen – was Timsah freilich ohnehin noch nie getan hatte. Der Alte parlierte leidenschaftlich französisch, zumindest fügte er jedem Satz ein abschließendes »bon« hinzu.

»Wenn du nicht Angst vor Pharaonen, dann Timsah wissen Haus für Fremden.« Die vorsichtige Frage, was es denn koste, wischte er mit einer unwilligen Handbewegung beiseite: »Rien, nichts! Bon.« Und so schaukelten Timsah, Brugsch und zwei Gepäckträger mit sechs Kamelen die Straße nach Karnak hinaus, durch grüne Maisfelder, die der Ernte entgegenreiften. Zur Rechten leuchtete eine bläuliche Hügelkette, die das Tal von Theben im Osten begrenzt, linkerhand, »jenseits des Meeres« – wie die antiken Bewohner alles bezeichnen, was am anderen Nilufer lag – schimmerte gelb und rötlich die Bergkette von el-Kurna. Dahinter lag das Tal der Könige.

Vor der Karawane tauchten zwischen hochragenden Palmen die Pylone, Obelisken und Säulen von Karnak auf, eine unüberschaubare Ansammlung verschütteter Tempelbauten, Offenbarung und Alptraum zugleich. Kein Wunder, über tausend Jahre hatten hier Ägyptens Könige im Gigantismus gewetteifert. Nun versunken, verschüttet, vergessen, fiel es selbst einem Mann wie Heinrich Brugsch schwer, sich ihrer Bedeutung bewußt zu werden.

Inmitten einer Allee riesiger, meist kopfloser Sphingen kam sich Brugsch samt seinem Kamel sehr klein vor. Durch den ersten Pylon reitend, erkannte der Forscher die großen runden Löcher der Türangeln. Auf dem turmhohen Dach des Torbogens klebten arabische Häuser. Brugsch stand im Tempel des thebanischen Mondgottes Chons. Sein Begleiter bog nach links ab und forderte ihn auf zu folgen. Hinter einem schmalen Durchgang tat sich ein kleines Heiligtum auf, das bis vor kurzem noch als Eselstall gedient hatte.

»Haus von Monsieur Champollion«, sagte Timsah und deutete auf die Stallung, »bon.« Ihr Führer nötigte die brüllenden Kamele, sich niederzuknien, damit die Männer absteigen und die Gepäckstücke entladen werden konnten. Hunde kläfften, bettelnde Kinder jammerten um Bakschisch, Timsah verjagte sie mit Steinen.

Im ersten Raum, einer von zwei Säulen gestützten Vorhalle, richtete Brugsch die Küche ein, der dahinterliegende zweite Raum mit zwei Seitenkammern wurde zum Speise- und Empfangssaal, das hinterste, kleine Zimmer, einst das Sanktuarium, diente als Schlaf- und Arbeitszimmer. Die Reisekisten und ein paar Decken ersetzten das Bett. Mit dem Gewehr neben sich – eine Haustüre gab es nicht – legte Heinrich Brugsch sich nieder.

Der flackernde Schein einer Kerze warf tanzende Schatten auf die gegenüberliegende Wand und brachte die erhabenen

Reliefs scheinbar zum Leben. Ein trächtiges Nilpferd mit aufgesperrtem Rachen tauchte vor ihm auf, da drüben wieder, hier noch einmal. Trug es nicht Krone und Zepter? – Ipet! schoß es Brugsch durch den Kopf. Er lag im Heiligtum der Göttin Ipet. Ihr Name war gleichlautend mit der hieroglyphischen Bezeichnung Theben, also konnte es sich nur um eine Schutzgöttin dieser Stadt handeln.

Während die Augen des Forschers über die Reliefs der Wände wanderten, erfüllte luftiges, geisterhaftes Rauschen, unterbrochen von leisen schrillen Pfiffen, den Raum. Fledermäuse, die sich bei Tag in den Spalten des Gesteins verborgen hatten, gingen auf Nachtflug. Aber der neue Hausherr ließ sich nicht stören, er nahm fasziniert die Bilder an den Wänden in sich auf, biß sich an den Hieroglyphen fest, taxierte den Stil der Darstellungen und war sich seiner Sache sicher: Dies alles mußte aus der Ptolemäerepoche stammen, einer Zeit, in der in Ägypten zwar noch Pharaonen regierten, aber es waren keine Ägypter mehr, sondern Griechen.

Die umlaufenden Schriftenbänder ließen Brugsch keine Ruhe. Immer wieder versuchte er einen neuen Ansatz. Seine Augen fielen vor Müdigkeit zu, er riß sie auf, blieb an den Namensringen hängen, murmelte unzusammenhängende Laute, blickte entsetzt auf ein Schriftzeichen, das sich bewegte. Träge kroch ein Skorpion darüber hinweg. Brugsch war hellwach, sprang auf und zerquetschte das gefährliche Tier mit dem Gewehrkolben. Dann legte er sich wieder hin, begann von neuem und las langsam und stockend: »König Ptolemaios Euergetes II. und seiner Schwester Kleopatra und seinem Weibe Kleopatra, der Göttin Ipet, der großen Mutter der Götter, der Herrin des Himmels, der Gebieterin der Erde, der Verehrten im thebanischen Landstrich.« Dann schlief er ein.

Heulende Klagelaute rissen ihn aus dem Schlaf. Hatte er geträumt? Am Horizont ging gerade die Sonne auf. Schlaftrunken erhob sich Brugsch und stapfte durch die fensterlosen Räume nach draußen. Da – da war es wieder: die Töne kamen aus dem Innern. Brugsch entzündete eine Kerze und ging zurück in seine Behausung. Da wieder! Er hatte es jetzt ganz deutlich gehört, das Klagen kam aus einem der Seitenräume. Brugsch steckte die Kerze durch die Türöffnung: Nichts. Ein leerer, kahler Raum. Er ging hinein, leuchtete jeden Winkel ab. Als er sich umdrehte, stand ein Mann im Türrahmen – Timsah: »Gut geschlafen?«

Brugsch legte den Zeigefinger an den Mund: »Hör doch, Timsah, hörst du nichts?«

Timsah lachte. »Effendi nicht müssen Angst haben, wenn weinen Wände.« Brugsch sah den Fellachen fragend an.

»Leute von Karnak sagen ›Kammer der Totenuhr‹. Ist Grund, warum nicht bewohnt. Dafür du hast kostenlos Wohnung. Leute von Karnak haben Angst vor weinenden Wänden. Aber Effendi ist Europäer, wir Europäer nicht müssen fürchten.«

Brugsch schmunzelte. Ihm kamen die Memnonkolosse jenseits des Nils in den Sinn, die angeblich morgens, wenn die Sonne aufging, ebenfalls klagende Laute von sich gaben.

»Ich will hinüber zum Tal der Könige«, sagte Brugsch zu Timsah, »begleitest du mich?« Der wehrte mit wilden Handbewegungen ab und erklärte, für das Tal sei einzig und allein der alte Auad zuständig, er erwarte Brugsch am Ufer des Nils.

Der Antiquitätenhändler und Daguerreotypist Maunier rannte aufgeregt zum Haus des Konsuls Mustafa Aga Ayat. Das Konsulat stand nur wenige Schritte von der Behausung des Franzosen entfernt, ebenfalls auf den Säulen des Luxor-Tempels, und diente England, Rußland und Belgien als diplomatische Vertretung. Es war ein offenes Geheimnis, daß Mustafa Aga unter dem Deckmantel der Immunität einen schwunghaften Handel mit Antiquitäten betrieb; der schwarzbärtige Scheich galt als größte Kapazität seines Faches in Oberägypten. Man sah ihm das nicht an, denn Exzellenz machten stets einen gepflegten Eindruck und sprachen außer arabisch fließend englisch, französisch und italienisch.

»Aga«, rief Maunier aufgeregt, »mit dem Postdampfer kam soeben die Nachricht, Pascha Abbas ist ermordet worden.«

Der Konsul schwieg. Er gehörte zu den wenigen, die diese Nachricht betroffen machte. »Wer war es?« fragte er schließlich.

»Zwei Mamelukken haben ihn mit einer Drahtschlinge erwürgt, während er in der Badewanne saß. Abbas nächtigte im Palast von Benha, er war auf dem Weg von Kairo nach Alexandria.«

»Allah sei ihm gnädig. Wer wird nun Khedive, Said oder Ismail?«

»Said.«

»Said? – Dann wird sich einiges im Lande ändern.«

»Das glaube ich auch«, sagte Maunier, »vor allem für uns Europäer.«

»Vor allem für Euch Franzosen«, warf Mustafa Aga ein. »Er schätzt Euch und Euere Kultur über alles. Auch als noch Mohammed Ali regierte – Allah sei ihm gnädig – war ein Franzose sein bester Freund, der französische Konsul.«

»Ferdinand de Lesseps!«

»Ich denke, das war sein Name. Man hat nie mehr etwas von ihm gehört.«

»Er soll seine Diplomatenlaufbahn aufgegeben haben«, meinte Maunier, »wie ich hörte, bewirtschaftet er das Landgut seiner Schwiegermutter. Er hat reich geheiratet.«

»Sei ihm gegönnt«, sagte Mustafa Aga.

Maunier betrachtete die zahlreichen Ausgrabungsfunde, die in der düsteren, teppichbelegten Halle ausgestellt waren, und fragte: »Wie gehen die Geschäfte, Aga?«

»Sie sehen ja«, antwortete der Gefragte, »das Angebot ist größer als die Nachfrage, das drückt auf die Preise.«

»Seid Ihr schon dem Preußen begegnet, der sich seit kurzem hier aufhält?« fragte Maunier.

»Ein Preuße?« Mustafas Augen leuchteten auf. »Tourist? Ich meine, hat er Geld?«

»Er behauptet, Forscher zu sein, und angeblich ist er mittellos, aber er leistet sich zwei Führer, einen auf dieser, den anderen auf jener Seite des Nils. Und jedermann weiß, daß sie keinen Schritt umsonst tun.«

»Timsah und Auad?«

»Timsah und Auad. – Neulich fragte mich der Preuße sogar nach einem Sprachlehrer . . .«

»Wo logiert er, bei Ihnen?«

»Er sagt, er könne die Miete nicht bezahlen. Jetzt wohnt er abwechselnd in einem Eselstall in Karnak und in einer Höhle in el-Kurna und übersetzt alle erreichbaren Inschriften. Er ist ein gelehrter Mann und kann die Hieroglyphen lesen. Ich glaube, er würde sogar Grabungen machen, wenn er Geld hätte, um Arbeiter anzuwerben. Aber er erwartet eine größere Summe aus Berlin.«

Mustafa Aga Ayat trat ganz nahe an den Franzosen heran und sagte leise: »Ich will ihn hier nicht haben, diesen Preußen. Er versteht zu viel von den Dingen. Das ist nicht gut fürs Geschäft. Hat er schon irgendwelche Dinge ausgegraben?«

Maunier hob die Schultern: »Das kann ich nicht sagen. Er ist nicht sehr gesprächig. Aber man kann erwarten, daß er bald große Entdeckungen machen wird. Erinnern Sie sich doch nur an diesen Lepsius, das war auch so ein Preuße. Diese Leute überlassen nichts dem Zufall. Wenn sie an einer Stelle graben, dann deshalb, weil es konkrete Hinweise auf irgendwelche Funde gibt. Sie haben nämlich uns und den meisten anderen Ausgräbern etwas voraus: Sie können alle Inschriften lesen. Und ein Mann, der dies sogar vorzüglich kann, ist dieser Brugsch.«

»Er muß weg!« sagte Mustafa, »er muß weg!«

Maunier sah den Scheich fragend an: »Was wollen Sie tun?«

»Lassen Sie mich nur machen«, antwortete dieser, »wo ist dieser Brugsch zur Zeit?«

»Im Tal der Könige.«

»Im Tal?« rief Mustafa und ging unruhig auf und ab.

»Was wollen Sie tun?«

»Ich?« fragte der Scheich entrüstet, »ich werde nichts tun. Aber man muß diesem Preußen eine Warnung zukommen lassen, er hat hier nichts zu suchen, er ist ein Eindringling. Und wenn er nicht verschwindet, dann wird es ihm so ergehen wie diesem Konsul Reitz, der eine von den heiligen Hyänen erlegt hat. Erinnern Sie sich?«

»Sie meinen diesen Österreicher? Ja, ja, er verfiel kurz darauf dem Wahnsinn und ging elend zugrunde. Wahrscheinlich Gift!«

Mustafa drehte die Handflächen nach außen, machte eine entschuldigende Handbewegung und seufzte: »Maschallah! – Was doch Allah alles geschehen läßt!«

Nach tagelangen Streifzügen im Tal der Könige diente Brugsch das ehemalige Grab eines thebanischen Edelmannes auf einem Felsvorsprung oberhalb des Dorfes Schech abd el-Kurna als provisorische Unterkunft. Das war keineswegs ungewöhnlich, da die meisten der in den Fels gemeißelten, mit Reliefs, Inschriften und Bildern versehenen Gräber bewohnt wurden. Sie waren kühl und leicht sauberzuhalten. Zur Abendstunde quollen Schwaden fettigen Rauchs aus den Türöffnungen, und Düfte von gebratenem Fisch hingen über den Felswänden des Tales. Dann steckte sich Brugsch jedesmal eine Wäscheklammer auf die Nase, mit der er für gewöhnlich seine Zeichnungen und Skizzen festzuhalten pflegte, damit ihn der Hunger nicht allzusehr quälte. Seit Wochen ernährte er sich nur von Linsen, Bohnen, Zwiebeln und Durrabrot. Sein Reisegeld war aufgebraucht, und Brugsch überlegte ernsthaft, ob er nicht Maunier um einen kleinen Kredit angehen sollte.

An solchen Abenden, allein in seiner Grabwohnung, überkamen ihn mitunter Zweifel, ob er sich sein Leben wirklich so vorgestellt hatte und er nicht besser eine Schreibstube in einem Berliner Ministerium bezogen und seine Abende mit Pauline verbracht hätte. Brugsch war jetzt 27 Jahre alt, genau in jenem Alter, in dem sich ein Mann zum erstenmal fragt, wo der Idealismus endet und die Dummheit beginnt. Doch wenn er dann aus seiner Höhle trat und sein Blick, geblendet von der Sonne, die glutrot hinter den Bergen unterging, über all die Zeugnisse versunkenen Lebens zu seinen Füßen schweifte - über die Säulen des Memnoniums, die verschütteten Mauern des Hatschepsut-Tempels, die riesigen Memnonkolosse und fern im gelbweißen Dunst die Ruinenstätte von Karnak -, dann erschienen ihm alle seine Probleme angesichts dieser großartigen versunkenen Welt auf einmal völlig bedeutungslos.

Eines dieser Probleme bestand darin, daß er nicht wußte, wie er Scheich Achmed bezahlen sollte, der ihm seit kurzem die arabische Sprache beibrachte. Der Sechzigjährige, auf einem Auge blind, auf dem anderen auch nicht gerade mit besonderer Sehkraft ausgestattet, war geschwätzig wie eine Drossel und eitel wie ein Pfau. Er ließ keine Gelegenheit aus, sich mit allerlei Höchstleistungen zu brüsten. Nachdem er einmal sechzehn Glaslampen verzehrt hatte, ohne an Leib und Leben Schaden zu nehmen, sahen die Fellachen von el-Kurna in ihm einen Heiligen, die Oberen des Derwischordens, dem er als Mitglied angehörte, verstießen ihn jedoch - wegen Lampenverschwendung. Er behauptete voll Stolz, im Laufe seiner 60 Jahre 70 Frauen geehelicht zu haben - was immer er darunter verstand. Doch da ihm Nachkommenschaft bisher versagt geblieben war, hatte er gerade die 71. Frau ins Auge gefaßt, eine 15jährige Jungfrau.

An diesem Abend diktierte Scheich Achmed seinem Schüler einen arabischen Brief in die Feder. Dann führte er das von Brugsch beschriebene Blatt dicht an sein halbblindes Auge, las und lobte ihn wegen der fehlerfreien Arbeit. Brugsch stutzte. Da er sich bei einigen der nur nach dem Gehör geschriebenen Wörter keineswegs sicher gewesen war, neigte er sich zu dem Alten hinüber, um ihn zu fragen, ob diese Wörter tatsächlich so geschrieben wurden, und registrierte dabei, daß Scheich Achmed das Blatt verkehrt unter seinem Auge hielt.

»Ich glaube, Scheich, du kannst nicht einmal lesen?« rief Brugsch.

»O mein Sohn«, jammerte Achmed, »du hast recht, ich kann weder lesen noch schreiben. Aber Allah ist barmherzig und wird mir weiterhelfen.«

Unter diesen Voraussetzungen, meinte Brugsch, sei an eine Auszahlung des vereinbarten Honorars natürlich nicht zu denken. Achmed sah das ein und verabschiedete sich mit tiefen Bücklingen.

Früh am andern Morgen wollte Auad kommen. Sie hatten sich vorgenommen, diesmal den steilen, steinigen Pfad über den Felsenkamm ins Tal zu nehmen. Dort oben, behaupteten die Fellachen von el-Kurna, sei ein Trichter zu erkennen, der durchaus Zugang zu einem Grab sein könnte. Die Wahrscheinlichkeit, ausgerechnet an dieser unzugänglichen Stelle ein Grab zu finden, war zwar gering – wie sollte man einen tonnenschweren Sarkophag und sperrige Grabbeigaben dort hinauf transportieren? –, doch das Grab des dritten Amenophis hatte man auch abseits auf dem gegenüberliegenden Bergrücken gefunden. Man durfte nichts unversucht lassen.

»Effendi!« Auad kletterte schnaufend den schmalen Steig zur Behausung des Forschers empor. Schon von weitem schwenkte er einen Brief über dem Kopf. »Effendi, Post aus Berlin!«

Brugsch riß Auad den Brief aus der Hand und öffnete ihn

zitternd. »Der gute alte Alexander von Humboldt«, murmelte er ohne aufzusehen, und dann las er halblaut die enggeschriebenen Zeilen:

»Mein teurer Brugsch! Ich habe mir bittere Vorwürfe zu machen, daß ich Ihnen nicht öfter und früher Zeichen des Lebens, der innigsten Freundschaft und des Dankes für so überaus wichtige und liebevolle Briefe gegeben habe. Aber der Gedanke, daß Sie auch nur einen Augenblick an meiner innigen Anhänglichkeit, an meiner immer zunehmenden Achtung für Ihr schönes Talent und Ihre beispiellose und doch so geregelte Tätigkeit zweifeln könnten, kann mir nicht in den Sinn kommen. Fast jeder Ihrer Briefe, auch die an mich gerichteten, ist dem König vorgelegt und von Ihm mit dem Wohlwollen, das Er Ihnen so unabänderlich schenkt, angehört worden.

Ob diese Zeilen sicher in Ihre Hände kommen, mein teurer Doktor, scheint mir sehr ungewiß. Ihr Hauptzweck ist der, Ihnen die frohe Nachricht zu geben, daß es mir leicht gewesen ist, vom König für Sie wieder auf ein ganzes Jahr 1500 Thaler zu erlangen. Ich bin mit Geh.Kab.-Rat Illaire, der Ihnen sehr gewogen ist, übereingekommen, daß Ihnen bei Herrn Kammerherrn und Generalkonsul Baron von Pentz ein Kredit von 1500 Thalern auf die Legationskasse eröffnet werde.

Meine Gesundheit ist im ganzen dieselbe, nur in der letzten Zeit habe ich die gewöhnlichen Leiden, Verstopfung wie Schnupfen und Husten mehr gehabt.

Empfangen Sie, teuerster Brugsch, die erneuerte Versicherung meiner unverbrüchlichen Anhänglichkeit. Ihr Alexander von Humboldt.«

Auad sah den Effendi fragend an. Der strahlte über das ganze Gesicht und sagte: »Auad, heute wird nicht gegraben, heute wird gefeiert!«

»Ist es nicht famos? Sag, ist es nicht famos?« rief Said Pascha immer wieder und puffte seinem Gegenüber in die Seite. Der lachte schallend und blickte von seinem plüschbezogenen Sessel auf die öde Nildelta-Landschaft, die an ihnen vorüberflog. Die Szene spielte in einem roten Salonwagen der Dampfeisenbahnlinie Alexandria–Kairo. Ein offenes Lokomobil mit einem drei Meter hohen Schornsteinrohr stieß qualmende Rauchwolken aus und zog Kohlenwagen und zwei Anhänger durch die Landschaft. Said Pascha, der neue Vizekönig von Ägypten, freute sich wie ein Kind, qualmte mit der Lokomotive um die Wette und stieß in Abständen Pfeiftöne aus. Fellachen zu beiden Seiten des neuen Bahndammes verneigten sich und fielen auf die Knie, wenn das stampfende Dampfroß mit dem buntgeschmückten Wagen des Paschas an ihnen vorüberdonnerte. Maschallah!

Said war einer der vier Söhne Mohammed Alis, die ihren Vater überlebt hatten – die übrigen achtzig waren bereits tot. Seine Leibesfülle erforderte den dreifachen Stoffaufwand für die Gehröcke, die er mit Vorliebe trug. Ein rötlichblonder Vollbart umrahmte das heitere Gesicht, in dem zwei winzige Äuglein zwinkerten. Der Mann im Fauteuil gegenüber war das ganze Gegenteil, hager, ernst, aber nicht ohne Liebenswürdigkeit. Sein Name: Ferdinand de Lesseps, französischer Ex-Diplomat.

Siebzehn Jahre hatten sich die beiden nicht gesehen; damals waren sie als die besten Freunde auseinandergegangen. Said verdankte Ferdinand einen guten Teil seines Leibesumfangs; denn er war es gewesen, der dem pummeligen Prinzen, welcher unter dem gestrengen Auge seines Vaters meist nur Bohnen und Salat zum Essen bekam, im nahe gelegenen Konsulat Riesenportionen Pommes frites zukommen ließ.

Zuhause in Frankreich hatte er von der Ernennung Saids zum Vizekönig gehört, er hatte ihm eine Glückwunschadresse übersandt und war vom neuen Khediven postwendend nach Kairo eingeladen worden.

»Eines muß man diesen Engländern lassen«, sagte Lesseps,

der von einem livrierten Diener gerade eine Tasse Tee in Empfang nahm, »sie sind Meister im Bau von Dampfeisenbahnen.«

»Es war die einzige vernünftige Tat von Abbas Pascha, diesen Stephenson ins Land zu holen«, sinnierte Said. »Jetzt ist die Entfernung von Alexandria nach Kairo auf eine einzige Tagesreise zusammengeschrumpft. Zu Schiff durch das Delta waren wir eine ganze Woche unterwegs.« Er rückte näher an den Franzosen heran: »Im Vertrauen gesagt, ich will eine zweite Dampfeisenbahnlinie von Kairo nach Suez bauen lassen. Dann sind Mittelmeer und Rotes Meer auf dem Schienenweg verbunden.«

Ferdinand wiegte den Kopf hin und her.

»Dir gefällt meine Idee wohl nicht, he?« fragte Said und wedelte mit der Hand die Rauch- und Staubwolken vom Gesicht, die der Fahrtwind durch die offenen Fenster trieb. Lesseps erhob sich, stellte sich breitbeinig vor das Fenster und blickte auf die eintönige Deltalandschaft.

»Das wäre gewiß ein Fortschritt«, meinte er, »und der Fortschritt läßt sich auch in deinem Land nicht aufhalten, aber volkswirtschaftlich klug ist es nicht ...«

Der Pascha sah seinen Freund an, er verstand ihn nicht.

»Nun ja«, begann Lesseps von neuem, »deine Dampfeisenbahn wird sicher mehr Europäer ins Land locken, Europäer, die bisher nur die Hafenstadt Alexandria kannten, weil ihnen die Reise durch das Delta zu beschwerlich war. Immerhin dauerte sie länger als die Überfahrt von Italien. Aber ob deine Dampfeisenbahn ein bedeutender Wirtschaftsfaktor für dein Land werden wird, das will ich bezweifeln. Wenn Ägypten die industrielle Revolution nicht an sich vorüberziehen lassen will, dann mußt du andere Projekte angehen. Ich denke da speziell an *ein* Projekt, es würde die Bedeutung deines Landes für ganz Europa in unvorstellbarem Maße steigern, Ägypten könnte zur Weltmacht werden.«

Said Pascha lachte. »Du meinst den Kanal zum Roten

Die Khediven von Ägypten *(von links oben nach rechts unten)*: Mohammed Ali (1805–49), Said Pascha (1854–63), Ismail Pascha (1863–79) und Taufik Pascha (1879–92).

Meer. Seit Napoleon läßt euch Franzosen diese Idee keine Ruhe. Aber war es nicht auch eine französische Ingenieur-Kommission, die vor fünfzig Jahren zu dem Ergebnis kam, daß der Wasserspiegel des Roten Meeres um zehn Meter höher liege?«

»Diese Berechnungen sind längst korrigiert, seit einem Jahr steht absolut fest, daß beide Meeresspiegel bei ungünstigsten Flutverhältnissen nur um 94 Zentimeter differieren.«

»Ja, ja, ich weiß. Schon mein Vater Mohammed trug sich mit dem Gedanken. Ich war damals noch ein kleiner Junge, als Ingenieure, Landwirte, Schriftsteller und Handwerker aus Frankreich kamen und meinen Vater von der Notwendigkeit dieses Projektes zu überzeugen versuchten. Sonderbare Leute waren das, alles Idealisten, sie wollten gar keinen Gewinn machen, sie behaupteten, im Interesse der Menschheit zu handeln. Aber damals herrschten unruhige Zeiten, und deine Landsleute fuhren unverrichteter Dinge nach Hause.«

»Weißt du«, begann Lesseps, »ich habe die letzten Monate viel Zeit gehabt und mir so meine Gedanken gemacht . . .«

Die Verbindung zwischen Mittelmeer und Rotem Meer war ein uralter Menschheitstraum. Schon 2000 Jahre vor der Zeitenwende soll ein Kanal bestanden haben, unter Ramses II. wurde eine zweite Verbindung geschaffen, und der Pharao Necho begann um 600 v. Chr. einen dritten Durchstich, den der Perserkönig Darius dann vollendete. Alle drei Projekte verbanden die beiden Meere nicht direkt, sondern das Rote Meer mit dem Nil, und alle drei Projekte hatten das gleiche Schicksal, sie versandeten. Der letzte Kanal verfiel im 8. Jahrhundert.

Um 1500 wurde der Seeweg nach Indien um das Kap der Guten Hoffnung entdeckt. Zeit spielte keine Rolle, man nahm die 4500 Seemeilen Umweg in Kauf, und die Verbindung der Meere geriet völlig in Vergessenheit. Doch als dann im 19. Jahrhundert Zeit auf einmal Geld wurde und die industrielle Revolution allerorten ihren Tribut forderte, rückte auch das Kanalprojekt wieder ins Bewußtsein. Seit 1847 gab es eine Planungsgesellschaft für das Kanalprojekt, die sich aus französischen, deutsch-österreichischen und englischen Ingenieuren zusammensetzte. Ihr Sitz: Rue de la Victoire 34, Paris. Auch Ferdinand de Lesseps war Mitglied dieser Gesellschaft; aber nun unternahm er einen Alleingang.

Lesseps verstand es, seinen Freund für das Jahrhundertprojekt zu interessieren. Wenige Tage nach der Ankunft in Kairo überreichte der Franzose dem Vizekönig bereits detaillierte Pläne zum Bau des Suezkanals. Said Pascha unterzeichnete die Dokumente am 13. November 1854, ohne sie gelesen zu haben, und erteilte Lesseps die Konzession zur Gründung einer internationalen Baugesellschaft, der *Compagnie Universelle du Canal Maritime de Suez.*

Der Kommentar, den Lesseps dazu abgab, sparte nicht mit Superlativen: »Die Namen der ägyptischen Herrscher, welche die Pyramiden errichteten, diese Denkmäler menschlicher Eitelkeit, bleiben unbekannt. Der Name des Fürsten, der den großen Kanal zwischen den Meeren eröffnet, wird von Jahrhundert zu Jahrhundert gepriesen werden bis in alle Ewigkeit.«

Ägypten, ein Land, das seit Napoleons ägyptischem Abenteuer die Weltmächte nur am Rande interessierte, geriet auf einmal in den Strudel europäischer Interessenpolitik. Abenteurer, Spione, Techniker, Diplomaten und Leute, die hofften, das große Glück zu machen, überschwemmten das Land, in dem, wie es schien, die Neuzeit ausbrach. Und die Archäologen und Forscher, die an den Brennpunkten der frühen Kultur meist mittellos und verbissen arbeiteten, sie wurden nun belächelt – als gingen sie in die falsche Richtung.

Zwei Dinge hinderten Heinrich Brugsch, eigene Grabungen durchzuführen. Zum einen war es das Geld. Gräber, die nahe an der Oberfläche lagen, waren von Grabräubern und den

Bewohnern von el-Kurna längst gefunden worden. Und Gräber, die vermutlich tief im Boden lagen, zugeschüttet, verweht oder in den Fels getrieben, erforderten einen zu hohen Arbeitsaufwand, den Brugsch einfach nicht zu bezahlen in der Lage war. Ohne Konzession hätte der Preuße außerdem wohl auch das Mißtrauen des Provinzgouverneurs, des Mudirs von Kena, erregt. Zum anderen aber führte Auad seinen Herrn zu so vielen geöffneten Gräbern, die allesamt einer historischen Untersuchung bedurften, daß an neuerliche Grabungen zumindest vorläufig überhaupt nicht zu denken war.

Auf steinigem Pfad wanderten Brugsch und Auad das Tal von el-Kurna in westlicher Richtung entlang, vorbei an Felseninschriften und Weiheinschriften, die an die Götter Thebens und des Totenreiches gerichtet waren, zum Biban el-Harim, dem Tal der Königinnen.

»Wie viel Gräber hast du im Biban el-Harim aufgezeichnet, Effendi?« fragte Auad, während sie sich bei brennender Nachmittagshitze durch das öde, aller Vegetation beraubte Tal quälten.

»Nach meinen Unterlagen sind es neunzehn«, sagte Brugsch, »neunzehn mehr oder minder zerstörte Gräber von Königinnen und Prinzessinnen der 18. bis 20. Dynastie.«

Stolz meinte Auad: »Dann werden wir heute das zwanzigste aufsuchen.«

Es lag am westlichen Ende des Tales. »Hier«, sagte Auad und deutete auf einen Trichter im Geröll. Mit bloßen Händen räumte er den Schutt beiseite, der jedoch immer wieder nachfiel; endlich klaffte ein Loch im Boden, gerade so groß, daß ein Mann sich hindurchzwängen konnte. Brugsch zündete eine Kerze an, nahm das Licht in die linke, sein Kopienbuch in die rechte Hand, mit dem Bleistift im Mund kroch er auf allen vieren in das Innere.

Nach ein paar Metern öffnete sich der Kriechgang zu einem hohen Korridor, der es erlaubte, aufrecht zu gehen. Die Luft war stickig, von süßlichem Mumienduft erfüllt, den der

Forscher von anderen Grüften her kannte. Meterlange Spinnweben hingen von der Decke, sie schienen schwer und undurchdringbar. Aber wenn Brugsch seine Kerze darunterhielt, prasselten sie für Sekunden wie ein Feuerwerk und lösten sich in nichts auf. Die kurzen Augenblicke der Helligkeit benutzte der Forscher, um sich zu orientieren. Fledermäuse flatterten, vom Licht geblendet, auf, und die Kerze drohte jeden Augenblick durch ihren Flügelschlag zu verlöschen. Es war das bisher besterhaltene Grab. Bunte Reliefs und Schriften bedeckten den langen, in den Kalkfelsen gegrabenen Korridor. Schleifspuren im Staub verrieten, daß sie nicht die ersten Eindringlinge waren: Die vermauerte Tür am Ende des Ganges war aufgebrochen.

Heinrich Brugsch gab Auad die Kerze in die Hand, damit er sie hochhielt. Im Kerzenschein erkannte Brugsch am Eingang die Hieroglyphe der Mat, der Wahrheit, an der gegenüberliegenden Wand stand eine Königin vor Ptah, dem Schöpfergott, vor Amset und Isis. Darüber eine Inschrift. Stockend, immer wieder von neuem beginnend, las Brugsch das 3000 Jahre alte Totengebet für eine Königin: »Möge Amun-Ra die Königstochter des Totengottes Osiris, die Schwester eines Königs, die Mutter eines Königs, die große Königin und Herrin beider Länder, Ti-ti, die gestorben ist, mit seiner Liebe beschenken ...«

Mit geschickten Strichen kritzelte der Forscher die Hieroglyphen in sein Kopienbuch. Darin waren bereits Inschriften aus 13 anderen Gräbern aufgezeichnet. Sechs der untersuchten Gräber trugen keine Inschriften, sie waren möglicherweise abgesplittert oder zerstört. Zwei waren unvollendet und hatten wohl nie als Begräbnisstätte gedient. Im Grab Nr. 2 fand Brugsch einen zerschlagenen Sarkophag der »großen königlichen Mutter und Herrin beider Länder Isis« – wie sich später herausstellte, gehörte er der Mutter Ramses' VI. In Grab Nr. 4 hatte man laut Inschriften den fünften Sohn Ramses' III. beerdigt. Die Gräber 7, 11 und 13 dienten verschiedenen Prinzessinnen als letzte Ruhestätte. Brugsch identifizierte das Grab der Prinzessin Bentanta, einer Tochter des großen Ramses, die dieser, weil sie so schön war, kaum 16jährig zur Frau genommen hatte. Rätselhaft blieb für den Forscher das Grab der Königin Tentopet. Alle Hieroglyphen zwischen dem Titel »Königin« und ihrem Namen waren regelmäßig ausgemeißelt, in der Seitenkammer fehlten sogar der Name und die Bezeichnung Königin und in der hintersten Kammer des Grabes war auch der Name Tentopet übertüncht und ihr Königstitel verändert. »Wer war die Arme«, hatte Brugsch in sein Kopienbuch notiert, »deren Andenken in dieser Weise und so absichtlich verlöscht werden sollte, und was hatte sie begangen, um diesen Schimpf zu verdienen?«

Drei Stunden hielten sie sich nun schon im zwanzigsten Grab auf. Sie sprachen kaum ein Wort; denn jeder Satz forderte Sauerstoff, und der war knapp. Brugsch lag und kopierte, und Auad war in der Hauptsache damit beschäftigt, Hunderte von Fledermäusen abzuwehren. Er vertrug die stickige Hitze im Grab besser als der Deutsche. Brugsch klebten die Kleider am Leib, er wischte sich mit dem Ärmel den Schweiß vom Gesicht. »Nur diese eine Inschrift noch!« sagte er zu Auad. Der nickte.

Die tiefstehende Sonne traf sie schmerzend, als sie erschöpft ans Tageslicht krochen. Dunst stieg vom Nil wie helles Gewölk auf, schwarze Büffel-, Schaf- und Ziegenherden kehrten von den Flußweiden heim, Kamele trabten den Häusern zu, Esel erklommen mit schwerer Last die Pfade zu den Gräberwohnungen, aus denen der Rauch zum Himmel stieg.

»Effendi«, sagte Auad, »bist du zufrieden mit dem heutigen Tag?«

»Ja«, erwiderte der Doktor und schmunzelte, »ich bin mit jedem Tag zufrieden; denn jeder Tag ist für mich ein kleines Mosaiksteinchen in einem riesengroßen Bild.«

»Wer war Ti-ti«, fragte Auad.

»So genau kann ich das nicht sagen«, meinte Brugsch. »Sie war eine Königin, die Gemahlin irgendeines Ramses.«

»Irgendeines?«

»Ja. Es gab vermutlich ein ganzes Dutzend Pharaonen, die diesen Namen trugen. Aber das ist vorläufig nur eine Vermutung.«

»Und wann wirst du es genau wissen?«

Heinrich Brugsch lachte schallend. Er zeigte mit ausgestrecktem Arm auf die Felsenwände von Der el-Bahari: »Dahinter – im Tal der Könige, liegt das Geheimnis begraben. Es würde mich wundern, wenn man in diesem Tal nicht alle Ramessiden bestattet hätte.«

»Ein ganzes Dutzend?«

»Ein ganzes Dutzend.«

»Aber alle Gräber sind gefunden, Effendi. Die Männer von el-Kurna suchen seit 50 Jahren. Sogar die Felsenwände haben sie abgeklopft.«

Während sich die beiden unterhielten, gesellte sich ein etwa vierzehnjähriger Junge zu ihnen. Obwohl er von der Unterhaltung nichts verstand, begriff er schnell, daß ihr Gespräch um das Tal der Könige ging. Jeder hier im Tal kannte inzwischen den Doktor, und ihr anfängliches Mißtrauen hatte sich längst in wortreiche Sympathie gewandelt. Für hundert Piaster erbot sich der Junge, Brugsch zu einer Stelle im Tal der Könige zu führen, unter der ein Pharaonengrab zu vermuten sei. Aber dieses Ansinnen ging gegen Auads Ehre, schließlich sei *er* der Führer des Effendi, er jagte den Halbwüchsigen davon.

Ob er den Jungen gekannt habe, erkundigte sich Brugsch.

Und ob er ihn kenne! Er heiße Achmed Abd er-Rassul und stamme aus einer alten Grabräuber-Familie, der schlimmsten von ganz el-Kurna. Der Vater, der Großvater, sogar der Urgroßvater sei schon Grabräuber gewesen. Heute seien die Abd er-Rassuls die reichste Familie des Dorfes.

Reichtum wurde in Kamelen oder in Pferden gemessen.

Mit fünf bis zehn Kamelen zählte eine Familie noch zu den Armen, 30 bis 40 zeichneten den gehobenen Mittelstand aus. Wer mehr als 60 Tiere sein eigen nannte, galt als reich. Ein Scheich besaß ein paar hundert Kamele. Nach außen hin sah man kaum einen Unterschied zwischen einem armen Fellachen und einem reichen Scheich. Jeder trug das gleiche schlichte lange Gewand, aß nicht mehr und nicht besser als der andere; kam aber ein Fremder und nahm die Gastfreundschaft in Anspruch, so wurden Standesunterschiede schnell deutlich. Dann warfen sich Ehefrauen und Töchter des Scheichs in kostbar bestickte Kleider, und gespeicherte Vorräte brachten die niedrigen Tische fast zum Biegen. Düfte von ungesäuertem Fladenbrot, über einer Glut aus Kameldung gebacken und mit triefender Butter bestrichen, zogen durch das Haus. Den Gast erwartete ein am offenen Feuer gegrilltes Lamm, dessen Innereien separat in Kamelmilch gedünstet und in einer sauer geronnenen Soße serviert wurden, in die man Brocken des Fladenbrotes eintauchte. Als besonders vornehm galt es, statt Fladenbrot Reis zu reichen, der in möglichst viel zerlassener Butter schwamm. Butter war im Gegensatz zu Fleisch keineswegs Luxus. Die Frauen stellten sie täglich frisch her, indem sie die Schaf- oder Ziegenmilch frühmorgens nach dem Melken in Schläuche aus Ziegenleder gossen und zwei Stunden in der Luft herumwirbelten. Auch Auads Frau tat dies.

Er spuckte auf den Boden. Nein, mit den Abd er-Rassuls wolle er, Auad, nichts zu tun haben.

Brugsch nickte verständnisvoll, trotzdem notierte er in sein Kopienbuch den Namen Achmed Abd er-Rassul. Vielleicht, dachte er, sollte man diesem Abd er-Rassul doch einmal hundert Piaster zukommen lassen. Er konnte sich täuschen, aber manchmal wurde er den Verdacht nicht los, die Fellachen verrichteten gegen den üblichen Lohn zwar alle Arbeiten, die man ihnen auftrug, sie buddelten und wühlten den lieben langen Tag. Aber mitunter kam es ihm so vor, als wühlten sie zielsicher an interessanten Dingen vorbei. Später wurden dann »zufällig« Grabeingänge oder Schätze an den Stellen gefunden, die Brugsch bereits untersucht hatte. War es Zufall, daß sich in letzter Zeit solche Funde häuften, die Aga Ayat den Fellachen für gutes Geld abkaufte?

Das Geschrei des alten Auad klang aufgeregt und beinahe wie eine Kriegsmeldung: »Effendi, die Engländer kommen!« Heinrich Brugsch trat vor die Tür, wo Auad nach Luft rang und mit beiden Armen ins Tal deutete. Zwei Männer in Knikkerbockern mit Tropenhelm auf dem Kopf, gefolgt von einem Trupp Fellachen mit Grabungswerkzeugen, marschierten geradewegs auf el-Kurna zu.

»Wer ist das?« erkundigte sich Brugsch.

»Engländer, Effendi! Sie haben beinahe hundert Arbeiter angeworben, sie zahlen gut. Aber Auad bleibt dir treu, Effendi.«

Brugsch verfolgte von seinem erhöhten Standort, wie die beiden Engländer ihren Ausgräbertrupp in fünf Gruppen aufteilten. Sie gestikulierten wild und zeigten in alle vier Himmelsrichtungen, schließlich setzte sich eine Gruppe in Richtung Assasif in Bewegung, eine zweite westlich nach Kurnet Murai, eine dritte marschierte nach Dra abu el-Naga und die vierte schien über die Felsen ins Tal der Könige zu wollen, während der verbleibende Rest mit dem Anführer an der Spitze geradewegs auf el-Kurna und Brugschs Behausung zuging.

»Komm«, sagte Brugsch, setzte seinen Sonnenhut auf den Kopf und zog Auad mit sich den steilen Trampelpfad hinab. Am Ortseingang von el-Kurna, dort, wo der felsige Hügel in eine flache Landschaft übergeht, trafen sie aufeinander: Heinrich Brugsch und Alexander Rhind. Brugsch war erregt. Er fragte den Fremden, mit welchem Recht er das ganze Tal in Beschlag nehme. Doch der Brite konfrontierte ihn gelassen mit einem Firman des Kairoer Außenministeriums – eine

Grabungslizenz für ganz Ägypten. Er sei Alexander Rhind, kein Engländer, sondern Schotte, Rechtsanwalt, eigentlich aus Gesundheitsgründen hier, die Lunge, Sie verstehen, aber warum solle man nicht das Notwendige mit dem Interessanten verbinden. »Und was hat Sie hierher verschlagen?«

Brugsch, dem sein Auftritt peinlich war, wurde verlegen. Er erklärte, er sei ein preußischer Forscher und beschäftige sich schon seit ein paar Jahren mit der Übersetzung von Inschriften, besitze aber keine Grabungslizenz, er habe auch kein Geld, so viele Arbeitskräfte zu bezahlen.

Der Schotte, gerade zwanzigjährig, zeigte sich begeistert, einen Schriftgelehrten in seiner Nähe zu wissen, man würde sich sicher gut verstehen. Er stellte Mr. Wenham vor, seinen Assistenten, und Ali, seinen Diener, und erzählte, daß er so lange auf seinem Schiff wohnen wolle, bis sein Quartier errichtet sei, das Haus, in dem schon Sir Gardiner Wilkinson und Henry Salt gewohnt hätten, ob er es kenne.

Natürlich kenne er es, erwiderte Brugsch und zeigte auf einen aus rötlichen Nilschlammziegeln errichteten, mit einer hohen Mauer umgebenen Komplex. Richard Lepsius habe während der preußischen Expedition vor zehn Jahren ebenfalls dort logiert. Es gehöre der Regierung.

»Man hat es mir freundlicherweise zur Verfügung gestellt«, sagte der Schotte.

Heinrich Brugsch saß an diesem Abend allein in seinem Grab vor einer Kerze und brütete über Hieroglyphen und demotischen Abschriften; aber so recht konzentrieren konnte er sich nicht; er fühlte sich allein gelassen. Wie sollte er, Dr. Heinrich Brugsch aus Berlin, mit 1500 Thalern Jahressalär, von dem auch noch eine Frau in der Heimat leben mußte, die Geschichte des Pharaonenreiches wiederentdekken?

Argwöhnisch verfolgte er täglich die Bemühungen des Schotten, und er war nicht gerade traurig, daß sie trotz des großen Aufwandes erfolglos zu verlaufen schienen – sieben

Wochen lang jedenfalls. Dann aber kam Bewegung in die Grabungen am Fuße des Dorfes. Spuren künstlicher Bearbeitung im Felsengestein hatten Alexander Rhind zu einem vermauerten unterirdischen Steinportal geführt, das mit dem Namensring Amenophis' III. versiegelt war.

Rhinds Assistent stemmte ein meterdickes Loch in das Gemäuer. Kerzen wurden gebracht. Rhind schickte Wenham voraus, reichte zwei brennende Lichter durch die Öffnung, dann schwang er sich selbst durch das Loch. Ein langer finsterer mannshoher Korridor tat sich auf, schmucklos, ohne Reliefs oder Malereien an den Wänden, aber mitten im Gang stand ein vielbeiniger Totenbaldachin aus Holz, eine Art Tisch mit aufstülpbarem Gehäuse – offenbar zur Aufbewahrung von Toten. Der Tisch war leer, und Rhind und Wenham drückten sich daran vorbei, an die Wand gelehnt entdeckten sie zwei meterhohe Krüge und dazwischen eine kleine Figurengruppe, ein knieendes Paar.

Über Knochen, Steinbrocken und allerlei Gerümpel arbeiteten sich die beiden 20 Meter weiter vor, bis ihnen eine schwere Holztüre den Weg versperrte. Rhind warf sich erfolglos dagegen. Und da es bereits Abend geworden war, beschlossen beide, ihre Untersuchung erst am nächsten Tag fortzusetzen.

Als Rhind und Wenham aus dem Mauerloch hervorkrochen, wurden sie mit Jubel begrüßt. Rhind versuchte, die Fellachen zu beschwichtigen, man wisse überhaupt noch nicht, ob größere Schätze zu erwarten seien. Aber die Leute waren nicht so schnell zu beruhigen. Von Mißtrauen geplagt, ließ Rhind die nubischen Matrosen von seinem Boot kommen und teilte eine Nachtschicht ein. Er selbst fand in dieser Nacht keinen Schlaf und kontrollierte zweimal die Wachmannschaften.

Kurz nach Sonnenaufgang stiegen Alexander Rhind und sein Assistent erneut in das Grab. Das Aufbrechen der Tür bereitete keine Schwierigkeiten, dahinter führte der Gang steil nach unten. Hinter einer Seitenkammer, die ein Bild der Verwüstung bot, wurden die beiden von einem senkrechten Schacht aufgehalten. Rhind versuchte, mit einer Kerze hinabzuleuchten, doch er konnte nichts erkennen; deshalb forderte er von draußen einen Balken und ein Seil an. Damit sollte Wenham sich abseilen. Das Manöver gelang: Sieben Meter tief landete der Assistent im zentimetertiefen Staub.

»Was sehen Sie, Wenham?« rief Rhind von oben und lauschte in die Tiefe.

»Vier Gänge, nach allen vier Seiten!«

»Wo führen sie hin?«

»Ich weiß nicht. Da steht etwas ... Und da ...«

»Wenham! Was ist los? – Wenham!«

Der Schotte lauschte in die Tiefe – nichts. »Wenham, um Gottes willen, was ist passiert?« Sekunden verharrte Rhind wie versteinert, befürchtete, sein Assistent sei abgestürzt, dann aber hörte er Schritte, die sich näherten: »Weeenhaaam!«

»Chef!« hörte er die Stimme seines Assistenten, er war atemlos. »Hier unten stehen lauter Sarkophage mit Mumien.«

»Wie viele?«

»Ich weiß nicht, Chef. Es sind mehrere Kammern.«

»Sind die Sarkophage aufgebrochen?«

»Soweit ich es erkennen kann, nicht!«

Da hielt es den jungen Schotten nicht mehr, er riß sich die Kleider vom Leib und nackt seilte er sich in den Schacht ab.

Man sprach französisch, denn zwei von ihnen waren ohnehin Franzosen und der dritte zumindest ein halber: Ferdinand de Lesseps, Auguste Mariette und Said Pascha. Der orientalische Aufwand des neuen Khedivenpalastes am Nil war weit weniger pompös als der des Vorgängers. Der neue Herrscher war mehr Soldat. Man schrieb November 1857, und das Problem war ein diplomatisches.

»Warum ich Sie hierher gebeten habe«, der Pascha ging mit auf dem Rücken verschränkten Armen im Audienzsaal auf und ab, »Seine Hoheit Prinz Napoleon, ein Vetter seiner kaiserlichen Hoheit Napoleons III., hat den Wunsch geäußert, mein Land zu besuchen. Mir und meinem Volk ist das eine große Ehre. Prinz Napoleon ist, wie man hört, ein Bewunderer unserer frühen Kultur und . . .«

». . . ich glaube«, fuhr Lesseps fort, »wir könnten uns keinen würdigeren und kenntnisreicheren Führer vorstellen als Sie, Mariette. Sie hatten die Freundlichkeit, mich durch den unterirdischen Serapis-Tempel zu führen, und ich muß sagen, ich war begeistert.«

Ohne eine Antwort abzuwarten, sagte der Pascha: »Ich habe mir vorgestellt, Sie beginnen sofort damit, neue unbekannte Denkmäler freizulegen, die bis zum Eintreffen seiner Hoheit niemand zu Gesicht bekommt. Ich erwarte, daß Sie wertvolle Funde bereithalten, die dem Prinzen als Andenken an seine ägyptische Reise zugedacht werden können. Sehen Sie irgendwelche Schwierigkeiten?«

Mariette war überrascht. Da hatte er nun sieben Jahre unter größten Schwierigkeiten und stets ein wenig am Rande der Legalität gearbeitet, er hatte die Behörden mit allen nur erdenkbaren Tricks an der Nase herumgeführt, geheuchelt, gelogen und betrogen, und nun, auf einmal, sollte das alles auf allerhöchsten Befehl im Einklang mit den Gesetzen vonstatten gehen? Und nur weil Prinz Plonplon, so nannte man Napoleon, seinen Besuch angekündigt hatte? Mariette verstand die Welt nicht mehr.

»Sehen Sie irgendwelche Schwierigkeiten?« wiederholte der Pascha seine Frage.

»Schwierigkeiten? Nein, keine Schwierigkeiten. Das ist alles nur eine Frage des Geldes. Der Boden Ihres Landes hält noch immer mehr Schätze verborgen, als bisher freigelegt wurden. Mit den nötigen Mitteln, den erforderlichen Arbeitskräften und den entsprechenden Vollmachten wühle ich

Ihnen die gesamte frühe Kultur Ihres Landes an die Oberfläche.«

»Wo wollen Sie denn beginnen?« erkundigte sich der Pascha, »ich meine, wo versprechen Sie sich die meisten Erfolge?«

»Ach, Hoheit«, seufzte Mariette, »dieses Land ist so mit Schätzen gesegnet, daß es kaum eine Stelle gibt, an der nicht mit Zeugnissen aus der Vergangenheit gerechnet werden kann. Freilich, nicht überall stoßen wir auf die Hinterlassenschaft eines Königs.«

Ein König, meinte der Pascha, wäre für den Prinzen natürlich angemessener als irgendein anderer Fund. Ob er nicht vielleicht in der Lage sei, einen zu finden? Lesseps nickte zustimmend. Mariette lachte, sagte, am vielversprechendsten seien vielleicht Grabungen im Tal der Könige, sein Freund Heinrich Brugsch, ein Preuße, sei überzeugt, daß dort noch weitere Pharaonen begraben lägen. Ihm hätten jedoch bisher die Mittel sowie eine Konzession gefehlt, größere Suchgrabungen in Angriff zu nehmen.

»Dann holen Sie sich doch diesen Brugsch!« sagte Said Pascha, »ich übernehme alle Kosten des Unternehmens, außerdem steht Ihnen der Dampfer ›Samanoud‹ aus meiner Flotte zur Verfügung, und wir werden für die Sicherheit der Monumente garantieren. Sie werden die Mudirs aller Provinzen davon in Kenntnis setzen, daß ich ihnen verbiete, auch nur *einen* Stein aus dem Altertum anzurühren. Sie werden jeden Fellachen verhaften, der einen Tempel betritt.«

Said klatschte in die Hände. Der Schreiber erschien und zeichnete einen entsprechenden Firman auf, und Lesseps beglückwünschte seinen Landsmann. Langsam, ganz allmählich, rückte die gesamte Tragweite dieses Beschlusses in dessen Bewußtsein: Das ganze alte Ägypten lag Mariette zu Füßen.

Die beiden Franzosen verabschiedeten sich gemeinsam. »Ich hoffe nur«, sagte Lesseps auf dem Weg zum Portal, »Sie geraten nicht ebenso wie ich zwischen die politischen Machtblöcke.«

»Monsieur«, entrüstete sich der Ausgräber, »ich grabe nicht für Frankreich, schon gar nicht für England oder Preußen. Mein Interesse gilt der jahrtausendealten Kultur dieses Landes!«

Ferdinand de Lesseps blieb stehen. »Das glaube ich Ihnen, mein Freund, ich habe mein Kanalprojekt anfangs auch als eine internationale Angelegenheit betrachtet, und jetzt schlagen sich Engländer und Franzosen darum. Dabei würden die Engländer von dem Kanal am meisten profitieren. 2719 englische Schiffe fuhren in einem einzigen Jahr um das Kap der Guten Hoffnung, und wissen Sie, wie viele Schiffe unter der Flagge Frankreichs das Kap umrundeten? – 444! Trotzdem versucht Premierminister Palmerston alles, um den Kanalbau zu verhindern. Er setzt den türkischen Sultan unter Druck, und der wiederum pfeift Said Pascha zurück.«

»Ich hörte, die Bauarbeiten hätten bereits begonnen?«

Lesseps machte eine resignierende Handbewegung. »Wir sind eben erst dabei, von Zagazig am östlichen Nilarm einen Süßwasserkanal zum Timsah-See auszuschachten, nur einen bis eineinhalb Meter tief, aber hundert Kilometer lang; damit wir Trinkwasser für die Arbeiter in der Wüste gewinnen.«

»Mit wieviel Arbeitskräften rechnen Sie?«

»Said Pascha stellt 25 000 leibeigene Fellachen zur Verfügung.«

»Seit dem Bau der Pyramiden gab es kein solches Bauprojekt mehr«, staunte Mariette.

Lesseps lachte: »Wenn Sie etwas erreichen wollen, dann müssen Sie mit hohem Einsatz arbeiten!«

Die Worte klangen in Mariettes Ohren wie eine Aufforderung: Wollte *er* etwas erreichen, dann mußte auch *er* mit größtmöglichem Aufwand arbeiten. Er mußte an verschiedenen Stellen graben, viele hundert Arbeitskräfte anwerben, moderne technische Geräte einsetzen, vielleicht den Dampfpflug, den man soeben in England erfunden hatte. Natürlich war das alles eine Kostenfrage; aber nun, mit der Vollmacht des Paschas, war die Gelegenheit günstig wie nie zuvor. Ich werde es schaffen, schoß es durch sein Gehirn, ich werde die ägyptische Kultur wieder ans Tageslicht holen!

III.
Die Herren Maulwürfe

Auguste Mariette versuchte an 37 verschiedenen Orten gleichzeitig dem Boden abzuringen, was seit Jahrtausenden verschüttet war. 2700 Arbeitskräfte schaufelten zwischen Nildelta und dem ersten Katarakt im Dienste der Geschichtsforschung.

Das Gerücht verbreitete sich wie ein Lauffeuer: Ein Schotte hat in Luxor den größten Schatz entdeckt, der je auf ägyptischem Boden gefunden wurde. Von weit her aus der Provinz pilgerten die Fellachen zu dem schwerbewachten Grabeingang bei el-Kurna, um einen Blick auf den unermeßlichen Reichtum zu werfen. Konsul Aga Ayat spuckte Gift und Galle, daß der Fund seinen eigenen Leuten entgangen war und ein junger lungenkranker Schotte ihm das größte Geschäft seines Lebens vor der Nase weggeschnappt hatte. Und weil Alexander Rhind niemandem außer ein paar Vertrauten den Zugang zu dem Labyrinth gestattete, wucherten die Spekulationen über den Wert der gefundenen Gegenstände noch mehr. Man hätte meinen können, Rhind wäre auf eine riesige Goldader gestoßen.

Die Wahrheit war etwas komplizierter: Von vorneherein stand fest, daß es sich bei diesem Grab um kein Pharaonengrab handeln konnte. Das war selbst einem Amateur wie Rhind klar. Die Wände trugen keinerlei Schmuck oder Aufzeichnungen, woraus geschlossen werden konnte, daß dem ursprünglichen Grabherren wohl kaum historische Bedeutung zukam. Die Lage fernab vom Tal der Könige vor el-

Kurna deutete vielmehr auf einen königlichen Bediensteten oder einen Edelmann hin, von deren Grabstätten man in der Umgebung bereits mehrere entdeckt hatte.

Schon bei der sorgfältigen Untersuchung des ersten Mumienraumes wurde deutlich, daß die hier abgestellten Sarkophage zwar nicht aufgebrochen worden waren, daß das Grab und sein Inhalt aber nicht aus ein und derselben Zeit stammten, daß man das Grab also irgendwann einmal entdeckt und als Versteck für weitere Särge gewählt hatte. Gewölbe Nr. 1 enthielt einen schweren, unvollendeten Mumiensarg in der üblichen Form eines umwickelten Körpers mit blauen Hieroglyphen auf weißem Grund. Auf den Knien der weiblichen Mumie lagen die kleinen Körper zweier Babys, nur mit einfachen Bandagen umwickelt. Die Bemalung des Sarkophages wies typische Merkmale der spätägyptischen Zeit, und zwar der römischen Epoche auf.

Neben diesem Mumiensarg fanden Rhind und Wenham zwei Kisten. Eine enthielt eine schmucklose, unbezeichnete Mumie. In der größeren lagen die präparierten Leichen eines Mannes und eines jungen Mädchens. Das Mädchen trug Schmuck: Halskette, Armreifen und Ohrringe aus Eisen. Zwei Mumien in einem Sarg, das war höchst ungewöhnlich und ließ den Schluß zu, daß der ursprüngliche Leichnam entfernt wurde, bevor die beiden hier ihre letzte Ruhestätte fanden.

Gewölbe Nr. 2 lag hinter einer verschlossenen Holztür. Sie verbarg einen großen, aber uninteressanten Sarkophag mit einer kurzen demotischen Inschrift. Drei ähnliche Sarkophage enthielt das dritte Gewölbe, darunter den einer Frau.

Eine aufregende Entdeckung machten die beiden Ausgräber im Gewölbe Nr. 4. Ein massiver Sarkophag aus dunklem Assuan-Granit, roh behauen und unpoliert, rief ihre höchste Bewunderung für die Leistung der Grabarbeiter hervor, die den Koloß mit Rollen, Hebelstangen und einer Art Flaschenzug hierher befördert haben mußten. Der Deckel war verschlossen. Mit Stemmeisen und Hebelstangen wuchteten die Ausgräber die steinerne Platte beiseite. Die Zeit der hier Bestatteten war so weit weg, so unbekannt, so unwirklich, exotisch, daß pietätvolle Bedenken überhaupt nicht aufkamen. Abenteuer- und Entdeckerlust eines neuen Zeitalters, das überall erkennbar wurde, eine zweite Aufklärung mit neuen Maßstäben, stand hinter dem monumentalen Projekt der Wiedergeburt des Alten Ägypten. Und dafür schien alles erlaubt – jedenfalls den Europäern. Die moslemischen Ägypter kannten vor diesen Mumien allerdings ebensowenig Ehrfurcht; für sie waren es die Leichname von Gottlosen.

Unter der schweren Granitplatte verbarg sich die mit Pech übergossene Mumie eines Mannes, unkenntlich konserviert für die Ewigkeit. In Höhe des linken Armes lag jedoch eine gänzlich unversehrte Schriftrolle. Dieser Fund veranlaßte die Ausgräber, auch in den anderen Sarkophagen nach Papyrusrollen zu suchen. Und siehe da – im dritten Gewölbe fand sich ein weiterer Papyrus, er lag ebenfalls in Höhe des linken Armes der Mumie, diesmal war es eine Frau.

Brugsch wurde zu Hilfe gerufen. Der brütete einen Tag und eine ganze Nacht über den beiden Papyri. Szenische Darstellungen der Einbalsamierung eines Toten umrahmten verschiedenartige Schriftreihen. Die Rolle aus dem Granitsarkophag trug den Namen des königlichen Bediensteten Sebau, er war im 13. Regierungsjahr des Ptolemäus Philopater III. geboren und 59jährig im 21. Regierungsjahr von Cäsar Augustus gestorben, lebte also von 68 bis 9 vor Christus. Die zweite Rolle lag an der Seite seiner Ehefrau Tabai, die, fünf Jahre jünger als ihr Mann, diesen nur um einen Monat überlebt hatte.

Auf beiden Papyrusrollen nahm die Aufzählung und Wiederholung von Namen, Titeln und Abstammung breiten Raum ein. Darauf folgten die Totenklagen der Isis. Ersteres erwies sich als historisch wenig interessant, letzteres hatte man schon von anderen Dokumenten erfahren. Fasziniert war Heinrich Brugsch jedoch von der anschließenden zweiten Schriftenreihe. Die erste war hieratisch geschrieben, die zweite wiederholte den Text in demotisch. Damit hatte Brugsch einen weiteren Schlüssel zur Entzifferung der ägyptischen Schrift in den Händen.

Die alten Ägypter, das mitteilsamste Volk der Weltgeschichte, hatten nämlich ihre Überlieferung vor eineinhalb Jahrtausenden mit ins Grab genommen. Überall an Tempelmauern, in Gräbern und auf Schriftrollen prangten kilometerlange Inschriften, Beschwörungen der eigenen Vergangenheit, nur – deuten oder gar lesen konnte diese Mitteilungen niemand, und es gab auch nicht die geringste Hoffnung, dieses Geheimnis jemals lüften zu können. Doch dann geschah das Unfaßbare: Ein französischer Soldat grub während Napoleons Ägypten-Feldzug 1799 im Mündungsdelta des Nils eine sechseckige schwarze Steintafel, groß wie eine Tischplatte, aus dem Wüstensand. Das war irgendwo in der Gegend von Raschid, das die Franzosen »Rosette« nannten. Fortan hieß die Platte »Stein von Rosette«.

Dieser »Stein von Rosette« war mit 14 Zeilen griechischem Text beschrieben, enthielt aber auch einen demotischen und einen in Hieroglyphen abgefaßten Text. Die Forscher in Napoleons Ägypten-Expedition äußerten sofort die Vermutung, daß alle drei Texte denselben Inhalt haben könnten. Die griechische Schrift konnten sie lesen. Der Inhalt war nebensächlich: Um das Jahr 196 v. Christus priesen die Priester von Memphis den Pharao Ptolemäus V., der sie mit Wohltaten überhäuft hatte. Aber die demotische Schrift und die Hieroglyphen blieben vorerst ein Geheimnis.

Abschriften wurden angefertigt, und Forscher in aller Welt versuchten, ein System in den zwei verschiedenen Schriftarten zu ergründen. Sie stellten abenteuerliche Theorien auf, und manch einer verkündete lauthals, er habe nun tatsächlich den geheimnisvollen Schlüssel gefunden. Vorerst entpuppte sich jedoch alles als blanker Unsinn.

Ein dänischer Archäologe fand schließlich die erste heiße Spur: Die ovalen Umrandungen, mit denen manche Hieroglyphen eingekreist waren, markierten offensichtlich die Eigennamen von Königen. Und ein englischer Physiker glaubte daraufhin auf dem Stein von Rosette den Namen Ptolemaios zu erkennen. Weiter kam auch er nicht. Bis dann am 22. September 1822 ein französischer Professor die Welt mit dem schlichten Satz überraschte: »Je tiens l'affaire – ich hab's, ich hab's!« Er meinte die Entschlüsselung der Hieroglyphen.

Jean-François Champollion, so hieß der erst 32jährige Professor, ein Genie, das griechisch, lateinisch, hebräisch, arabisch, koptisch, syrisch, chaldäisch und chinesisch sprach, vermutete, daß im Altägyptischen wie im Koptischen die persönlichen Fürwörter durch acht verschiedene Endungen oder Lautzeichen ausgedrückt wurden, und daß die Hieroglyphen nicht nur aus Sinnbildern, sondern auch aus Lautzeichen bestünden. Unter dieser Voraussetzung studierte Champollion die Königsnamen auf dem Stein von Rosette und stieß dabei auf den verstümmelten Namen PTOLMIS.

Aus dem griechischen Text wußte er, daß auch der Name Kleopatra erwähnt wurde. Hätte er recht mit seiner Theorie, so hätte er in diesem Namen zumindest die ersten vier Buchstaben aus PTOLMIS finden müssen; denn sie waren – wenn auch in anderer Reihenfolge – im Namen kLeOPaTra enthalten. Aber Champollion fand den Namen nicht. Von der Richtigkeit seiner Theorie überzeugt, sagte er sich, der Name könne nur auf der linken oberen Ecke der Rosette-Tafel gestanden haben – die Ecke fehlte. Was tun?

Auf der Nilinsel Philae hatten englische Ausgräber einen Obelisk gefunden und im Vorjahr nach England geschafft. Er trug ebenfalls eine griechische und eine Hieroglyphenschrift und nannte im griechischen Text die Namen Ptolemaios und Kleopatra. Champollion ließ die Abschrift kommen und fand seine Annahme in bezug auf die Schreibung von Kleopatra bestätigt. Genau eine Woche dauerte es nun noch, bis das Geheimnis der Hieroglyphen gelüftet war.

Jetzt konnte man die Hieroglyphen zwar lesen – ein zweifelhafter Gewinn beim Erkennen von Namen –, aber übersetzen konnte man die Pyramidentexte und Totenbücher deshalb noch lange nicht. Und nach Champollions frühem Tod 1832 zweifelten namhafte Gelehrte überhaupt an der Richtigkeit der Arbeiten des französischen Sprachgenies.

Ein deutscher Landratssohn, der ein Jahr nach Champollions Tod zufällig nach Paris kam, übernahm das schwierige Erbe. Einmal von dem Hieroglyphen-Problem fasziniert, ging er von Champollions Theorien als Grundlage aus, korrigierte offensichtliche Irrtümer und baute das System wissenschaftlich weiter aus. Dieser Mann hieß Richard Lepsius und er kopierte mit unglaublicher Besessenheit alle in Europa erreichbaren Hieroglypheninschriften, lieferte die ersten Übersetzungen und wurde so zum führenden Experten für die Probleme des alten Ägypten. Eine preußische Expedition unter seiner Leitung brachte 1845 nicht weniger als 194 Kisten mit 15 000 Einzelfunden nach Berlin, darunter einen tonnenschweren bemalten Pfeiler aus dem Grab Sethos' I.

Männer aus Politik, Wissenschaft und Kunst pflegten Umgang mit Lepsius. Seine äußere Erscheinung, das feingeschnittene Gesicht mit den geistvollen Zügen, die jedoch bisweilen Kälte und Härte verrieten, wirkte edel und vornehm. Dieser Mann hatte einen nachhaltigen Eindruck auf den jungen Brugsch gemacht. Vielleicht wollte er dem großen Vorbild nacheifern, als er als Pennäler mit sechzehn Jahren eine demotische Sprachlehre schrieb. Dennoch liebte Brugsch den 17 Jahre älteren Professor nicht gerade, er litt eher unter ihm: Konfrontiert mit den Forschungsarbeiten des Gymnasiasten, hatte Richard Lepsius einmal gesagt, er solle sich lieber um seine Schularbeiten kümmern. Während Brugsch dankbar war, auf allerhöchst gnädigen Befehl des Königs 1500 Thaler im Jahr zu erhalten, hatte Lepsius' Ägyptenreise dereinst 100000 Thaler gekostet. Besonders begünstigt vom Schicksal und den Umständen war er nicht, dieser Brugsch, wenngleich sich seine Fähigkeiten mit jedem anderen Forscher messen konnten.

In Ägypten begannen nun Ausgrabungen, wie sie das Land in seiner 5000jährigen Geschichte noch nicht erlebt hatte. Auguste Mariette versuchte an 37 verschiedenen Orten gleichzeitig dem Boden abzuringen, was seit Jahrtausenden verschüttet war. 2700 Arbeitskräfte schaufelten zwischen Nildelta und dem ersten Katarakt im Dienste der Geschichtsforschung. In manchen Dörfern requirierte Mariette alle arbeitsfähigen Männer, und das Projekt geriet zu einer wahren Grabungsorgie. Kostbare Funde und unerwartete Entdekkungen quollen nur so aus dem Boden. Tempelruinen wurden bis zu den Säulenenden freigelegt – jede Ausgrabung lieferte einen neuen Mosaikstein vom faszinierenden Verlauf der alten Geschichte.

Brugsch mußte Inschriften entschlüsseln, Symbole deuten, die beiden Freunde gruben zusammen in Sakkara und Giseh, in Theben, Abydos und auf der Insel Elephantine, eilten an Bord der »Samanoud« nilauf, nilab, Mariette kontrollierte, registrierte, holte die Funde ab. Dem Deutschen wurde der Ausgräberwahn Mariettes allmählich unheimlich. Längst hatte er die Übersicht verloren, um wissenschaftlich Nützliches leisten zu können. Ungestüm wie ein ausbeuterischer Unternehmer im heimischen Europa forderte er von seinen Leuten den letzten Einsatz, immer größere Leistung, sprich neue Funde.

Im oberägyptischen Edfu mußten die Araber ihr eigenes Dorf vom Dach des verschütteten Tempels abtragen und in der Ebene wieder aufbauen, um dann den besterhaltenen Pylontempel zu Ehren des Gottes Horus freilegen zu können. In Theben, wo Mariette und Brugsch den Terrassentempel der Königin Hatschepsut auszugraben begannen, wäre es beinahe zu einer bewaffneten Auseinandersetzung mit englischen Forschern gekommen, die in dem unmittelbar daneben gelegenen Mentuhotep-Tempel arbeiteten. Was sie in wochenlanger Plage dem Wüstenboden abgerungen hatten, wurde vom Schutt der Mariettschen Arbeiter wieder zugedeckt. Unverhofft stießen er und Brugsch auf eine Totenstadt aus der 11. und 17. Dynastie. Nur ein Gebiet schien für Mariette tabu, das Tal der Könige. Von Brugsch wußte er, daß den Geheimnissen dieses Ortes nicht mit Gewalt beizukommen war. Und allmählich stellte sich auch die Frage, wohin mit den Tausenden von Funden?

Es bereitete dem Franzosen keine allzu große Mühe, Said Pascha von der Notwendigkeit eines Museums zu überzeugen, könne dies doch seinen vizeköniglichen Ruhm nur mehren. Der Pascha gab den türkischen Beamten Order, den Plan in Abstimmung mit Mariette zu verwirklichen. Zu diesem Zweck ernannte er ihn zum »Direktor aller ägyptischen Altertümer«. Da traf Ende Juli 1858 die Nachricht ein: Prinz Plonplon kommt nicht!

Wenn Hoheit verhindert sei, meinte Mariette listig, so würde es großen Eindruck machen, dem Prinzen Napoleon einige Funde von den letzten Grabungen nach Paris zu senden. Und so geschah es. Prinz Plonplon ergötzte sich kurze Zeit an den Kostbarkeiten und übereignete sie schließlich dem Louvre.

In Kairo häuften sich indes die Ausgrabungsfunde in Schuppen und anderen Verliesen. Schließlich fand Mariette in der früheren Anlegestelle der Postdampfer zwischen Kairo und Alexandria im Vorort Bulak ein geeignetes Grundstück. Die Post wurde jetzt mit der Eisenbahn befördert, und die Station lag verwaist. Auf der Südseite dämmerte ein halbverfallenes Gebäude vor sich hin, in dem früher die Poststelle untergebracht war, die Nordseite nahm ein riesiger Kohlenschuppen ein, aus dem die Dampfschiffe versorgt wurden. Kein Mensch hätte es damals für möglich gehalten, das daraus das erste ägyptische Museum entstehen könnte. Aber Mariette verfügte nicht nur über Durchsetzungsvermögen, auch Phantasie gehörte zu seinen Tugenden.

Innerhalb weniger Monate verwandelte er den Kohlenschuppen in ein respektables Museum. Er setzte ein prächtiges altägyptisches Eingangsportal davor, unterteilte das Innere in verschiedene Säle und funktionierte die alte Postkanzlei in die Altertümerverwaltung samt Dienstwohnung und Gärtchen um. Dabei ging ihm ein italienischer Maler zur Hand. Er hieß Luigi Vassali, war knapp zehn Jahre älter als Mariette und schlug sich als Porträtmaler durchs Leben. 1848 in ein politisches Komplott verwickelt, war er zum Tode verurteilt, begnadigt und des Landes verwiesen worden, hatte, auf dem Landweg nach Ägypten, in Smyrna eine Türkin geheiratet, die jedoch wenige Monate später starb – ein Abenteurer, so recht nach dem Geschmack des Franzosen. Vassalli malte den Kohlenschuppen mit leuchtenden farbigen altägyptischen Ornamenten aus, und selbst der gestrenge Brugsch zollte ihm dafür Anerkennung. Weil er sein bescheidenes Einkommen als Maler bisweilen durch den Kauf und Weiterverkauf der begehrten Papyrusrollen aufgebessert hatte, verstand er einiges von der ägyptischen Vergangenheit, und Mariette machte ihn zum ersten Verwalter des Museums.

Jetzt, da für seine Schätze repräsentative Räume zur Verfügung standen, ging Mariette an die systematische Ausstellung seiner zahlreichen Ausgrabungen, und Brugsch kam nicht umhin, seinen französischen Freund bisweilen zu bremsen, damit die Auswertung unter etwas strengeren wissenschaftlichen Gesichtspunkten erfolgen konnte.

»Brugsch«, überraschte dieser den Deutschen eines Tages, »wir sind beim Pascha vorgeladen.«

Heinrich Brugsch, seit seinem Besuch bei Abbas Pascha vor einigen Jahren von tiefem Mißtrauen gegenüber orientalischen Potentaten, erkundigte sich nach dem Grund der Gnade.

Mariette schmunzelte: »Warten Sie's ab, Sie werden schon sehen.«

Da auch Mariette eingeladen war, von dem jeder wußte, daß er beim Pascha in höchstem Ansehen stand, befürchtete Brugsch kein größeres Unheil. In der Residenz des neuen Khediven hatte orientalisches Gepränge französischer Lebensart Platz gemacht. Said umgab sich mit Franzosen, er sprach französisch, und seine gute Laune, die sich gelegentlich zum herzhaften Gelächter steigerte, wirkte ansteckend auf seine Umgebung.

Wo er, Brugsch, denn bisher gegraben habe, erkundigte sich der Pascha, und der Deutsche erklärte, er habe sich vor allem in Luxor aufgehalten, sich dort selbst jedoch weniger mit Ausgrabungen als mit der Übersetzung bereits ausgegrabener Texte beschäftigt.

»Er ist zweifellos einer der größten Schriftgelehrten!« beteuerte Mariette.

»Und wovon leben Sie, Monsieur Brugsch?« fragte der Pascha.

Brugsch war auf diese Frage nicht vorbereitet. Er geriet ins Stottern. »Hoheit«, antwortete er verlegen, »Sie müssen wissen, ich bin ein armer preußischer Gelehrter, ich stamme aus keinem reichen Haus, mein Vater dient bei den Ulanen, ich bin froh, vom Preußenkönig ein bescheidenes Stipendium zu erhalten . . .«

»Ah, ein Ulane!« rief Said Pascha, der alles Militärische bewunderte, »die Kavallerie der Preußen. Wissen Sie, daß das Wort Ulane aus dem Türkischen kommt und ›junger Mann‹ bedeutet?«

Ohne eine Antwort abzuwarten, begann der Pascha vom preußischen Soldatentum zu schwärmen. Die anwesenden Franzosen lächelten etwas gequält. Ja, eine Batterie seiner Artillerie stehe unter der Leitung preußischer Timbaschis, also Instrukteure. Wie es um den Gesundheitszustand des Preußenkönigs bestellt sei?

»Seine königliche Hoheit Friedrich Wilhelm IV. ist leidend«, antwortete Brugsch. »Wir alle müssen uns auf das Schlimmste gefaßt machen. Wilhelm I., der Bruder seiner königlichen Hoheit, hat bereits die Prinzregentschaft übernommen.«

»Ich weiß«, sagte der Pascha, »Friedrich Wilhelm ist ein großer Freund meines Landes. Alle Welt wartet auf die Veröffentlichung des letzten Werkes über die Denkmäler Ägyptens, das er veranlaßt hat. Wann können wir damit rechnen?«

Heinrich Brugsch bat um Nachsicht für sein Unwissen, er habe zu Professor Lepsius keinen Kontakt.

»Monsieur«, meinte der Khedive höflich, »Ihre Leistungen wurden mir in den schönsten Farben geschildert. Ich möchte, daß Sie mir und meinem Land für ein paar Monate dienen. Unterstützen Sie Mariette mit Ihren Fähigkeiten, es soll nicht zu Ihrem Schaden sein.«

Heinrich Brugsch verneigte sich höflich und wollte sich für das in ihn gesetzte Vertrauen bedanken, da hielt ihm der Pascha ein Samtsäckchen vor die Nase, er lächelte verschmitzt: »Der Lohn im voraus.«

»Hoheit«, stammelte der Deutsche verlegen, »Hoheit!«, doch der Pascha wehrte ab: »Ein schwacher Dienst für die Wissenschaft.« Brugsch küßte ihm die Hand.

Auf dem Weg vom Palast zum Museum, den sie in einer schwarzen Kutsche des Khediven zurücklegten, öffnete Brugsch das Säckchen, und seine Augen verklärten sich, als habe er soeben das Geheimnis der Hieroglyphen entschlüsselt. »Sie brauchen nicht zu zählen!« lachte Mariette, »ich bin ganz sicher, es stimmt.« Brugsch sah seinen Freund fragend an. Der nahm ihm das Säckchen aus der Hand und schüttete den Inhalt auf das Polster der Kutsche: »Zwanzigtausend Francs in blankem Gold!«

Brugsch preßte beide Hände vor den Mund und starrte

auf die blinkenden Münzen. »Zwanzigtausend«, wiederholte er immer wieder, »zwanzigtausend!« Ein halbes Leben hätte er dafür sparen müssen, der Preuße fühlte sich wie ein Krösus. Zwanzigtausend Francs, dafür konnte er in Charlottenburg ein Haus kaufen, schöne Kleider für Pauline, auf jeden Fall war er damit aller materiellen Sorgen enthoben. »Mariette«, sagte er ernst, »jetzt bin ich ein reicher Mann.«

Die Fahrt der beiden Ausgräber nilaufwärts glich einem Triumphzug siegreicher Feldherren. Wo immer die »Samanoud« anlegte, wurden Mariette und Brugsch mit großem Respekt empfangen. Wo immer sie an Land gingen, waren bereits Grabungen im Gange. Was immer sie benötigten, für alles stand ein Firman des Paschas zur Verfügung. Die türkischen Mudire, die Provinzgouverneure, hatten auf allerhöchsten Befehl jede gewünschte Anzahl Ausgräber und jede Menge Steinkohlen für das Dampfschiff zu stellen. Die Besatzung des Schiffes bestand aus Marinesoldaten der ägyptischen Flotte, ein türkischer Kawaß versah Wach- und Polizeidienste, und ein Korse namens Floris, der seine Heimat aus undurchsichtigen Ursachen verlassen hatte, diente als Faktotum. Floris konnte alles. Obwohl – wie er allen Ernstes behauptete – an ihm ein Dichter verlorengegangen war, leistete er hervorragende Dienste als Bildhauer, Maler, Zimmermann, Tischler, Drechsler, Glaser, Uhrmacher, Schneider und Schuster. Der Landsmann des großen Napoleon besaß den Ehrgeiz, die Welt durch eine großartige Erfindung in Erstaunen zu versetzen, und daran arbeitete er in jeder freien Minute.

Bei Arab el-Madfuna, eine Tagesreise vor Luxor, ging die »Samanoud« vor Anker. Hier war ein Heer von Fellachen damit beschäftigt, die alte Tempelstadt Abydos auszugraben. Über Geröllhalden und Mauerreste hinweg wanden sich Menschenschlangen, Hunderte von Arbeitern schleppten Sand und Schutt in Körben zu den dafür vorgesehenen Plätzen. Und immer wieder stießen sie auf Gräber, zogen Hunderte von Mumien aus dem Sand.

Seit der 5. Dynastie gehörte es für die feine Gesellschaft zum guten Ton, sich in Abydos, dem Kultort des Totengottes Osiris, zur ewigen Ruhe betten zu lassen. Ramses II. und Sethos I. hatten sich mit gewaltigen Tempelstätten ein Denkmal gesetzt; doch während das Bauwerk des großen Ramses nur noch in zwei Meter hohen Fundamenten auszumachen war, kam mit dem Sethos-Tempel eines der besterhaltenen Bauwerke der alten Kultur zum Vorschein. Seine zahllosen Reliefs und Inschriften vermittelten neue Erkenntnisse.

Als Brugsch und Mariette in Abydos eintrafen, ragte bereits die Vorhalle des Tempels aus dem Schutt. Von zwei vorangegangenen Höfen fanden sich nur noch Baureste. Eine Rampe führte zur Vorhalle. Auf zwölf Kalkstein-Pfeilern identifizierten die beiden Forscher Darstellungen Ramses' II., der vor den Göttern opferte.

»Wieso Ramses?« fragte Mariette.

»Er mußte wohl das Bauwerk seines Vaters vollenden«, meinte Brugsch und fügte hinzu: »Das finden wir gerade im Neuen Reich sehr häufig, daß Söhne die Bauten ihrer Väter zu Ende führen.«

»Aber daß er deshalb sich selbst darstellte und nicht seinen Vater . . .«

»Das ist in der Tat einmalig.«

Die Männer arbeiteten sich in den dahinterliegenden Raum vor. Staunend wie Kinder betrachteten sie mit nach oben gerichteten Köpfen die 24 Säulen des 50 Meter breiten Saales, Papyrusbündel mit geschlossenen Kapitellen. »Sehen Sie nur, auch hier überall Ramses, Ramses, Ramses«, entfuhr es dem Deutschen. Der Vorarbeiter, der sie führte, lachte und bedeutete, ihm zu folgen, als habe er etwas noch viel Aufregenderes vorzuzeigen.

Und in der Tat: Dahinter tat sich ein zweiter Säulensaal mit 36 Papyrusbündelsäulen auf. Doch diesmal prangte Se-

Heinrich Brugsch.

thos an allen Säulen. An der Wand zur Rechten erkannte man Sethos vor dem Totengott Osiris und dem Schutzgott des Pharao Horus. »Noch niemals in meinem Leben«, sagte Mariette beinahe andächtig, »habe ich so schöne Reliefs gesehen.«

Vorbei an sieben kleinen, fensterlosen Totenkapellen drückten sich beide durch einen finsteren Korridor. Im schwankenden Schein der Karbidlampe des Vorarbeiters erkannte Brugsch verschiedene Namensringe an der Wand. Er nahm dem Arbeiter die Lampe aus der Hand und ließ den Lichtschein auf und ab tanzen. Jetzt bemerkte es auch Mariette: Ein Königsring reihte sich an den anderen: Ahmose, Thutmosis, Amenophis, Sethos ... Brugsch ging mit dem Licht ans vordere Ende, hielt inne, las, zögerte einen Augenblick und sagte zu Mariette gewandt: »Menes!« – »Menes«, antwortete der und nickte: Menes, der erste nachweisbare Pharao. Vor den beiden Forschern tat sich eine unschätzbare Botschaft auf: aneinandergereiht die Namen von 76 Pharaonen von Menes bis Sethos I.

Zwei ähnliche Chroniken waren bereits in Sakkara und Karnak entdeckt worden. Doch nun mit dem dritten Vergleichsstück wurde es überhaupt erst möglich, die präzise Reihenfolge der Pharaonenherrscher aufzuzeichnen. Fehlstellen oder unklare Namensschreibungen konnten jetzt durch den Vergleich geklärt und in die Chronik des alten Ägypten eingefügt werden. Was Brugsch und Mariette freilich nicht ahnen konnten: Der Königskatalog von Abydos enthielt eine Fälschung, genauer gesagt, die Chronisten hatten vier Könige einfach ausgelassen. Und allein diese Tatsache brachte Jahrzehnte später noch einmal das ganze Geschichtsbild ins Wanken.

Doch davon hatten die beiden Forscher noch keine Ahnung. Wochenlang schwelgten sie in aufregenden neuen Entdeckungen. Mariette trieb die Arbeiter zu immer größeren Leistungen an, steckte neue Areale ab. Brugsch kopierte Inschriften, übersetzte und entdeckte neue Quellen für sein Hieroglyphen-Lexikon. Eine Vielzahl geschichtlicher, geographischer, astronomischer und mythologischer Aufzeichnungen brachte neue Erkenntnisse.

Abends auf dem Schiff, das ihnen komfortable Unterkunft bot, führten beide Forscher ein gemeinsames Tagebuch in französischer Sprache. Sie hielten gemeinsame Erlebnisse fest, ihre Sorgen und Ängste, Beobachtungen und Erfolge. Dabei steigerten sie sich in einen schieren Ausgräberrausch, drangen immer tiefer in eine längst vergangene Welt ein und vergaßen darüber die Zeit, in der sie selbst lebten.

Was scherte sie, daß sich in Indien ein britischer Vizekönig niederließ, Österreich die Lombardei an Italien verlor und im Kaukasus und in Amerika erste Erdölbohrungen stattfanden, wenn es darum ging, ein Gespräch des Pharaos Sethos mit seinem Vatergott Horus in die Gegenwart zurückzuholen!

Hinter dem Sethos-Tempel, acht Meter unter der Erde, stießen die Forscher auf einen Tempel mit zahllosen Unterwelt-Texten. Um dorthin zu gelangen, mußten die Priester einst einen 110 Meter langen Gang schräg nach unten gehen. Von einem Vorraum, dessen Wände vom Boden bis zur Decke mit Anleitungen beschrieben waren, wie man in das Reich der Toten gelangte, führte der Weg in einen großen Saal mit zehn mächtigen Pfeilern aus rotem Granit. Diesen Saal umgab ein Wassergraben, der in der Antike über einen Kanal vom Nil her mit Wasser gespeist wurde.

Mariette erkannte sofort den Symbolgehalt dieser Architektur: Der Urhügel, auf dem der Kosmos geschaffen wurde, wird vom Urmeer umflossen. Deutliche Beweise für die Richtigkeit seiner Annahme fand der Franzose in dem dahinterliegenden Querraum. Über einem Grabmal wölbte sich in Wort und Bild die gesamte Schöpfungsgeschichte der alten Ägypter: Der Luftgott Schu hob die Himmelsgötting Nut empor. Mathematische und kosmographische Beschreibungen, Sternentafeln und Anweisungen unter ihrem Leib beschrieben das Weltbild jener Zeit.

»Unser beider Leben«, meinte Brugsch eines Tages resignierend, »wird nicht ausreichen, dieses Abydos je ganz zu erforschen.« Mariette pflichtete ihm bei: »Außerdem erwarten uns eine große Zahl anderer Ausgrabungen. Wir wollen noch bis zur Insel Philae. Esna, Edfu, Kom Ombo, die Insel Elephantine liegen noch auf unserer Strecke – und überall wird bereits gegraben.«

»Vergessen Sie das Tal nicht, mon cher!« mahnte Brugsch.

»Wie könnte ich das Tal vergessen!« lachte Mariette. »Wenn wir morgen ablegen, sind wir übermorgen in aller Frühe in Luxor.«

Heinrich Brugsch war einverstanden. Auf dem Weg von der Ausgrabungsstätte zum Landeplatz, den beide auf Maultieren zurücklegten, kam ihnen Floris entgegengelaufen. »Messieurs, Messieurs! Große Erfindung von Floris. Kommen Sie, sehen Sie!« Sprühend vor Temperament und gestikulierend vor Aufregung versuchte der Korse seinen Herren klarzumachen, daß er nun endlich eine Maschine erfunden habe, die unabhängig von jeder Dampfkraft Arbeit leistete. Mariette und Brugsch verstanden nur »Perpetuum mobile«. Man wollte sehen.

Vor der »Samanoud« dümpelte ein Kahn mit kranartigem Aufbau. Wasserräder zu beiden Seiten verliehen dem Fahrzeug eine gewisse Ähnlichkeit mit einem Dampfer, ein Schlot fehlte allerdings. Den gedachte Floris durch schlichte Überlistung der Schwerkraft zu ersetzen. Das Herz des Ganzen bildeten zwei Steinblöcke, jeder beinahe einen halben Zentner schwer, die, an senkrechten Pendelbalken befestigt, die Schaufelräder des merkwürdigen Schiffchens in Bewegung versetzen sollten.

Mit einem Satz sprang Floris auf sein Boot, heulte mit vor den Mund gehaltenen Händen wie die Sirene eines Dampfschiffs und versetzte die schweren Pendel unter lauten Anfeuerungsrufen in gegeneinanderlaufende Schwingungen. Große hölzerne Zahnräder übertrugen die Bewegungen auf die Schaufeln wie bei einem Uhrwerk. Die Schaufelräder drehten sich – sie drehten sich tatsächlich, aber viel zu langsam, um das Fahrzeug in Bewegung zu setzen. Wütend über die Trägheit der Materie versetzte Floris die schweren Holzpendel in immer heftigere Schwingungen, vergaß in seinem Wahn ganz die Gefährlichkeit der unerprobten Technik, und plötzlich krachte einer der schweren Steinarme gegen

Floris' Brust. Der besessene Erfinder flog wie von einer wuchtigen Faust getroffen in hohem Bogen in den Nil.

Starr vor Schreck blickte Brugsch auf den wie leblos im Wasser treibenden Körper, Mariette überlegte nicht lange, sprang in voller Kleidung hinterher und zog den bewußtlosen Floris an Land. Ein paar Rippenbrüche und dunkelblaue Blutergüsse waren das einzige Ergebnis des Experiments. Während die beiden Forscher den bedauernswerten Floris mit pumpenden Armbewegungen und sehr viel Raki-Schnaps ins Leben zurückholten, machte sich das Teufelswerk des Erfinders selbständig, glitt den ewigen Gesetzen der Strömung gehorchend ein kurzes Stück nilabwärts und versank, nach einem letzten Nicken des kranartigen Aufbaus, gerade in dem Augenblick in den Fluten, als Floris die Augen aufschlug.

Statt Bedauern erntete der dem Tode entronnene Techniker aber nur Vorwürfe. »Du verrückter Hund!« schrie ihn Mariette an, »glaubst schlauer zu sein als alle anderen vor dir, bildest dir ein, etwas zustande zu bringen, das noch niemand geschafft hat, noch niemand, hörst du!«

Brugsch legte beruhigend eine Hand auf Mariettes Arm und sagte leise: »Tun *wir* denn etwas anderes?«

Der Bahnhof in Alexandria sah aus wie ein Märchenschloß mit Erkern und Türmchen, rot-blauen Glasscheiben und gefliesten Wänden. Livrierte Bedienstete in gold- und emailstrotzenden Uniformen verkauften Billetts mit der Feierlichkeit eines Standesbeamten, Gepäckmeister kommandierten Lakaien an Truhen, Kisten und Koffer, und das vornehm gekleidete englische Fahrpersonal genoß das Ansehen gottbegnadeter Pioniere, Frack und Zylinder waren Vorschrift.

Doch an diesem Tag lag über dem Eisenbahn-Schloß ein zusätzlicher Hauch von Würde und Glanz. Teppiche waren von der Promenade bis zum Bahnsteig ausgerollt. Ein Sonderzug stand unter Dampf und erwartete königliche Gäste.

Said Pascha hatte seinen gesamten Familienclan zu einem großen Fest nach Alexandria, seinem Lieblingsaufenthalt, geladen und verabschiedete sie nun auf dem Bahnsteig vor der Heimreise nach Kairo.

Die Sonderwagen des Khediven versetzte selbst die luxusverwöhnte Verwandtschaft Said Paschas in Entzücken, schließlich galt es noch immer als einmaliges Erlebnis, von erhitztem Wasserdampf eine Tagesreise durch das Nildelta gezogen zu werden. Achmed Rifat Pascha, der Neffe des Vizekönigs, klopfte mißtrauisch an Kessel und Leitungen des fauchenden Dampfrosses, schüttelte verständnislos lächelnd den Kopf und schwang, unterstützt von zwei Lakaien, seinen voluminösen Körper auf die Plattform des Salonwagens. Im Innern hatte bereits die gesamte männliche Verwandtschaft Platz genommen, bis auf Achmeds Bruder Ismail, den angeblich eine Krankheit ans Bett fesselte. Wie üblich saßen die Damen getrennt im zweiten Waggon.

Der zurückbleibende Khedive winkte huldvoll zum Abschied, und ein vornehmer Bahnhofsvorsteher gab das Zeichen zur Abfahrt. Zischen, Fauchen, Stoßen, das Lokomobil setzte sich langsam in Bewegung und entschwand nach wenigen Augenblicken hinter den Palmen im Osten.

Bei der Ortschaft Kafr el Zayat, etwa in der Mitte zwischen Alexandria und Kairo, kreuzte die Bahnlinie den westlichen Nilarm. In den ersten Jahren ihres Bestehens mußten dort die Passagiere aussteigen, um auf einer Fähre übergesetzt zu werden und die Fahrt mit einem anderen Zug fortzusetzen. Der Bau einer Eisenbahnbrücke wäre zwar möglich gewesen, hätte jedoch die Durchfahrt für Schiffe versperrt, die noch immer das wichtigste und billigste Transportmittel zwischen Alexandria und Kairo darstellten. Das umständliche Umsteigen verzögerte die Eisenbahnfahrt natürlich erheblich, bis Robert Stephenson, der kühne Erbauer der Eisenbahn, eine Drehbrücke konstruierte, von noch größerem technischen Aufwand als das Schienenungeheuer selbst: Auf einem Pfeiler inmitten des Nils drehte sich die Brücke parallel zum Flußlauf und gab so ganztätig die Durchfahrt für die Schiffe frei. Nur zweimal am Tag, wenn Zug und Gegenzug sich der Ortschaft Kafr el Zayat näherten, kündeten Sirenen die bevorstehende Drehung der Brücke an, Schiffe und Felukas drehten bei, und das Dampfroß donnerte mit seinen hochrädrigen Waggons über die zitternde Eisenkonstruktion.

Die Pilger einer Kamelkarawane bemerkten das drohende Unheil als erste. Sie warteten am Flußufer auf die große Fähre, die sie und ihre Tiere übersetzen sollte. Pfeifend näherte sich die Eisenbahn – aber die Drehbrücke stand offen. Mißtrauisch gegenüber der unverständlichen Technik glaubten sie zunächst, das fauchende Ungeheuer würde bremsen. Aber das Lokomobil verlangsamte seine Fahrt keineswegs, obwohl zwei Kilometer notwendig waren, um das schnaubende Ungetüm zum Stehen zu bringen.

Als die Eisenbahn nur noch 200 Meter von der offenstehenden Brücke trennten, rannten die Pilger wild schreiend und gestikulierend dem Zug entgegen. Der Lokführer, derlei Ovationen gewöhnt, winkte huldvoll zurück, der Heizer legte eine Schaufel Kohlen nach. Die Pilger warfen sich zu Boden, verneigten sich mit erhobenen Händen gen Mekka und riefen »Maschallah, maschallah! – was Gott alles geschehen läßt!« Die Dampfeisenbahn brauste geradewegs auf die geöffnete Brücke zu. Es schien, als bemerkte der Lokomotivführer das drohende Unheil im allerletzten Augenblick – doch zu spät. Quietschend, ächzend, krachend stürzte das tonnenschwere Lokomobil in den Fluß, den Kohlenanhänger und die beiden bunten Salonwagen hinter sich herziehend.

Der sonst so träge dahinfließende Nil verwandelte sich augenblicklich in ein tosendes, quirlendes, kochendes Gewässer. Für ein paar Sekunden schwammen die ineinanderverkeilten Waggons in dem schäumenden Wasser. Man hörte

Schreie, sah Hände aus dem Wasser ragen, Schleier und Frauen in weiten Gewändern dahintreiben, dann versank der Eisenbahnzug wie von unsichtbarer Hand in die Tiefe gezogen.

Schnaubend und prustend hielt sich ein Mann über Wasser: Prinz Halim. Verzweifelt versuchte er Achmed, den designierten Thronfolger, zu fassen. Aber Achmed, dick, tolpatschig und ungeschickt, konnte nicht schwimmen und ertrank wie die übrigen Mitglieder der Familie.

Es konnte nie geklärt werden, warum der Sonderzug dem Brückenwärter von Kafr el Zayat nicht gemeldet worden war, und schon bald verbreitete sich das Gerücht, Prinz Ismail, der als einziger nicht an dem Familientreffen teilgenommen hatte, habe die Hand im Spiel gehabt.

Ismail, der Neffe des regierenden Vizekönigs, stand an zweiter Stelle der Thronfolge. Er wurde in Paris erzogen, war also ein Freund der Franzosen wie sein Onkel Said und förderte den europäischen Kultureinfluß in Ägypten.

Aber waren das Indizien dafür, daß Ismail seine gesamte Verwandtschaft auf einen Schlag auslöschen ließ?

Anthony C. Harris, ein würdiger Siebziger mit weißem Schnauzbart, sah genauso aus, wie man sich einen Englishman vorstellt: vornehm, zurückhaltend und stets gut gekleidet. Harris ging nie ohne Hut, unter der gnadenlosen Sonne Oberägyptens trug er einen weißen Tropenhelm. Das einzige, was eigentlich nicht zu ihm paßte, war seine ständige Begleiterin, jene unförmige Negerin namens Selima, die er an Kindesstatt angenommen und ganz vortrefflich erzogen hatte. Sie war geistvoll, sogar witzig. Trotzdem bereitete es ihrem Vater unüberwindliche Schwierigkeiten, sie an den Mann zu bringen. Da half keine Mitgift und kein gutes Zureden – schließlich gab er es auf. Selima war keineswegs traurig, sie meinte schlicht: »Welcher Europäer wird mich mit diesem Gesicht schon aus reiner Liebe heiraten?«

Immer wenn Harris und seine Tochter in Luxor auftauchten, wurde das »Französische Haus«, wo der reiche Kaufmann aus Alexandria abzusteigen pflegte, von finsteren Gestalten belagert. Möglichst unauffällig schlichen sie um das Schloß, versteckten sich hinter Säulen, um nicht gesehen zu werden. Aber nicht etwa vor Harris fürchteten sie sich, sondern untereinander mieden sie jeden Kontakt. Es waren Grabräuber oder deren Abgesandte, und jeder hatte dem reichen Kaufmann aus Alexandria ein günstiges Angebot zu machen.

In ihren Kreisen galt es als offenes Geheimnis, daß Harris die höchsten Preise zahlte, wenn die Ware überdurchschnittlich gut war. Harris' Haus in der Nähe der Festungswerke von Alexandria glich einem einzigartigen Museum.

Natürlich waren die angebotenen Objekte allesamt illegal erworben, konnten also nicht einfach öffentlich zum Kauf angeboten werden. Kompliziert wurde die Angelegenheit jedoch dadurch, daß sich die verschiedenen Grabräuber-Banden gegenseitig belauerten. Wer was wann auf den Markt brachte, konnte die Konkurrenz auf die Spur eines soeben entdeckten Grabes bringen, dessen Inhalt eine ganze Bande oft jahrelang ernährte.

»Sieh nur«, sagte Harris zu Selima, während der Wind in das Segel des Fährbootes fuhr, »in den Felswänden von Der el-Bahari kommt ein ganzer Tempel zum Vorschein!«

»Ja, Sir«, sagte die wohlerzogene Tochter und blinzelte gegen die schrägstehende Sonne.

»Ein Teufelskerl, dieser Mariette, ein wahrer Teufelskerl. Leider verheiratet. Er wird nicht eher ruhen, bis er das ganze Nildelta umgepflügt hat.«

»Ja, Sir«, sagte Selima, »und dieser Dr. Brugsch?«

»Ist auch da«, antwortete Harris, »aber auch schon verheiratet. Die beiden machen doch alles gemeinsam. Tolle Männer, die beiden.«

»Ja, Sir«, sagte Selima.

Der Fährmann übergab dem Schiffsjungen das Ruder und kam breitbeinig auf Harris zu. »Mister!« sagte er und blickte sich vorsichtig nach allen Seiten um, »haben Sie Interesse für Papyrus?«

»Papyrus? Immer! Was soll er kosten?«

Der Fährmann legte den Finger auf den Mund. »Kein gewöhnlicher Papyrus, Mister . . .«

»Was heißt, kein gewöhnlicher Papyrus?« fiel ihm Harris ins Wort, »Ihr haltet Euch wohl schon Euere eigenen Gelehrten?«

»Nein, Mister«, antwortete der Fährmann und bemühte sich, leise zu sprechen, »dieser Papyrus ist so groß, riesengroß, es ist die längste Schriftrolle, die je gefunden wurde.«

Harris zeigte mit ausgebreiteten Armen ein Maß an. »So groß oder länger?« fragte er.

»Dreißig Meter«, sagte der Fährmann gelassen, »vielleicht vierzig.«

Der Engländer wurde unruhig: »Aber das ist doch ganz unmöglich. Wann kann ich den Papyrus sehen?«

»Heute abend.«

»Gut. Und wo?«

»Mister, Sie gehen hinter dem Tempel von Medinet Habu in der Schlucht, die nach Der el-Medina führt, 225 Schritte bis zum Fuß des südlichen Hügels. Dort wird ein Mann mit einer Laterne auf Sie warten. Aber kommen Sie allein und ohne Waffen und bringen Sie zweihundert Pfund mit.«

»Zweihundert Pfund?« rief Harris entrüstet; aber er hätte auch bei der Hälfte der Summe Entrüstung geheuchelt.

Der Fährmann blieb ruhig: »Mister, es ist der größte Papyrus, der je gefunden wurde . . .« Dann ging er an sein Ruder zurück, um das Fährboot sicher ans Ufer zu steuern.

Dort warteten zwei Dutzend Fellachenjungen mit ihren Eseln und balgten sich darum, wessen Tiere die Herrschaften nach Der el-Bahari tragen durften.

Mariette kam den beiden entgegen. Schon von weitem rief

er: »Sie müssen es gesehen haben. Es ist, als könnten die Steine reden.« Und dann berichtete er von den Grabungsarbeiten im Talkessel von Der el-Bahari: »Ein Tempelchen haben wir unter dem Geröll vermutet, aber nun kommt eine ganze Anlage in mehreren Stockwerken zum Vorschein, ein Terrassentempel auf drei Ebenen. Diese Königin Makare-

Das älteste existierende Photo des Hatschepsut-Tempels. Die Turmruine stammte aus arabischer Zeit.

Hatschepsut scheint viel bedeutender gewesen zu sein, als wir bisher angenommen haben.«

»Sie meinen, diese Königin hat sogar das Land regiert, war also nicht nur Ehefrau eines Pharaos?« fragte Harris.

»Ja, das meine ich«, sagte Mariette, »und eigentlich war das seit langem klar. Der achte Pylon, die beiden Obelisken in Karnak, all das ist ihr Werk. Und wir sollten in Karnak alle Inschriften mit dem Namen Thutmosis' III. noch einmal unter die Lupe nehmen.«

Harris und seine Tochter sahen den Franzosen fragend an, und Mariette meinte: »Sie werden gleich sehen, warum«. Es gehörte schon sehr viel Phantasie dazu, sich unter den Hügeln, Gräbern und Schuttmassen einen Tempel mit drei hintereinanderliegenden Terrassen vorzustellen. Das Herausragendste der Anlage war ein festungsartiger Turm, der, so kündigte der Ausgräber an, in den nächsten Tagen eingerissen würde, weil er nicht dazu gehöre. Vermutlich habe sich darin einmal ein arabischer Scheich verschanzt. Doch dann zeigte Mariette auf einzelne Pfeiler und Säulen und erklärte, wie man sich das Bauwerk vorzustellen habe. In der Tat, Mariette schien recht zu haben: Mit einiger Phantasie erhob sich vor ihnen eine gewaltige Tempelanlage.

»Meine Leute haben schon Feierabend«, erklärte der Ausgräber, während sie sich über rollendes Gestein emporarbeiteten. Die Fellachen lagen müde im Sand, manche schliefen, den Kopf auf ihren Tragekorb gelegt, andere redeten lautstark miteinander. Selima erkundigte sich nach der Anzahl der Arbeitskräfte. Mariette wußte es nicht, aber ein paar hundert, meinte er, würden es schon sein. Inzwischen war es ziemlich schwierig, noch genügend Fellachen zu bekommen, da sie von Lesseps für den Bau des Suezkanals in Beschlag genommen wurden. Dabei hatten die Bauarbeiten noch nicht einmal begonnen.

In einer Mulde, aus der ein unterschiedlich hohes Mauerwerk herausragte, saß Heinrich Brugsch mit einem Zeichenbrett und kopierte Hieroglyphen. »Wir haben Besuch, mon ami!« sagte Mariette, und Brugsch begrüßte Anthony Harris und seine Tochter herzlich. Der Engländer erkundigte sich, ob er noch immer vom Heimweh nach Berlin geplagt sei, und Brugsch antwortete, Berlin könne er verschmerzen bei all den Wundern, die sich hier vor ihm auftäten. »Aber Pauline, meine Frau, ist mit meiner Arbeit fern von der Heimat nicht so ganz einverstanden. Sie schreibt, sie habe mich nicht geheiratet, um nur noch schriftlich mit mir zu verkehren. Ich werde im März nach Berlin zurückgehen.«

Mariette hob die Schultern. »Aber jetzt«, meinte er schließlich, »zeigen Sie unseren Besuchern doch einmal unsere Entdeckungen.«

Auf einmal war alle Traurigkeit aus dem Gesicht des Deutschen verflogen, er richtete sich auf, stellte sich breitbeinig vor das Mauerwerk, die Arme in die Hüften gestützt, als habe er einen Gegner besiegt, und begann zu berichten: »Sie war die Tochter Thutmosis' I. und mit Thutmosis II., ihrem Stiefbruder, verheiratet. Es waren wohl Erbstreitigkeiten, die dazu führten, daß Hatschepsut schließlich die Macht übernahm. Hier, sehen Sie sich das an« – Brugsch deutete auf ein Relief in der Mauer – »die Königin trat wie ein Mann auf, im Lendenschurz mit nacktem Oberkörper, sogar eine Bartperücke hängte sie sich um.«

»Unglaublich«, staunte Selima.

Harris betrachtete die zum Teil bemalten Reliefs aus der Nähe und erkundigte sich nach der Bedeutung der seltsamen Bilder, auf denen Sklaven an Tragestangen aufgehängte grünblättrige Bäume durch die Wüste schleppten.

»Das ist der wohl interessanteste Teil unserer Entdekkung«, sagte der Deutsche. »Hatschepsut betrieb offensichtlich eine systematische Außenpolitik und weitete die Handelsbeziehungen mit fernen Ländern aus. Hier sehen wir sie vor dem Thronrat. Die Erklärung lautet: ›Im Jahre 9 ihrer Regierung erschien die Königin mit ihrer Atef-Krone auf dem großen Goldthron in der Herrlichkeit des Palastes. Beamte und Hofstaat wurden hereingeführt, um den Befehl der Königin an die Würdenträger, an die Priester und Königsfreunde zu hören: Meine Majestät hat befohlen, nach dem Myrrhengebirge zu reisen, die Wege auf ihm zu erkunden, seine Ausdehnung zu erfahren und seine Pfade zu öffnen . . .!‹«

Brugsch ging zu der gegenüberliegenden Wand. Dort sah man fünf Schiffe, Bug und Heck hoch aufgebogen, die Segel wurden zur Fahrt in das Weihrauchland Punt gesetzt. »Stecht in See!« riefen die Daheimgebliebenen. »Nehmt den Weg ins Gottesland, reist in Frieden nach Punt!«

»Wo liegt Punt?« fragte Selima.

»An der Ostküste Afrikas«, erwiderte Mariette.

»Und welchen Weg nahmen die Schiffe?« wollte Selima wissen. »Ich meine, wie gelangten sie zum Roten Meer?«

»Das haben wir uns auch schon gefragt«, antwortete Brugsch. »Aber aus diesen Bildern und Texten geht das leider nicht hervor. Vielleicht gab es unter Hatschepsut doch schon einen schiffbaren Kanal vom Nil zum Roten Meer. Andernfalls müßten die Schiffe wohl in Einzelteile zerlegt und mit einer Eselkarawane durch die Wüste zum Roten Meer transportiert worden sein – ein phantastisches Unternehmen.«

Wie ein mit kurzen Texten versehenes Bilderbuch breitete sich vor ihnen das weitere Geschehen an den Wänden aus: Die fünf Schiffe erreichen das Weihrauchland. Unter Dattelpalmen sieht man Rundhütten auf Pfählen, Fische im Wasser, Affen auf den Bäumen und in der Takelage der Schiffe, Exotik selbst für die Ägypter. »Wie seid Ihr in unser Land gekommen, das keiner kennt?« fragt Perehu, der Fürst von Punt, dessen kleine, dicke Frau Eti auf einem Esel angetrabt kommt, dahinter drei ihrer Kinder.

Hatschepsuts Leute überreichen Schmuck, Messer und Äxte, außerdem bieten sie von ihrem mitgebrachten Proviant an, Fleisch, Früchte und Wein. Da lassen sich natürlich auch die Puntier nicht lumpen und schleppen Säcke voll Gold herbei, gezähmte Affen, Windhunde und kostbare Leopardenfelle, Haufen von Weihrauchharz, Ebenholz und Elfenbein. Die Schiffe werden beladen. Sogar 31 Weihrauchbäume nehmen sie mit.

»Paß doch auf deine Füße auf!« ruft ein Matrose beim Verladen der schweren Gewächse seinem Kollegen zu. Und in ihrer Begeisterung über den fremden Besuch fragen der Häuptling und seine dicke Frau, ob sie nicht gleich mitkommen dürften in das gelobte Land am Nil. So kehrt denn die Expedition zurück, reich beladen mit kostbaren Schätzen und in Begleitung des exotischen Fürsten Perehu und seiner Frau Eti.

»Heil dir, Ägyptens König, weiblicher Sonnengott!« rufen die beiden, als sie sich bei der Ankunft vor Hatschepsut auf den Boden werfen. »Dein Name reicht so weit wie der Himmel, dein Ruf, Hatschepsut, umgibt das Meer!«

Heinrich Brugsch, der die Szenerie mit dem Finger beschrieben und die Hieroglyphenzeilen vorgelesen hatte, hielt einen Augenblick inne; keiner der vier sagte ein Wort. Jeder war ergriffen von der Botschaft, die sich da vor ihnen auftat. Wie menschlich zeigte sich auf einmal die erhabene Geschichte des alten Ägypten! *Menschen* hatten diese Geschichte gelebt, nicht große Namen.

Mariette fand als erster seine Sprache wieder. »Hier«, sagte er und zeigte mit dem Finger auf einen Königsring an der Wand, »fällt Ihnen daran etwas auf?« Harris und Selima traten nahe an die Mauer heran und musterten den verwitterten Namensring kritisch: erhobene Arme als Zeichen des Schutzgeistes Ka, die sitzende Göttin mit Feder im Haar als Ma und die runde Scheibe als Symbol für den Sonnengott Re. *Makare* lautete der Name im Zusammenhang gelesen, der Thronname der Königin Hatschepsut.

»Drüben, auf der anderen Seite des Nils, die beiden Jubiläumsobelisken im Tempel von Karnak tragen die gleichen Namensringe«, meinte Harris, »nur sind sie besser erhalten.«

»Merkwürdig, nicht?« sagte Mariette, »die Obelisken waren zweieinhalb Jahre der gnadenlosen Sonne und verheerenden Sandstürmen ausgesetzt, aber ihre Beschriftung ist besser zu lesen als diese hier in einem ehemals geschlossenen Raum. Was aber das Merkwürdigste ist – die übrigen Reliefs an dieser Wand sind in einem sehr viel besseren Zustand.«

Anthony Harris schüttelte den Kopf: »Haben Sie eine Erklärung dafür?«

»Wir denken seit Tagen darüber nach«, antwortete Brugsch, »und ich glaube, es gibt nur eine einzige Erklärung, der Name Hatschepsuts wurde gleichsam ausradiert, hier, da, dort, überall das gleiche Bild. Und betrachten sie einmal diesen Namensring Thutmosis' III., sehen Sie ganz genau hin!«

»Ja«, rief Selima, »er ist tiefer in die Wand geschlagen als die übrigen Schriftzeichen. Was hat das zu bedeuten?«

Brugsch lächelte: »Könnte es nicht sein, daß dort, wo jetzt Thutmosis' Name steht, ursprünglich der Name Hatschepsuts zu lesen war?«

Selima fiel dem Forscher aufgeregt ins Wort: »... daß Thutmosis ihren Namen ausmeißeln und durch seinen eigenen ersetzen ließ? Notgedrungen ist dieser Name dann tiefer eingegraben als die übrige Schrift. Aber warum hat Thutmosis das getan?«

»Ach, wissen Sie«, sagte Dr. Brugsch, »die Pharaonen waren auch nur Menschen, sie hatten genau wie wir ihre Sorgen und Probleme, auch Eheprobleme. Der dritte Thutmosis, zum Beispiel, war Hatschepsuts Stiefsohn, das Kind ihres Mannes mit einer Nebenfrau namens Isis. Das hat der Bedauernswerte während ihres ganzen Lebens zu spüren bekommen. Sie unterdrückte ihn, wo sie nur konnte, obwohl er als einziger Anspruch auf den Thron hatte. Das hat auch die Liebe der beiden nicht gerade gefördert.«

»Sie war eben eine edle Dame mit Anstand und Moral.«

»Anstand und Moral?« Brugsch lachte laut. »Mademoiselle, ich glaube, ich muß Ihnen die Augen öffnen.« Er faßte die dunkelhäutige Selima am Arm und führte sie vor ein Relief. »Sehen Sie sich diesen netten Mann an!«

»Könnte mir gefallen«, lachte Selima, »wirklich.«

»Hatschepsut fand auch Gefallen an ihm«, meinte Brugsch, »mehr noch ...«

»Sie wollen doch nicht etwa sagen, daß Hatschepsut ...«

»Doch. Wie anders wäre es zu erklären, daß dieser Senenmut, der sich selbst, hier steht es, ›der Größte von allen‹ nannte, daß dieser Senenmut auf allen Reliefs – wenn auch manchmal winzig klein – auftaucht? Dort drüben und hier, überall. Dabei galt es als Sakrileg, wenn ein Nichtmitglied des Königshauses bei Opferhandlungen auftauchte oder auf Wandbildern verewigt wurde.«

Selima dachte nach. »Meinen Sie, Hatschepsut hat das absichtlich getan? Sie muß es doch erlaubt haben, daß dieser Mann überall abgebildet wurde. Oder konnte er Hatschepsut überlisten?«

Brugsch hob die Schultern. »Denkbar wäre das schon. Schließlich führte er die Bauaufsicht. Er ging in diesem Bauwerk nicht ohne Raffinesse vor. Bei allen Türdurchgängen, die wir bisher ausgegraben haben, verewigte sich Senenmut an der Innenseite, hier zum Beispiel. Standen die Türen offen, so war sein Name verdeckt, wurden sie geschlossen, konnte man seinen Namen lesen; aber nur von innen. Und im Innern des Tempels durfte sich außer den Priestern ohnehin nur die Königin aufhalten.«

Das Gespräch wurde von Anthony Harris unterbrochen, der sich entschuldigte, er wolle noch nach el-Kurna, ein Fellache habe ihm ein mysteriöses Angebot unterbreitet, einen Papyrus, den müsse er sich ansehen.

»Und ich dachte, Sie würden mit uns an Bord der ›Samanoud‹ dinieren«, sagte Mariette.

Harris bedankte sich und bat, seine Adoptivtochter mit auf das Schiff zu nehmen, er selbst werde später nachkommen. Brugschs Angebot, ihn nach el-Kurna zu begleiten, schlug er aus, er habe fest zugesagt, allein zu erscheinen: »Sie wissen selbst, wie mißtrauisch diese Leute sind!«

Mariette gab zu bedenken, daß die Dunkelheit bereits hereinbreche, und drängte den Engländer, wenigstens seine Flinte mitzunehmen. Aber Harris argumentierte, ein Gewehr in der Hand könnte die Grabräuber höchstens nervös machen und zu Kurzschlußhandlungen verleiten. Außerdem gehe er nicht zum erstenmal einen solchen Gang, und bisher sei es noch nie zu Gewalttätigkeiten gekommen.

Während die Dämmerung an dem Felsenkessel von Der el-Bahari emporkroch, entfernte sich Anthony Harris in Richtung el-Kurna. Er schlich um das Dorf herum, um kein Aufsehen zu erregen, und gelangte in der Dunkelheit zu der bezeichneten Stelle. Dann schlug er die südliche Richtung ein und zählte seine Schritte. Plötzlich tanzte vor ihm der Lichtschein einer Laterne. Deutlich vernahm er das Entsichern eines Gewehres. Er blieb stehen.

»Mister Harris?« fragte eine Stimme.

»Ja.«

»Sind Sie allein und unbewaffnet?«

»Ja.«

»Kommen Sie näher.«

Harris tat, wie ihm geheißen, schritt auf den Lichtschein zu, da tauchte vor ihm ein Araber in einem langen Gewand auf. Er trug einen Turban und hatte das Gesicht bis auf die Augen vermummt – eine gespenstische Erscheinung im Schein der Laterne. »Kommen Sie«, sagte die Stimme. Der Araber ging voraus, ließ Harris im Gehen aber nicht aus den Augen. Vor einem etwa sechs bis sieben Meter tiefen Krater blieb er stehen und leuchtete nach unten.

Steine polterten laut durch die Finsternis, als der Araber und Anthony Harris in den Krater hinabrutschten. »Ich habe

Sie hierher bestellt, weil Sie sehen sollen, wo wir unseren Fund gemacht haben«, sagte der Unbekannte, »man erzählt, Sie kaufen keine Papyrusrollen, deren Herkunft unbekannt ist.«

»Das ist richtig«, sagte Harris. Das Geschäftsgebaren des Arabers gefiel ihm. Gebückt schlüpften beide in einen Höhleneingang. Harris hatte ein kostbares Grab erwartet; die bis auf einen Steinblock leere Grotte ließ bei dem Engländer Zweifel an der Bedeutung des angekündigten Fundes aufkommen.

Der Araber stellte die Laterne auf den Boden, sie warf den Schatten der beiden Männer überdimensional an die Wand. »Als wir diese Höhle entdeckten, sah es hier nicht viel anders aus als jetzt«, sagte der vermummte Unbekannte, »ein paar Mumiengewänder und Knochen. Aber dann fanden wir das hier.«

Jetzt erkannte auch Harris den Stapel Papyrusrollen neben dem Stein, vielleicht zwanzig Stück. Harris kniete sich in den Staub, rollte jeden einzelnen Papyrus auf und hielt ihn in das Licht der Laterne. Bis auf zwei, die Hieroglyphen trugen und auf den ägyptischen Totenkult Bezug nahmen, waren alle in hieratischer, also der volkstümlichen Schrift geschrieben. Die größte Rolle erregte das meiste Interesse des Sammlers, weil es der besterhaltene und schönste Papyrus war, den Harris je gesehen hatte.

»Vierzig Meter«, sagte der Araber beinahe teilnahmslos, »zweihundert Pfund.«

Harris trat der Schweiß auf die Stirne, er schob den Tropenhelm in den Nacken. Schon die ersten Zeilen verrieten einen hochbrisanten Inhalt: Ramses III. berichtete von seinen Großtaten in Theben, Heliopolis und Memphis, ein unschätzbares historisches Dokument.

250 Pfund betrug die gesamte Barschaft, die Harris in einem Lederbeutel um den Hals trug. Die Teilnahmslosigkeit, mit der der Unbekannte seine Forderung geltend gemacht

hatte, brachte den Engländer zu der Überzeugung, daß Feilschen zwecklos sei. »Und was kosten die übrigen Rollen?« fragte er beinahe zaghaft.

»Zehn Pfund, jede.«

Harris griff in sein Wams, fingerte die 250 Pfund hervor und sagte: »Ich nehme den großen und fünf kleine. Den Rest hole ich morgen ab.«

»Morgen bin ich nicht mehr da, und die Schriftrollen sind auch verschwunden. Wollen Sie mir eine Falle stellen?«

»O nein«, beteuerte Harris, »aber ich habe nicht mehr als 250 Pfund bei mir!«

Da bückte sich der Araber, schob dem Engländer die große und fünf weitere Rollen hin, hielt die Hand auf und sagte fordernd: »Na und?« Nachdem Harris ihm das Geld gegeben hatte, sammelte der Unbekannte die übrigen Schriftrollen ein und verschwand wortlos durch den Höhleneingang, die Laterne ließ er zurück. Der Engländer folgte ihm mit dem Licht, aber noch ehe er den Kraterrand erklommen hatte, war der Araber spurlos in der Dunkelheit untergetaucht.

Anthony Harris nahm denselben Weg, den er gekommen war, um zu vermeiden, daß ihm ein Fellache aus el-Kurna begegnete. Dazu mußte er den schmalen Pfad am Fuße des Felsenkessels entlanggehen – ein kleiner tanzender Lichtpunkt in einem dunklen unendlichen Meer von Steinen. Von der Höhe des Felsenmassivs löste sich eine Steinlawine, schlug krachend im Talkessel auf, ein seit Jahrtausenden immer wieder zu beobachtender Vorgang, wenn sich der von der Sonne des Tages erhitzte Fels in der Nacht abkühlte. Der Hatschepsut-Tempel wurde so ohne fremde Einwirkung im Laufe von über 3000 Jahren verschüttet.

Harris blieb stehen. Seine Augen bohrten sich in die Nacht. Vor ihm polterten die Steine in die Tiefe, klatschten in den Sand, blieben liegen, Geröll rauschte hinterher, dann Stille. Plötzlich, nahezu lautlos, sauste ein Felsbrocken, einen halben Meter im Durchmesser, an seinem Kopf vorbei. Harris begann zu laufen, die Laterne flackerte bedrohlich, aber es schien, als liefe er geradewegs in eine zweite Steinlawine hinein. Also machte er kehrt, schlich vorsichtig zurück – aber das Inferno begann auch dort: Gesteinsbrocken sprangen mit unheimlicher Geschwindigkeit in die Tiefe, Schuttmassen folgten hinterher.

Als es für einen Augenblick still war, glaubte Anthony Harris, halblaute Kommandos von der Kuppe des Felsenkessels zu hören. Er wollte rufen, sich bemerkbar machen, aber da prasselte schon wieder Geröll von oben, geradewegs auf ihn zu. Harris hastete nach vorn, wich einem Sandbach aus, sprang zurück, ein Stein prallte gegen seinen Helm. Da waren sie wieder, die Kommandos, kein Zweifel, dieses Inferno war kein Zufall, dies war ein Anschlag auf sein Leben. Harris war zwischen die Fronten rivalisierender Grabräuber geraten. Sein Herz schlug bis zum Hals, das Blut pochte in den Schläfen. Instinktiv setzte er die Laterne auf den Boden, zog den Kopf ein und rannte, die Papyrusrollen mit beiden Armen fest umklammernd, irgendwohin, nur heraus aus dieser Falle.

Dabei stolperte er über einen Stein, stürzte, die Schriftrollen purzelten irgendwohin in die Dunkelheit, auf allen vieren kriechend tastete Harris nach seinen Kostbarkeiten, sammelte alle sechs Papyri wieder ein, erhob sich und hastete weiter, bis er sich außerhalb der Gefahrenzone glaubte. Da hielt der Engländer inne und drehte sich um: Stille. Plötzlich wie es gekommen war, hatte das Stein- und Geröllgewitter aufgehört. Friedlich flackerte in einiger Entfernung die Laterne. Da fiel ein Schuß, und die Laterne verlosch. Gespenstisch schallte das vielfache Echo von den Felswänden.

»Wie sehen Sie denn aus!« rief Mariette, als Anthony Harris bleich und verdreckt über die Brücke auf das Schiff torkelte. »Sind Sie verprügelt worden, Monsieur?«

Harris blieb schwankend vor dem an Deck aufgestellten Tisch stehen, um den herum Selima und die beiden Ausgräber saßen. »Nein, nein, alles in Ordnung«, sagte der Engländer und trat ans Licht. »Kommen Sie, essen Sie etwas«, sagte Mariette, »was möchten Sie trinken?«

Als hätte er die Frage nicht gehört, schob Harris wortlos an der einen Seite des Tisches Schüsseln und Teller beiseite. Dann ließ er die Schriftrollen aus seinem linken Arm auf die Tischplatte kullern. Mariette und Brugsch kamen näher.

»Ich habe schon vieles erlebt«, begann Harris, während er jeden einzelnen Papyrus aufrollte, »ich habe mich mit Grabräubern in dunklen Gassen und Spelunken getroffen, ich habe in einer Höhle bei Siut der Mumie des griechischen Grammatikers Tryphon einen Papyrus aus der Hand gewunden, Angst hatte ich dabei nie. Aber ich muß gestehen, heute habe ich um mein Leben gefürchtet.« Und dann erzählte er von dem mysteriösen Anschlag im Felsenkessel von Der el-Bahari.

»Ist der aus einem Stück?« fragte Heinrich Brugsch und deutete auf die dicke Schriftrolle.

Harris nickte: »Jedenfalls wurde es mir versichert, angeblich ist er vierzig Meter lang.«

Mariette pfiff durch die Zähne. Brugsch sagte: »Meine Herren, die Länge einer Schriftrolle ist nicht so wichtig wie der Inhalt!«

Harris faßte die Hand seiner Tochter Selima und legte sie auf das eine Ende der Papyrusrolle, dann rollte er das Schriftstück auf. Gebannt starrten alle auf die hieratischen Schriftzeichen. Jeder versuchte irgendeine Zeile zu entschlüsseln, murmelnd bewegten sich die Lippen. Brugsch, der die Schrift am besten beherrschte, war den beiden anderen weit voraus. Natürlich konnten die Forscher nicht darangehen, den Papyrus von vorn bis hinten zu lesen. Eine solche Übersetzung nahm oft viele Jahre in Anspruch. Aber Anhaltspunkte und Details ließen sich erkennen.

»Was meinen Sie, Mister Brugsch?« fragte Harris. Brugsch reagierte nicht, rollte den Papyrus immer weiter auf und glitt mit den Fingern seiner Rechten über die Zeilen, Mariette rollte den Anfang wieder auf. Die Diener erneuerten die Windlichter; die Taue, mit denen die »Samanoud« festgemacht war, knarzten; ein Krokodil glitt platschend ins Wasser; es war lange nach Mitternacht, aber keiner in der Runde wollte an Schlaf denken. Brugsch murmelte, beeindruckt von dem Gesehenen, in Abständen immer wieder: »Man kann Ihnen nur gratulieren, Mister Harris. Wirklich, man kann Ihnen nur gratulieren.«

Der große Papyrus, das wurde im Lauf dieser Nacht deutlich, war ein Rechenschaftsbericht, den der dritte Ramses im 32. Jahr seiner Regierung, also kurz vor seinem Tod, diktiert hatte. Ramses nannte voll Stolz die Leistungen für die thebanischen Götter, deren Tempelpriester 400000 Stück Vieh, 100000 Bedienstete und alle Goldminen Nubiens in Besitz hatten.

Brugsch machte sich auf seinem Zettel Notizen. Plötzlich warf er den Bleistift auf den Tisch. »Hören Sie sich das an«, rief er erregt: »Das Land Ägypten wurde umgestürzt von außen her, es gab kein Oberhaupt viele Jahre hindurch. Jeder erschlug seinen Nächsten. Und es kamen andere Zeiten, danach in leeren Jahren, da wurde ein Syrer König, er machte das ganze Land tributpflichtig und plünderte zusammen mit seinen Genossen allen Besitz. Sie machten die Götter gleich wie Menschen, und in den Tempeln wurden keine Opfer mehr dargebracht . . .«

Brugsch und Mariette sahen sich an, staunten. »Ich glaube langsam, es hat viel mehr Pharaonen gegeben als alle Chroniken aufführen«, sagte Mariette und schüttelte den Kopf: »Mir scheint, ein jeder hat die, die ihm nicht genehm waren, einfach weggelassen.«

Über den Papyrus gebeugt, stützte Brugsch die Arme auf die Oberschenkel. »Das scheint mir auch so. Unsere Arbeit wird dadurch nicht gerade einfacher. Wenn wir dem dritten Ramses glauben wollen, dann heißen seine rechtmäßigen Vorgänger Merenptah, Sethos II. und Sethnacht. Schön und gut. Nur, zum Teufel, kann mir dann *ein* Mensch erklären, warum Amenmesse Siptah und seine Frau Tausret, die nachweislich *vor* Ramses III. lebten, Pharaonengräber im Tal der Könige erhielten?«

»Was sagt eigentlich der ägyptische Historiker Manethos?« erkundigte sich Harris.

Brugsch lächelte verschmitzt: »Der nennt als Nachfolger Merenptahs einen Amenmesse und einen Thuoris.«

»Thuoris«, wiederholte Mariette nachdenklich und kritzelte Namen auf ein Papier. »Könnte er nicht Tausret meinen und ihren Mann Siptah einfach vergessen haben? Dann würde die Reihenfolge lauten: Merenptah, Amenmesse, Sethos II., Siptah, Tausret, Sethnacht, Ramses III.«

»Ob dieses Puzzlespiel wohl jemals gelöst werden könne«, fragte zweifelnd Anthony Harris.

»Ich bin ganz sicher, Mister Harris«, sagte Heinrich Brugsch. »Wir stehen doch erst am Anfang unserer Wissenschaft!«

»Phantasia« – welch ein Zauberwort! Dieses vergnügungssüchtige 19. Jahrhundert ließ keine Gelegenheit aus, die neue Zeit in alter Pracht zu verherrlichen. So ein Fest, für das sich immer ein Anlaß fand, nannte man im Orient Phantasia.

Die Phantasia in Kairo, zu der Mariette und Brugsch geladen waren, fand zur Einweihung der neugegründeten Festung des Vizekönigs statt, die seinen Namen trug: Saidia. Gleichzeitig feierte Said Pascha seinen 37. Geburtstag.

Für Mariette und Brugsch war es ein Abschiedsfest; denn der Deutsche trug bereits eine Schiffspassage in der Tasche. Nach einem letzten Brief seiner jungen Frau Pauline hatte Brugsch sich Hals über Kopf entschlossen, sein Ausgräberdasein aufzugeben und – wie er sagte – in seinen vier Wänden einzig und allein der Wissenschaft und seiner Familie zu leben. Er hatte das Gold des Paschas kaum angegriffen und träumte davon, zu Hause in Berlin ein eigenes Haus zu kaufen.

Die Flotte des Vizekönigs, bestehend aus 13 Dampfschiffen und 19 Schleppkähnen, beladen mit Kanonen, Pferden, Kamelen, Maultieren und Mannschaften, fuhr festlich beflaggt und glanzvoll herausgeputzt von Kairo nilabwärts, um an der Stelle zu ankern, wo der Nil sich in die beiden Hauptarme des Deltas gabelt. Auf dieser Landzunge hatte der Pascha die aus fünf Bastionen bestehende Festung errichtet.

Für die Gäste der Phantasia hatte man eigene Schiffe eingesetzt. Die beiden Freunde standen an der Reling und ließen das festlich geschmückte Kairo und seine jubelnden, winkenden Bewohner am Flußufer an sich vorüberziehen. Beide litten unter dem Augenblick. Fünf Jahre hatten sie mehr oder weniger zusammengearbeitet, zu Beginn mühsam und armselig, zum Schluß aufwendig und unter idealen Voraussetzungen – in jedem Fall erfolgreich. Und – sie hatten sich schätzengelernt, jeder den anderen, der doch so ganz anders war.

Wollen Sie sich das alles nicht noch einmal überlegen, mon ami, hätte Mariette am liebsten gefragt. Doch es war unsinnig, einem Mann wie Brugsch diese Frage zu stellen, also ließ er es, redete Belangloses: »Böse Zungen behaupten, die Regierung beabsichtige, ihren Beamten die Besoldung für sechs Monate vorzuenthalten – so teuer ist die Phantasia.«

Brugsch mühte sich ein Lächeln ab: »Ich hoffe nur, Ihr Etat leidet nicht darunter. Sie dürfen nicht auf halbem Weg haltmachen, jetzt, wo der Erfolg sich abzeichnet.«

»Nein, gewiß nicht«, sagte Mariette, »Said Pascha ist noch mein Freund.«

Es war noch früh am Tag, aber an der Landzunge herrschte bereits ein dichtes Menschengewühl. Zelte waren aufgebaut zur Unterbringung der Soldaten und Offiziere.

Dazwischen Maultiere und Pferde zur Bespannung der Geschütze. Aufgeregt liefen Paschas und Beys durcheinander, brüllten abgehackte Kommandos, und die Kawassen des Vizekönigs ließen ihre Stöcke tanzen, um den Befehlen mehr Nachdruck zu verleihen.

An den Festungsmauern lehnten zerbrechliche Holzgerüste, wie Weihnachtsbäume mit Tausenden Glaslampen bestückt zur abendlichen Festbeleuchtung. Bunte Lampions baumelten in den Toren der Bastionen, von irgendwoher schallte orientalische Musik und verlieh dem Ganzen einen märchenhaften Zauber. Der herbe Geruch von Esel- und Pferdemist vermischte sich mit dem süßlichen Qualm, der von den tragbaren Kupferöfen der Nüsseröster aufstieg.

»Ich werde diesen Zauber vermissen«, sagte Brugsch, als sie das Schiff verließen, »schließlich bin ich schon ein halber Orientale geworden.«

»Wenn Sie mich fragen –«, Mariette lächelte, »entweder man kommt einmal und nie wieder in dieses Land, oder man kommt nicht mehr los davon. Mon cher, ich nehme jede Wette an, daß Sie zurückkommen!«

Der Preuße schüttelte den Kopf, seine Augen wurden feucht, da schwieg Mariette.

Die begehrtesten Kunsthandwerker des Landes hatten für den Vizekönig Said einen hölzernen Pavillon errichtet, bunt und glänzend wie ein orientalisches Märchenschloß. Französische Kunstreiter und maghrebinische Akrobaten präsentierten in einem offenen Zirkus ihre artistischen Darbietungen. Eine ganze Kompanie vizeköniglicher Köche bereitete in der riesigen Feldküche duftende Gerichte zu. In Hunderten glitzernder Kessel und Pfannen brodelten, bruzzelten und brieten exotische Speisen.

21 Kanonenschläge zerrissen die Luft. Die Unruhe der Menschen steigerte sich. Zwanzig bis zu den Zähnen bewaffnete, schwarzhäutige Eunuchen schirmten mit Teppichen einen Weg von der Anlegestelle zum Pavillon des Paschas ab;

denn soeben machten die Dampfer mit dem vizeköniglichen Harem fest. Man reckte die Hälse, um über die Teppichwände irgend etwas von den Freuden des Khediven zu erspähen. Doch der erste, der dem Schiff entstieg, war der vierjährige Sohn des Landesfürsten Tussun Pascha. Er trug die große Generalsuniform und drückte furchtsam die Hand seiner französischen Erzieherin. Dahinter, in gebührendem Abstand, der gesamte Harem, schwarz verhüllt.

Die Schiffe legten ab, machten anderen Dampfern Platz; ihnen entstiegen die moslemischen Gelehrten und Priester, nach Rang und Namen geordnet, kenntlich durch vorangetragene Fahnen mit eingestickten Koranversen. Ihre Kleidung war einheitlich: Sie trugen einen seidenen, hellen Kaftan, auf dem Kopf hochaufgestülpt einen Turban, kostbare Kaschmirschals hingen über ihre Schultern. Die würdigen Schritte der Gelehrten begleiteten Trompeter der ägyptischen Kavallerie mit arabischen Melodien, wild attackiert von einer Infanteriekapelle, und schließlich brachten noch die Baschi-Bosuks ihre Pfeifen, Trommeln und Pauken zum Einsatz – ein nicht zu überbietender Lärm.

Drei Bataillone Schützen und Infanterie, darunter ein Bataillon Schwarzer, eine Schwadron Ulanen mit blanken Helmen und gelb-rotem Federstutz, in denselben Farben die seidenen Fähnchen an ihren Lanzen, eine Schwadron Husaren mit Bärenfellmützen, eine Schwadron Kürassiere in gelben Kürassen mit silbernem Stern und gelbem Helm mit rotem Haarkamm, Pferde mit dunkelblau seidenem Zaumzeug und silbernen Beschlägen, verwegene Reiter in schwarzen Kalpaks mit roten Haarbüscheln, sie alle nahmen um den Pavillon des Khediven Aufstellung. Ein grellbuntes, verwirrendes Bild: Die roten Röcke, blauen Hosen und weißen Turbane der ersten Schwadron, die grünseidenen Kaftans, orangefarbenen Dolmans und meterhohen Hüte aus roter Seide des zweiten Haufens, dazwischen grünseidene Standarten mit Gold bestickt.

»Effendimiz tschak jascha!« schallte türkisch der Ruf der angetretenen Truppen, »unser Herr lebe hoch!« Die frommen Väter der moslemischen Weisheit traten vor, um dem Pascha im Pavillon ihre Glückwünsche im Namen Allahs zu überbringen. Darauf folgten die Generäle und Militärs und schließlich die übrigen geladenen Gäste, Paschas, Beys und Diplomaten.

»Ihr Freund macht aber nicht gerade den glücklichsten Eindruck«, flüsterte Brugsch seinem Begleiter Mariette zu, während sie in der langen Schlange eingereiht auf die Hand des Khediven warteten. Der saß zur huldvollen Entgegennahme der Honneurs auf einem gold-roten Thron in schneeweißer arabischer Kleidung, nur die Lackstiefel an seinen Füßen verrieten französischen Geschmack. Said reichte gelangweilt die Hand zum Kuß und machte bisweilen zu seinem Hofstaat eine ironische Bemerkung. »Ah, meine Herren Maulwürfe«, sagte der Vizekönig, als Mariette und Brugsch vor ihn hintraten.

Als sich der Abend über die Festung Saidia senkte, erstrahlte der Nil in feenhaftem Lichterschimmer. Ufer und Brücken wurden von abertausenden Lämpchen umrahmt, ihr Widerschein tanzte in den träge dahinströmenden Fluten. Rot und gelb leuchteten auch die Lampen an den Mauern der Bastionen, und im Innern der vornehmen Zelte entzündeten rotgekleidete Sklaven die Kerzen der riesigen Glaskandelaber. Auf kostbaren Teppichen hockten 30 Ulama, moslemische Priester, und sangen mit näselnder Stimme Suren des Koran, Vorspiel für die große Hoftafel.

Unter hundert ausgewählten Gästen, nur Männer, saßen Mariette und Brugsch an der halbmondförmigen Tafel des Khediven in einem glanzstrahlenden Zelt. Neben Said Pascha hatte Eisenbahn-Direktor Nubar Platz genommen, obwohl Armenier und Christ, ein erklärter Liebling des Vizekönigs. Mit größter Selbstverständlichkeit übernahm Nubar die undankbare Aufgabe, die aufgetragenen Gold- und Silberschüsseln zu entsiegeln und ihren dampfenden Inhalt vorzukosten. Nach ein paar denkwürdigen Sekunden des Wartens legte der Armenier dem Khediven die Speisen vor.

Mariette, Brugsch und die übrigen Gäste blieben von derlei Komplikationen verschont, sie aßen, was auf den Tisch kam. Neben Brugsch hatte Ismail Pascha Platz genommen, etwa im gleichen Alter wie der Preuße, von edlen Gesichtszügen, gepflegtem Haar und blaugrünen Augen – ein intellektueller Träumer, kaum beachtet in der erlauchten Runde. Alles hätte Brugsch sich vorstellen können, nur nicht, daß dieser Mann der Drahtzieher der Eisenbahnkatastrophe von Kafr el Zayat gewesen sein könnte.

Die beiden kamen schnell ins Gespräch, und natürlich kannten sie nur *ein* Thema: Paris. Der junge Pascha hatte ebenso wie der preußische Ausgräber in der französischen Hauptstadt studiert. Warum sich die beiden dort nie begegnet waren, wurde klar, als Ismail berichtete, wie die Professoren zu ihm in das Hotel kamen, wo er zu logieren pflegte. Außerdem besuchte Ismail die Kriegsakademie, die Brugsch nicht einmal von außen kannte. Der Tod seines Vaters im Jahr 1848 hatte Ismail zum Abbruch seines Studiums gezwungen, und seit Saids Thronbesteigung wurde Ismail zunehmend mit diplomatischen Aufgaben betraut. Er galt als bescheiden, sparsam, fast geizig. Seine Zuckerfabrik warf reiche Erträge ab, die Baumwollpflanzungen in seinem Besitz wurden ob ihrer hohen Qualität gerühmt.

Ismail bedauerte die Rückkehr des Berliner Forschers. Schließlich könne er jederzeit seine Frau mit nach Ägypten bringen. Brugsch versprach, zu Hause in Berlin, darüber nachzudenken.

Sie waren erst beim dritten Gang angelangt, als sich der Vizekönig erhob und die Tafel beendete; man drängte zum Ausgang – Kanonenschüsse donnerten durch das Dunkel der Nacht, Leuchtkugeln knatterten himmelwärts, Signale für das angekündigte Feuerwerk.

Drei Wochen lang hatte ein französischer und ein österreichischer Feuerwerker Gerüste aufgebaut und Explosionskörper aufgestellt; doch nun gab der ermüdete Khedive Befehl, den Feuerreigen zu beschleunigen. Was jetzt eilig krachte, zischte, sprühte, knatterte und pfiff, ließ keine der vorbereiteten Feuererscheinungen und Figuren erkennen. Eigentlich hätte das Feuerwerk die halbe Nacht dauern sollen, nun war es in einer Viertelstunde verraucht. Said Pascha war inzwischen mit seinem Dampfschiff abgereist.

Während die Militärs am Ort in ihren Lagern zurückblieben, bestiegen die Festgäste die Schiffe nach Kairo. Mariette und Brugsch standen an Deck und ließen sich den kühlen Nachtwind ins Gesicht wehen. Keiner sagte ein Wort. Vom Ufer hörte man Rufe »La illah il'allah! – Es gibt keinen Gott außer Allah!« Die beiden starrten in die Dunkelheit. Und keiner konnte sehen, daß dem anderen die Tränen in den Augen standen.

IV.
Wunder der Gegenwart, Wunder der Vergangenheit

Mariette unterbrach seine Rede abrupt, deutete erschreckt auf den Tisch, wischte sich mit einer schnellen Handbewegung über die Augen und stammelte: »Dévéria, sieh nur!« Der Assistent musterte den Sarkophag mit zusammengekniffenen Augen, jetzt sah auch er es: Ganz langsam, ohne fremdes Zutun, begann der Sarkophag sich vor ihren Augen in Staub aufzulösen, bröckchenweise.

Die längste Schlange aus Menschen und Tieren, die die Welt je gesehen hatte, bewegte sich im Frühjahr 1859 vom Timsah-See in Richtung Norden, beinahe 80 Kilometer lang, tagaus, tagein. Tausende und Abertausende von Kamelen schleppten Ledersäcke und Fässer mit dem kostbaren Trinkwasser durch die Wüste, um die 25 000 leibeigenen Fellachen, die der Vizekönig abkommandiert hatte, am Leben zu erhalten.

Am 25. April vollzog Ferdinand de Lesseps in der Ebene von Pelusium den ersten Spatenstich für den maritimen Kanal von Suez. Suez war 160 Kilometer entfernt, dazwischen lagen Sand und Wüste und unwirtliche Natur. Seit Errichtung der Pyramiden hatten Menschen sich keine so große Aufgabe mehr gestellt.

Die feierliche Zeremonie auf der schmalen Sanddüne, die das Mittelmeer von den Lagunen des Mensaleh-Sees trennt, fand unter Ausschluß der Öffentlichkeit statt; denn der türkische Sultan hatte den Kanalbau auf Drängen der Engländer verboten. Said Pascha hielt sich deshalb an diesem denkwürdigen Tag fernab in Kairo auf, damit niemand an die Verlautbarung der *Compagnie Universelle du Canal Maritime de Suez* zweifelte, man führe nur Probegrabungen durch.

In Wirklichkeit aber ging Said Pascha in seinem Palast Ras el Tin unruhig auf und ab und hoffte, daß die Arbeiten so schnell wie nur möglich vorangingen, schließlich hatte er sich mit seinem gesamten Vermögen an dem Projekt engagiert, er hielt beinahe die Hälfte des gesamten Aktienkapitals der Gesellschaft. Hinter vorgehaltener Hand sprach man von beinahe 90 Millionen Francs.

Jeder Tag, den Allah werden ließ, kostete allein 250000 Francs für den Wassertransport – jedenfalls solange in dieser gottverlassenen Ebene von Pelusium gearbeitet werden mußte. Die Wüstenseen, die der Kanal einmal durchqueren sollte, führten allesamt Salzwasser, waren zur Trinkwasserversorgung also ungeeignet. Lesseps hatte deshalb zuallererst von Zagazig am Nil einen Süßwasserkanal in Richtung Timsah-See graben lassen und von hier aus Wasser-Karawanen in Marsch gesetzt. Gleichzeitig trieb er eine Rohrleitung nach Norden voran; denn die Hafenstadt, die am Kanaleingang geplant war und den Namen Port Said tragen sollte, mußte ebenfalls mit Trinkwasser versorgt werden.

Diese Stadt auf dem Reißbrett sollte Stützpunkt der Kanalgesellschaft werden. Doch abgesehen von einer dichtgedrängten Ansammlung primitiver Holz- und Wellblechhütten, endlosen Reihen von Zelten, Magazinen, Werkstätten und Schmieden deutete bislang kaum etwas auf eine Stadt hin. Vor allem Straßen und Wege fehlten.

Dussaud Frères, eine Tiefbaufirma aus Marseille, produzierte an Ort und Stelle künstliche Bausteine aus einer Mischung von Sand und hydraulischem Kalk, 600 Stück pro Monat, 20 Tonnen wog ein jeder. Lesseps' ursprüngliche Absicht, die Ausschachtungsarbeiten in eigener Regie durchzu-

Ferdinand de Lesseps, der Erbauer des Suezkanals.

führen, wurde bald aufgegeben. Für die komplizierte Abtragung der Höhen von El Gisr zog die *Compagnie Universelle* die französische Firma *Couvreux* hinzu. Den größten Auftrag, die Ausbaggerung von 60 Kilometer Kanalbett, fiel *Borel, Lavelley und Co.* zu, die dem Projekt mit dampfgetriebenen Maschinenkolossen zuleibe rückten. Als Probegrabungen ließen sich diese Arbeiten bald wirklich nicht mehr deklarieren.

Lesseps fuhr nach England, um Premierminister Palmerston umzustimmen. Der aber erklärte höflich und bestimmt, das Kanalprojekt sei in der Lage, die Überlegenheit Englands als Handelsmacht zu untergraben, und aus diesem Grund werde man jedes Mittel einsetzen, um den Kanal zu verhindern. Wirksamste Waffe sei die Absetzung des ägyptischen Vizekönigs, die man beim Sultan in Konstantinopel durchzusetzen gedenke.

Said Pascha verfiel in Panik, als er von den englischen Plänen erfuhr, der Vizekönig fürchtete um Amt und Würden. Denn der Sultan, ohnehin unzufrieden mit seinem Satrapen am Nil, wartete nur auf eine günstige Gelegenheit, um den ungeliebten Khediven loszuwerden. Als Lesseps im Ras-el-Tin-Palast vorsprach, zeigte der Pascha auf seinen Gehrock, der ihm inzwischen drei Nummern zu groß am Leibe hing, und meinte: »Sieh nur, was diese Engländer mir angetan haben!« Er bat seinen Freund allen Ernstes, die Bauarbeiten am Suez-Kanal einzustellen, bis das internationale Klima sich verbessert habe. Lesseps zog sich ohne irgendeine Zusage zurück. Der Kanal fraß sich weiter durch die Wüste.

Aufgepflanzt wie eine Gallionsfigur stand Auguste Mariette im Bug der »Samanoud«. Mit der linken Hand schirmte er die Augen vor dem grellen Sonnenlicht ab, in der Rechten hielt er sein Gewehr. Das Dampfschiff fuhr mit voller Kraft voraus, denn Mariette hatte es eilig. Hinter ihm stand Dévéria, sein Assistent, der Bonnefoys Stelle eingenommen hatte. Bonnefoy war gestorben. Böse Zungen behaupteten, Mariette habe ihn zu Tode gehetzt.

»Ich schieße ihn über den Haufen!« rief Mariette und klemmte seine Flinte fester unter den Arm. »Ich schieße ihn über den Haufen, wenn er auch nur ein Stück beschädigt hat, dieser gottverdammte Kameltreiber.«

»Sie kennen den Provinzgouverneur?« erkundigte Dévéria sich zaghaft.

»Und ob ich den Kerl kenne! Der Dorfschulze von Kena glaubt bisweilen, er habe Theben, Karnak und das Tal der Könige gepachtet. Aber es gibt nur einen, der dort Rechte anzumelden hat, und das bin ich, verstehst du, Déveria?«

Théodule Déveria hätte nie gewagt, daran zu zweifeln. Er kannte die Unberechenbarkeit Mariettes nur zu gut, wenn er in Zorn geriet. Deshalb nickte er zustimmend.

Im Süden tauchte die Rauchfahne eines Raddampfers auf. Der Franzose stach mit dem Zeigefinger in die Luft: »Das müssen sie sein!« rief er in höchster Erregung aus und gab der Brücke das Kommando: »Kurs auf den Dampfer!« Von der Brücke kam die Antwort: verstanden.

»Ich möchte wissen, was ihn das überhaupt angeht«, knurrte Mariette, »wenn heute irgendwo ein archäologischer Fund gemacht wird, dann ist das einzig und allein meine Angelegenheit und nicht die irgendeines Provinzgouverneurs.«

Déveria meinte, es sei überhaupt ein Wunder, daß der Fund gemeldet worden und nicht auf dem Schwarzmarkt verschwunden sei. Wo es sich doch angeblich um so viel Gold handele.

»Abwarten!« mahnte sein Chef, »das Gold wollen wir erst einmal sehen. Aber auch wenn es sich bei dem angeblichen Goldschmuck nur um Talmi handelt, ist die Entdeckung der Königin von größtem Interesse für die Wissenschaft. Sie hieß Ahotep und war die Mutter Ahmoses, des ersten Pharaos des Neuen Reiches, das in Theben seinen Anfang nahm.«

»Wer hat Ahotep identifiziert?«

»Engländer, die in Theben arbeiten. Ich hoffe, sie haben sich nicht geirrt.«

Der Kapitän der »Samanoud« gab dem entgegenkommenden Schiff Zeichen beizudrehen; doch das reagierte nicht. Da schoß Mariette dreimal in die Luft, und mitten im Nil begann ein ungewöhnliches Anlegemanöver. Kaum lagen die Schiffe längsseits, sprang Mariette auf den anderen Dampfer und riß sein Gewehr hoch. »Habt Ihr den Schatz der Königin Ahotep an Bord?« schrie er den erstbesten Matrosen an. Der nickte verschüchtert und rannte davon, als ginge es um sein Leben.

Hassan, der Kapitän, erschien, protestierte gegen diesen Piratenakt und kündigte an, sich beim Khediven in Kairo zu beschweren, für den er im Auftrag des Provinzgouverneurs von Kena unterwegs sei. Mariette schob den Kapitän zur Seite, drohte, ihn über Bord zu werfen, und fragte, wo der Schatz der Königin sei.

Der Flußfahrer schlug die Hände über dem Kopf zusammen, bat um Gnade für seine drei Frauen und vierzehn Kinder. Sie alle müßten verhungern, wenn er seine Arbeit verliere, und das sei so gut wie sicher, falls er seinen Auftrag nicht ausführe.

»Und wie lautet dein Auftrag?« fragte der Franzose ungeduldig.

»Ich soll die beiden Kisten hinten im Frachtraum beim Khediven abliefern«, Hassan zog ein Papier hervor, »hier ist die Liste.«

Mariette überflog den Schein mit einem kurzen Blick und bekam große Augen. Da schürfte er mit Tausenden von Arbeitern auf der Basis wissenschaftlicher Erkenntnisse, und dann machte nicht *er* die großen Entdeckungen, sondern der Zufall!

Plötzlich spürte Mariette, daß jemand hinter ihm stand, er zögerte keinen Augenblick, faßte das Gewehr mit beiden Händen, drehte sich blitzschnell um und rammte einem baumlangen Matrosen den Kolben des Schießeisens in den Leib. Der sackte lautlos zusammen, die Schlinge, mit der er Mariette erwürgen wollte, glitt aus seiner Hand.

Die übrige Mannschaft, die den Vorfall aus sicherer Entfernung beobachtet hatte, drückte sich hinter den Kajütenvorbau; aber der Franzose sprang hinzu, gestikulierte wild mit seiner Flinte herum, schrie, er werde sie alle auf die Galeeren schicken oder ihnen das Gehirn rösten, wenn sie sich seinen Anordnungen widersetzten. »Los, die Kisten werden auf mein Schiff verladen. Aber plötzlich!«

Widerwillig, mit hilfesuchenden Blicken zu ihrem Kapitän wuchteten die Matrosen die kostbare Fracht an Deck. Mariettes Leute nahmen sie vorsichtig an Bord der »Samanoud«, und der Franzose kritzelte ein paar Zeilen auf ein Papier: »Schatz der Königin Ahotep übernommen. Mariette, Direktor der Altertümer.« Das drückte er Hassan, dem Kapitän, in die Hand; dann drehte die »Samanoud« ab und nahm Kurs nilabwärts auf Kairo.

Die vernagelten Kisten wurden unter Deck in den Salon der »Samanoud« gebracht. »Dévéria«, sagte Mariette, während er die kleinere mit einem Stemmeisen öffnete, »Dévéria«, gleich wirst du sehen, womit man vor dreieinhalbtausend Jahren einer Königin das Jenseits verschönen wollte.«

Der Assistent beobachtete den Holzdeckel, der jeden Augenblick abzuspringen drohte. Mariette wurde ungeduldig, er riß ein einzelnes Brett des Deckels ab, Holz splitterte. Erwartungsvoll starrten sie in die Kiste. Als erstes zog Mariette eine Axt hervor, einen halben Meter lang, der Stiel aus Zedernholz mit Blattgold verkleidet, auf der Klinge ein Namensring: Ahmose. Ein Dolch trug ebenfalls diesen Namen, dann aber folgten Spiegel, Arm- und Beinringe, Haarreifen und Schmuckstücke, die ohne Zweifel aus dem Besitz einer Dame stammten. Ein goldenes Armband war mit bunten Edelsteinen besetzt, eine Ordenskette trug als Schmuck drei goldene Fliegen, ein Armband zierte das Bild eines schwebenden Geiers, ein weiteres die Krönung des Königs Ahmose.

Einige hundert Einzelteile, Tiere und Ornamente aus Gold und Email, gehörten vermutlich zu einem großen Brustschmuck, den kunstfertige Hände einst an Bändern und Drähten aufgereiht hatten. Ein solches Stück zu rekonstruieren, konnte Jahre dauern und bedeutete vor allem eine mühsame Rechnerei. Man mußte die Anzahl der einzelnen Ornamente in Beziehung zueinander setzen, und die Wahrscheinlichkeit war groß, daß Ornamente, von denen weniger vorhanden waren, näher am Hals lagen als Ornamente, die um die Brust gelegt waren. Eine solche Reihe war länger und bedurfte mehrerer Einzelteile.

Mariette hängte die einzelnen Schmuckstücke seinem Assistenten um den Hals, steckte sie an seine Handgelenke und bald bewegte Dévéria sich wie ein schwerbehangenes Zirkuspferd. »Wie fühlst du dich?« fragte sein Chef lachend, und Dévéria antwortete: »Wenn ich ehrlich sein soll, es ist ein unbehagliches, beinahe beängstigendes Gefühl, wenn man bedenkt, daß Königin Ahotep die letzte war, die damit spazierenging!«

Wie kostbares Spielzeug sahen die weiteren Stücke aus, die Mariette nun aus der Kiste hervorholte: Eine Nilbarke aus Gold, etwa vierzig Zentimeter lang mit zwei silbergetriebenen Ruderern auf den Ruderbänken, ein weiteres silbernes Boot maß knapp einen halben Meter und wurde von einem kleinen Steuermann auf Kurs gehalten. Wozu mochte wohl das winzige Wägelchen gedient haben mit seinen zehn Zentimeter hohen Bronzerädern? Für ein komplettes Sortiment Brettspielsteine in Löwenkopf-Form, Goldblech über einen Holzkern getrieben, stellte sich diese Frage nicht. Sie dienten dem Zeitvertreib im Jenseits.

Die zweite Kiste maß zweimal einen Meter, und für Auguste Mariette war klar, daß sie den Sarkophag der Königin Ahotep enthielt. Die beiden Forscher hoben den schweren Kasten auf den Tisch, auf dem sie für gewöhnlich ihre Mahlzeiten einzunehmen pflegten, und entfernten vorsichtig die Seitenteile. Zum Vorschein kam ein schwarz angestrichener Holzsarkophag, dessen Unebenheiten mit Sandmörtel verschmiert waren, etwas enttäuschend nach all den Kostbarkeiten, die aus dem ersten hervorgequollen waren.

Der Sargdeckel hingegen versöhnte die Forscher, er stellte die Königin Ahotep dar, die ausgestreckt lag, als träume sie.

Sie trug die volle Perücke, wie im Mittleren Reich üblich, auf der Stirne die Uräusschlange, ihren Leib umfingen die Flügel der Göttin Isis.

»Da!« Mariette deutete auf eine Hieroglyphenzeile, die mitten über ihren Leib lief. »Eine königliche Opfergabe, o Ptah-Sokaris für den Schutzgeist der großen königlichen Gemahlin, die schon von der weißen Krone Besitz ergriffen hat, Ahotep, die ewig Lebende.«

Die Worte des Ausgräbers standen im Raum, als hätte eine Stimme aus der 18. Dynastie gesprochen. Ahotep, die ewig Lebende, war sie nicht eben im Begriff, wiedergeboren zu werden? Der Deckel lag lose auf dem Sargkasten. Man hatte die verbindenden Holzzapfen bei der gewaltsamen Öffnung einfach durchsägt. Vorsichtig hoben Mariette und sein Assistent den Deckel ab.

»Chef!« stammelte Déveria in höchster Erregung, »Chef!« Das Innere war leer.

Mariette lehnte die Deckplatte an die Wand und starrte zornentflammt in das leere Behältnis.

»Sie haben die Mumie geraubt!« sagte Déveria, der als erster die Sprache wiederfand, »wir werden sie zurückholen.«

Mariette schüttelte den Kopf: »Ich glaube nicht, daß die Mumie geraubt worden ist, ich glaube vielmehr, daß man sie verbrannt hat. Das ist hier so üblich; aber ich werde diesen Provinzgouverneur zur Rechenschaft ziehen.«

Dennoch wertete der Franzose allein schon die Kaperung des Dampfschiffes als persönlichen Erfolg, er ließ Raki-Schnaps bringen und prostete seinem Assistenten und der Mannschaft unter schallendem Gelächter zu: »Na, wie haben wir das gemacht?«

In ausgelassener Stimmung schwenkten sie ihre Gläser und tanzten um den leeren Holzsarg herum, der noch immer auf dem Tisch stand. »Ein Kretin ist das, dieser Provinzgouverneur!« rief Mariette immer wieder. Der Alkohol tat seine Wirkung. »Ein Kretin!«

Spät in der Nacht – die Mannschaft hatte sich längst zurückgezogen – lehnten Mariette und Dévéria mit schweren Köpfen an der Wand und betrachteten all die Schätze, die um sie herum aufgereiht lagen. Mariette redete stockend und kündigte an, er werde dem Pascha ein Halsband der Königin für dessen Lieblingsfrau zum Geschenk machen. Said selbst solle diesen prachtvollen Skarabäus als Glücksbringer erhalten. Der Schatz der Königin Ahotep werde zur Zierde des Museums gereichen. Zwar sei die wissenschaftliche Ausbeute gering, Wert und Kostbarkeit würden diesen Fund jedoch aus allen bisherigen Entdeckungen hervorheben ...

Mariette unterbrach seine Rede abrupt, deutete erschreckt auf den Tisch, wischte sich mit einer schnellen Handbewegung über die Augen und stammelte: »Dévéria, sieh nur!«

Der Assistent musterte den Sarkophag mit zusammengekniffenen Augen, jetzt sah auch *er* es: Ganz langsam, ohne fremdes Zutun, begann der Sarkophag sich vor ihren Augen in Staub aufzulösen, bröckchenweise.

»Siehst du es auch?« schrie Mariette seinen Assistenten an, »Dévéria, siehst du es?«

»Ja, ich sehe es«, stotterte Dévéria, »der Sarkophag zerfällt!«

»Wir müssen etwas tun!« rief Mariette und versuchte mit beiden Händen, den Vorgang aufzuhalten. Doch sobald er das Holz berührte, stürzten auch die letzten Reste in sich zusammen und hinterließen unscheinbare Häufchen graubraunen Pulvers.

Sie trug weite Pluderhosen und ein rotes ärmelloses Jäckchen, rauchte Zigarre und legte ein so herrisches Benehmen an den Tag, daß man sie durchaus für einen Mann hätte halten können. Doch beim näheren Hinsehen faszinierten ihr schönes, weiches Gesicht und dunkle Augen über kräftigen Brauen. Ihr Profil glich einer griechischen Göttin, und das lange, dunkle Haar trug sie mittelgescheitelt eng anliegend und am Hinterkopf hochgesteckt, wie es Mode war damals, eine Frau, der die Männer zu Füßen lagen.

Lady Duff Gordon, so hieß die exzentrische Dame von vierzig Jahren, reiste in Begleitung ihrer Zofe Sally, die sie aus England mitgebracht, und ihres Dieners und Dolmetschers Omar, den sie in Kairo für einen Monatslohn von drei Pfund angeworben hatte. Mindestens zehn Koffer und Reisetruhen wurden in Luxor von Bord des Postdampfers getragen, während die Lady nach einer offiziellen Begrüßung Ausschau hielt. Aber da nahten auch schon Mustafa Aga, der britische Konsul von Luxor, und der Nazir, der Bürgermeister der Wüstenstadt.

»Willkommen in Oberägypten!« rief der Konsul von weitem, und der Nazir gab seiner Freude Ausdruck, der Lady für einige Monate Gastfreundschaft gewähren zu dürfen, das *Maison de France* befinde sich gleich hier gegenüber der Anlegestelle. Die beiden Männer bekamen große Augen, als sie die Lady näher in Augenschein nahmen: Sie waren mit einer schönen Frau konfrontiert, die Selbstbewußtsein ausstrahlte. Avisiert worden war ihnen eine lungenkranke Dame der englischen Gesellschaft, die im trockenen Wüstenklima der Stadt Luxor überwintern wolle, gekommen war eine attraktive Frau von immer noch jugendlichem Aussehen, die mit größter Selbstverständlichkeit auf der Straße eine Zigarre rauchte.

»Sie *sind* doch Lady Duff Gordon?« erkundigte sich der verunsicherte Konsularagent.

»Muß ich mich ausweisen?« fragte die Lady zurück, doch der Nazir beschwichtigte die Besucherin, es sei nur, weil sie eine kränkelnde Dame erwartet hätten, sie jedoch eher den Eindruck blühenden Lebens vermittle.

»Kunststück«, meinte die Engländerin, »in diesem Klima muß man sich doch wohl fühlen; im Londoner Novembernebel huste ich mir jedes Jahr die Lunge aus dem Leib.« Und dabei streifte sie gekonnt mit dem rechten kleinen Finger die lange Asche ihrer Zigarre ab, die sie ebenfalls in der Rechten hielt.

»Es ist nicht sehr komfortabel«, entschuldigte sich Mustafa Aga und deutete auf das seltsame Schloß auf den Säulen des Luxor-Tempels, »aber wir werden Ihnen bei der Einrichtung behilflich sein, so gut es geht. Sie brauchen nur Ihre Wünsche zu äußern.«

Lady Gordon bedankte sich, bemerkte jedoch, sie könne sich durchaus einschränken, auf dem Dampfschiff von Kairo habe sie auch nur eine winzige Kabine zur Verfügung gehabt, zusammen mit Sally und Omar. Sally schlief neben ihr, Omar zu ihren Füßen. Der Aga und der Nazir wunderten sich.

Vom *Maison de France*, das wie ein Spukschloß auf dem Tempel hing, zeigte sich die Ankommende begeistert, erkundigte sich nach dem Alter des Gebäudes und wollte wissen, wer es erbaut habe.

Mustafa Aga gab bereitwillig Auskunft und berichtete nicht ohne Stolz, welch bedeutende Männer schon auf den Säulen von Luxor genächtigt hätten. Errichtet habe das Schloß der englische Konsul Henry Salt vor einem halben Jahrhundert. Ob sie von Salt schon gehört habe.

Die Lady lachte: »Und ob ich von ihm gehört habe! Das British Museum ist voll von seinen Schätzen. Jedes Kind in England kennt den riesigen Memnon ...«

Der Nazir fiel der schönen Engländerin ins Wort: »Salt gab nur den Auftrag für den Transport, ausgeführt wurde das Unternehmen von Belzoni. Auch Belzoni lebte einige Wochen im *Maison de France,* als er den Transport des Steinkolosses überwachte. Dort drüben« – er zeigte über den Fluß – »dort hat man ihn gefunden. Irgendwann vor 30 Jahren wohnten Champollion und sein Assistent Rosselini im Schloß, und zwei Jahre später diente es der ganzen Schiffsmannschaft als Unterkunft, die von der französischen Regierung ausgesandt war, um den großen Obelisken nach Paris zu holen. Seither wird es vornehmlich von französischen Ausgräbern genutzt; daher auch der Name.«

Während Sally und Omar sich um das Gepäck kümmerten, stiegen die beiden Männer mit der Lady die schmale Steintreppe zum Schloß empor. Galli du Maunier, seit zwanzig Jahren der einzige regelmäßige Bewohner des *Maison*, reichte Kaffee zur Begrüßung, brachte seine Camera obscura in Anschlag und machte, unterstützt von einem Pulverblitz, eine fotografische Aufnahme zur Erinnerung. Leider werde er demnächst ausziehen.

Für die Lady war ein Raum gegenüber dem Trakt vorbereitet, den der Franzose bewohnte. Teppiche lagen übereinander, und ein Diwan mit Tischchen stand ziemlich verlassen herum, ein alter intarsiengeschmückter Kasten konnte gerade das Notwendigste aufnehmen, dafür gab es nach Südosten eine Terrasse, deren Aussicht für vieles entschädigte. Sally und Omar fanden im Rückgebäude Unterkunft, wohin sie das fürs erste nicht benötigte Gepäck brachten. Mit einer Verbeugung zogen sich der Aga und der Nazir zurück, sie würden morgen wieder nach dem Rechten sehen.

»Sie ist eine schöne Frau!« sagte der Konsul, als sie sich außer Hörweite glaubten. Der Nazir pflichtete bei: »Und eine außergewöhnliche Frau obendrein. Ich hoffe nur, daß sie nicht allen Männern in Luxor den Kopf verdreht!«

Geweckt wurde die schöne Engländerin vom strahlenden Glanz eines Morgens, wie ihn nur der Himmel Oberägyptens werden läßt. Ihr linker Daumen schmerzte, und da er eine Verletzung aufwies, an die sie sich beim besten Willen nicht erinnern konnte, kam Lady Gordon zu dem Schluß, daß sie des nachts von einer Ratte angeknabbert worden sein mußte. »Lucie«, sagte sie halblaut vor sich hin, »das soll nicht wieder passieren!«

Während sie hurtig in ihre türkischen Pluderhosen schlüpfte, blickte sie interessiert zur Nillände hinab, wo ein stattliches Dampfschiff festmachte. Neugierig ob des frühen

Besuches trat sie auf die Terrasse und beobachtete die Geschäftigkeit an Deck. Kaum war die Landungsbrücke an Bord gehievt, schritt ein Mann im dunklen Gehrock, den roten Fez auf dem Kopf, über die schwankenden Bohlen. Der imposanten Erscheinung folgte in gebührendem Abstand eine Schar ebenso elegant gekleideter Europäer. Erhobenen Hauptes und rhythmisch mit den Armen wedelnd, marschierte der stattliche Herr geradewegs auf das *Maison de France* zu, die Begleiter hinter ihm versuchten mühsam Schritt zu halten. Vor dem Balkon der Lady blieb er plötzlich stehen, blickte mit schrägem Kopf nach oben und verneigte sich lächelnd zu einem Gruß.

Lady Gordon erschrak, sie bemerkte plötzlich, daß sie nabelaufwärts nackt war. Sie riß hastig die Arme vor die Brust und verschwand, um sich schnell etwas überzuziehen. Die Männer waren inzwischen im Innenhof angelangt, und als die Engländerin die Türe öffnete, stand der stattliche Mann vor ihr und sagte freundlich: »Gestatten Sie, mein Name ist Auguste Mariette.«

»Dann verdanke ich Ihnen diese bezaubernde Unterkunft?« meinte die Lady, aber Mariette winkte ab: »Nicht der Rede wert, Madame. Die meiste Zeit steht das *Maison* sowieso leer. Ich hoffe, Sie fühlen sich bald wohl bei uns!«

»Davon bin ich überzeugt«, antwortete die Engländerin, »vorläufig ist alles noch zu neu für mich. Ich habe mich hier noch gar nicht so recht umgesehen.«

Mariette kündigte an, er werde nach der größten Hitze am Nachmittag über den Nil setzen, um die Fortschritte bei den Ausgrabungen am Terrassentempel in Augenschein zu nehmen. Wenn sie wolle, könne sie mit ihm kommen, er werde sich erlauben, Madame abzuholen.

Maunier kam verschlafen aus seiner Haustüre und wurde von Mariette lautstark begrüßt. »Mein Freund«, rief er dem Landsmann auf französisch zu, »Sie haben sich unschätzbare Verdienste erworben. Wenn Sie nicht gewesen wären, dann wäre der Schatz der Königin heute verstreut, und die einzelnen Stücke würden auf dem schwarzen Markt verkauft.« Er erklärte Lady Duff Gordon, daß Maunier von der Entdekkung des Grabschatzes der Königin Ahotep Wind bekommen und den Fund der Direktion für Altertümer in Kairo gemeldet habe. Er, Mariette, habe daraufhin den Provinzgouverneur von Kairo mit der ordnungsgemäßen Bergung des Schatzes beauftragt, seinen Männern aber schließlich den Schatz gewaltsam entreißen müssen.

»Was mich vor allem interessiert«, meinte Mariette, »war der Sarkophag bei seiner Auffindung bereits aufgebrochen?«

»Ich war nicht dabei«, antwortete Maunier, »aber wie ich erfuhr, mußte der Sarkophag aufgesägt werden.«

»Dann lag also in dem Sarkophag die Mumie der Königin!«

»Ja, soviel ich weiß, ja. Man hat sie herausgeholt und verbrannt.«

Mariette ballte die Fäuste. Gemeinsam nahmen sie im luftigen Innenhof das Frühstück ein: Mariette, sein Assistent Théodule Dévéria und Luigi Vassali, Maunier und seine schwarzhaarige Frau und Lucie Duff Gordon. Man sprach französisch, italienisch und englisch durcheinander.

Nach dem Frühstück machte die schöne Engländerin sich in Begleitung Omars auf den Weg, um sich ihre neue Winterheimat näher anzusehen. In der Sharia el-Markaz pulsierte das Leben des unberührten Orients: Fliegende Händler, die ihren Laden auf dem Kopf trugen, Scheichs, die Sklaven vor sich hertrieben, lautstark teilten sich Menschen und Tiere die Straße. Lady Gordon fiel in ihrer orientalischen Tracht kaum auf. Nur ein trotz europäischer Kleidung exotisch aussehender Mann mit buschigem Schnauzbart schien sie zu bemerken.

Ob er ihr behilflich sein könne, fragte er zuvorkommend auf deutsch. Die Lady, die fließend deutsch sprach, seit sie in Kindertagen mit ihren Eltern einige Jahre in Köln verbracht hatte, wunderte sich. Er heiße Boulos Todrous, sagte der Unbekannte, sei preußischer Konsularagent, obendrein Christ, ob sie sich für antiken Schmuck interessiere. Natürlich interessierte Lucie sich für Schmuck. Todrous bat die Engländerin, ihm zu folgen.

Das weitere Gespräch der beiden mußte mit Omar als Dolmetscher geführt werden, weil der Vertreter Preußens eingestand, nicht mehr als zwei Sätze deutsch zu sprechen. Allah habe gewollt, daß er arabisch spreche, sonst hätte er ihn in Berlin, London oder Paris in die Welt gesetzt. Lucie lächelte.

»Nennen Sie mich einfach Theodore!« sagte der Konsul, »ganz Luxor nennt mich so.«

Das Konsulat lag nicht weit vom *Maison de France* entfernt im ehemaligen Tempel Amenophis III. Die Haustür führte direkt in den Salon, »Salon« nannte freilich nur Theodore diese mit tausenderlei Krimskrams verstellte Kammer.

Todrous legte sich bäuchlings auf den Boden und tauchte mit dem Kopf unter den grellgemusterten Diwan, schließlich zog er eine Kiste hervor, und sein Blick verklärte sich. Aus gelbem Seidenpapier wickelte der Konsul ein Schmuckstück nach dem anderen, legte es vorsichtig auf den Teppich und sagte jedes Mal andächtig: »Kadim, Madame, alt!«

Lucie war begeistert von der pharaonischen Pracht. Der Gedanke, ein solch kostbares Stück auf dem Dekolleté zu tragen, ermunterte sie zu der Frage, was denn das eine oder andere koste. Dem christlichen Araber waren derlei Fragen sichtlich peinlich. Gerne, so schien es, trenne er sich nicht von diesen Pretiosen. Dann aber überwand er sich und sagte: »Weil Sie es sind – 25 Pfund.«

»Das ist sehr viel Geld«, sagte Lady Gordon und legte das schönste Schmuckstück von einer Hand in die andere.

Es sei aber auch über dreitausend Jahre alt und deshalb von unermeßlichem Wert.

Nach einigem Hin und Her einigte man sich schließlich auf einen Kaufpreis von zwanzig Pfund, Lucie war selig.

Als Auguste Mariette den stolzen Erwerb der englischen Lady sah, sagte er nur ein Wort: »Todrous.« Lucie nickte. Er rief sofort nach Dévéria, der ihm auf der Stelle diesen Boulos Todrous herbringen solle. »Wissen Sie«, erklärte der Direktor der ägyptischen Altertümer, »dieser Todrous ist ein gerissener Hund. Die Leute von el-Kurna verkaufen ihm ihre illegalen Funde, das ist allgemein bekannt. Wenn er deshalb etwas anbietet, zweifelt niemand an der Echtheit. Dabei ist mindestens die Hälfte aller Objekte gefälscht. Todrous ist der größte Fälscher in Luxor. Er ist gelernter Silberschmied und nützt seine Kenntnis in der Bearbeitung von Edelmetallen zur Nachahmung antiker Fundstücke. So wie in diesem Fall.«

»Aber Sie haben sich das Schmuckstück doch gar nicht richtig angesehen!« entsetzte sich Lucie, »warum glauben Sie an eine Fälschung?«

Mariette lächelte: »Weil das Original in meinem Besitz ist. Es stammt aus dem Schatz der Königin Ahotep und kann im Museum in Kairo besichtigt werden.«

Theodore wußte, warum er gerufen wurde. Er winkte beim Eintreten mit der Zwanzig-Pfund-Note, gab sie zurück, nahm das Schmuckstück in Empfang und verschwand, ohne daß ein Wort gewechselt wurde.

Während der Überfahrt zum jenseitigen Nilufer erzählte Mariette von seinen neuesten Ausgrabungen in Sakkara. Dort hatte er nahe dem Serapis-Tempel die Gruft eines reichen Edelmannes aus der 5. Dynastie entdeckt. Er hieß Ti und war der Verwalter der königlichen Totentempel, keine Figur von Bedeutung also. Was die Stätte aber höchst bedeutungsvoll machte: Die Wände eines Pfeilerhofes spiegelten den gesamten Alltag dieser Zeit wider. Da sah man auf feinsten Hochreliefs, wie Herr Ti Jahrtausende vor der Zeitenwende gelebt hat, wie die Bauern im Delta das Vieh weideten und Ti als feudaler Gutsherr die Landwirtschaft überwacht. Auch Opferzeremonien wurden bis ins kleinste Detail genau abgebildet und dargestellt, wie der Edelmann ins Jenseits einging.

»Sie sollten sich das bei Gelegenheit einmal ansehen«, meinte Mariette, »denn das Leben im Alten Reich finden Sie nirgends besser dargestellt. Dann kann ich Ihnen auch meinen Dorfschulzen vorstellen.« Er lachte breit. »Er heißt Ka-aper und war Hofbeamter zur Zeit des Ti. Als wir seine lebensgroße Holzstatue fanden, liefen die Arbeiter davon, so lebensecht wirkt sie. Besonders der Kopf ist verblüffend lebendig, die Augen sind aus Kupfer und mit Kristall eingelegt, sie sehen einen an, wo immer man steht. Später erfuhr ich dann, warum meine Arbeiter geflohen waren. Ka-aper sah ihrem Dorfschulzen nicht nur ähnlich, er glich ihm aufs Haar. Und so tauften sie die Figur Schech-el-Beled – Dorfschulze.«

Lady Duff Gordon sah den Forscher eine Weile an; dann fragte sie unvermittelt: »Sind Sie eigentlich verheiratet, Monsieur Mariette?«

»Warum fragen Sie?«

»Nun, wenn man Ihnen so zuhört, dann kann man sich schier nicht vorstellen, daß Sie für eine Frau überhaupt noch Zeit haben.«

»Sie haben recht, Madame, das ist ein Problem.« Er holte eine vergilbte Daguerreotypie aus der Tasche. »Sie heißt Éléonore, und wir haben vor zwanzig Jahren geheiratet. Erst lebte sie allein in Paris, während ich hier arbeitete, nun ist sie aber schon über zehn Jahre bei mir in Kairo. Wir haben einen Sohn, er heißt Edouard. Und Sie?«

»Einen Sohn und zwei Töchter«, antwortete die Lady.

Mariette hätte sich gern nach dem Gemahl der attraktiven Dame erkundigt; aber das hielt er für ungehörig. Lucie schien die Gedanken ihres Gegenübers zu erraten und sagte: »Mein Mann ist Beamter im Finanzministerium. Ich glaube nicht, daß er mich sehr vermißt.«

Mariette verstand.

Der Tempel von Der el-Bahari hatte sich seit seinem letzten Besuch sehr verändert. Von der unteren Ebene führte eine hohe Schrägrampe zur zweiten Terrasse. Von einer weiterführenden Schrägrampe getrennt, hatten die Ausgräber zur Linken die sogenannte Punt-Halle mit den Wandbildern von der abenteuerlichen Expedition freigelegt, zur Rechten lag die Geburtshalle, genauso groß wie erstere, jedoch mit Szenen von der Zeugung Hatschepsuts durch Amun, ihrer Geburt und Erziehung ausgeschmückt. An die Ausgrabung eines dritten Bauwerkes, das man unter den Geröllmassen vermuten konnte, war vorläufig nicht zu denken; denn jeder Korb Sand und Gestein, der am Fuße des Berges weggetragen wurde, rutschte von oben nach.

In den Säulen des Hatschepsut-Tempels hatte sich mit Billigung Mariettes ein junger deutscher Forscher eingenistet, ein etwas merkwürdiger Mann, verschlossen und zurückhaltend, aber arbeitsbesessen. Er hieß Dr. Johannes Dümichen, wollte ursprünglich Pfarrer werden, war dann aber von den Berichten Richard Lepsius' so fasziniert, daß er sich der Ägyptologie verschrieb. Wie alle deutschen Ägyptologen bewies er ungewöhnliches Talent bei der Entschlüsselung von Hieroglyphentexten, und wie alle Deutschen war er arm wie eine Kirchenmaus.

Er hatte eine Ein-Mann-Expedition nach dem Sudan hinter sich, von der er unschätzbare Dokumente mitbrachte. Was immer dem Doktor aus Schlesien als wichtig erschien an Tempel-, Grab- und Steininschriften, Dümichen hatte es in oft wochenlanger mühsamster Arbeit auf Packpapier kopiert, abgepaust oder gezeichnet, um es einem größeren Kreis von Wissenschaftlern in Europa zugänglich zu machen. Die Tempel in Nubien waren zu damaliger Zeit nur unter Einsatz des Lebens zu erreichen.

Der wortkarge Hieroglyphenforscher zeigte sich hocherfreut, als ihn Lady Gordon in seiner Muttersprache anredete, und erbot sich, der schönen Engländerin das Tal der Könige

Der Terrassentempel der Hatschepsut in Der el-Bahari nach der ersten Ausgrabungsphase.

und all die Sehenswürdigkeiten im westlichen Theben zu zeigen; man verabredete sich für den nächsten Tag.

Lucie schlief unruhig in dieser Nacht. Überwältigt von den zahllosen neuen Eindrücken, dem exotischen Leben und den sie beeindruckenden Menschen wurde sie immer wieder wach und versuchte, aufs neue Schlaf zu finden. Doch dann schreckte sie hoch: Hatte sie das zaghafte Klopfen an ihrer Tür nur geträumt? Nein, die Türklinke quietschte. Lucie entzündete eine Kerze, stieg aus dem Bett und ging zur Tür. Langsam bewegte sich die Klinke auf und ab.

»Wer ist da?« rief Lucie leise.

Eine alte zitternde Stimme antwortete: »Hier ist Ismain, der alte Ismain. Sie sind in Gefahr, Mrs. Belzoni!«

»Ich bin nicht Mrs. Belzoni!« flüsterte Lucie durch die geschlossene Tür, »ich bin Lady Duff Gordon!«

»Ich weiß«, kam die Stimme zurück, »ich bin Ismain, der alte Ismain, mir können Sie Vertrauen schenken.«

Die Hartnäckigkeit des Alten machte sie neugierig, und Lucie schob den Riegel zurück. Im Türspalt tauchte das zerfurchte Gesicht eines uralten Mannes auf, hundert Jahre oder noch mehr schienen sich in diese Züge eingegraben zu haben, nur seine hellwachen Augen verrieten, daß er so alt wohl nicht sein konnte.

»Niemand hat mich kommen sehen, Mrs. Belzoni«, sagte er zufrieden und drückte mit seiner dürren Hand die Türe auf. Lucie ließ den Alten eintreten, sie stellte die Kerze auf den Tisch und trat ganz nahe an den Unbekannten heran. »Hören Sie, Ismain«, sagte sie eindringlich, »mein Name ist Lucie Duff Gordon, ich bin vor zwei Tagen hier angekommen und habe mit der Mrs. Belzoni, die Sie suchen, nichts zu schaffen!«

»Aber ich erkenne Sie ganz gewiß, Mrs. Belzoni«, erwiderte Ismain entrüstet, »wir waren zusammen in Abu Simbel, Sie, Mister B. und ich. Sie können mir wirklich vertrauen. Ismain ist Ihr Freund.«

»Wer, zum Teufel, ist Mister B.?« fragte Lucie.

»Ihr Mann, Mrs. Belzoni; nennen Sie ihn nicht mehr Mister B.?«

»Also zum letztenmal, Ismain: Ich bin nicht Mrs. Belzoni, mein Mann heißt Alexander und nicht Mister B., und Abu Simbel kenne ich nur vom Hörensagen, und jetzt möchte ich gerne weiterschlafen!«

Ismain gab nicht auf: »Wir haben den Felsentempel von Abu Simbel entdeckt. Erinnern Sie sich nicht? Es war am 1. August 1817, früh am Morgen, wir hatten gerade diesen breiten Türsturz aus den Sandmassen ausgegraben, und darunter klaffte ein Loch. Auf einer Sanddüne rutschten wir in das Innere, ohne Rücksicht, ob wir jemals wieder herauskommen würden. Mister B. zündete eine Kerze an. Und dann sahen wir, was seit 2000 Jahren kein menschliches Auge mehr geschaut hatte: Ramses als Totengott Osiris, achtmal höher als das höchste Haus. Und wir gingen den langen Weg in den Berg und fanden Nebenräume und Verliese, und Sie fürchteten sich, erinnern Sie sich, Mrs. Belzoni.«

Lucie hatte, während er redete, Ismain scharf beobachtet, um zu ergründen, ob sie einen Irren vor sich hatte. Ismain sprach in höchster Begeisterung, richtete seine Augen bisweilen theatralisch zur Decke und erzählte mit einem Temperament, das unschwer verriet, daß er das alles tatsächlich erlebt hatte. Und da sie den Greis nicht von ihrer wahren Identität überzeugen konnte, zündete sie sich eine Zigarre an, setzte sich halbbekleidet auf ihr Bett und hörte zu.

»Seit wann rauchen Sie?« fragte Ismain entrüstet, gab sich aber zufrieden, als er hörte, die Lady sei diesem Laster schon seit mindestens zehn Jahren verfallen. Schließlich meinte er, Lucie solle sich anziehen und mit ihm kommen, er bringe sie zu Mister B.

»Aber Belzoni ist doch seit 40 Jahren tot!« entrüstete sich Lady Gordon. »Soviel ich weiß, starb er auf einer Expedition am Niger.«

Ismain kicherte leise in sich hinein und wiederholte: »Ziehen Sie sich an und kommen Sie.«

Schwankend zwischen wachsender Neugierde und zu Vorsicht ratender Vernunft überlegte Lucie, was zu tun sei. Wollte der Alte sie in eine Falle locken?

»Hier können Sie nicht bleiben, Mrs. Belzoni«, sagte Ismain, »alle sind hinter Ihnen her, die Ausgräber aus el-Kurna, der französische Konsul Drovetti und der englische Konsul Henry Salt.«

Er muß verrückt sein, dachte Lady Duff Gordon, dieser Mann muß verrückt sein! Alle Welt wußte, daß Henry Salt tot war. Die Reiseberichte des Diplomaten und Sammlers wurden verschlungen, seinen Nachlaß hatte Sotheby's in einer Siebentage-Auktion versteigert. »Warum sind Salt und Drovetti hinter mir her?« fragte Lucie.

Ismain drehte die Handflächen nach außen. »Wissen Sie, Mrs. Belzoni, Mister B. ist als Ausgräber zu erfolgreich. Er hat in einem Jahr mehr ausgegraben als Generationen von Ausgräbern vor ihm, Abu Simbel, das Grab des Sethos im Tal der Könige, die Grabkammer der Chefren-Pyramide, und er hat jedesmal viel Geld verdient. Geld aber schafft Feinde, Mrs. Belzoni. Kommen Sie, bevor der Tag anbricht!«

Um Zeit zu gewinnen, sagte Lucie: »Können wir die Flucht nicht auf morgen verschieben, ich bin doch überhaupt nicht vorbereitet!«

Ismain sah die Lady prüfend an, als wollte er sagen: Sie mißtrauen mir wohl, Mrs. Belzoni?, sagte dann aber nichts, stand auf, ging zur Türe, drehte sich um und meinte: »Also gut. Morgen um dieselbe Zeit; aber verlassen Sie das Haus nicht. Es ist zu gefährlich, Sie wissen ja . . .«

Den Rest der Nacht verbrachte Lady Duff Gordon im Halbschlaf. Immer wieder überlegte sie, was es mit dem alten Ismain wohl für eine Bewandtnis hatte.

Am nächsten Morgen beim gemeinsamen Frühstück im Innenhof des Tempel-Schlosses berichtete Lucie von dem nächtlichen Besucher. Mariette entschuldigte sich, daß man die Lady nicht vorgewarnt habe. Der alte Ismain sei 97 Jahre alt, ein weiser alter Mann. Sein ältester Sohn sei geboren worden, als die Franzosen unter Napoleon in Luxor einmarschierten. Er selbst habe Belzoni als Führer nach Abu Simbel gedient und habe sie alle gekannt, die großen Forscher und Abenteurer: Burckhardt, Champollion, Lepsius. Nur leider habe sein Gedächtnis vor 50 Jahren ausgesetzt, heute erinnere er sich nur noch an Dinge, die vor mehr als 50 Jahren passiert sind. Ob er sie belästigt habe?

»Nein, nein!« beteuerte Lucie, »ich war von seinen Erzählungen fasziniert. Aber wie kann ich ihm nur erklären, daß ich nicht Mrs. Belzoni bin?«

Said Paschas militärische Aufrüstung und der umstrittene Bau des Suez-Kanals führten Ägypten an den Rand des Staatsbankrotts. Daß es nicht soweit kam, verdankte der Vizekönig allein den Vereinigten Staaten von Amerika. Die Amerikaner lieferten bis 1860 über 80 Prozent des europäischen Baumwollbedarfs. Für ägyptische Baumwolle zahlten die internationalen Broker bis dahin wenig. Als dann aber während des amerikanischen Bürgerkrieges die Baumwollieferungen nach Europa ausblieben, setzte ein Run auf ägyptische Baumwolle ein, die sich noch dazu als qualitativ sehr hochwertig erwies. Der Preis stieg im Sommer 1862 auf das Vierfache, und noch bevor der Republikaner Abraham Lincoln den Bürgerkrieg für sich entscheiden konnte, gab es am Nil einen glücklichen Gewinner: Said Pascha. Ihm gehörten ein Fünftel des kultivierten Landes, und für den Anbau des einjährigen Malvengewächses herrschten in Ägypten ideale Voraussetzungen. Ein entsprechendes Dekret des Khediven erlaubte den Fellachen seit einigen Jahren privaten Landbesitz, und als diese erst einmal gemerkt hatten, wieviel Geld mit Baumwolle zu verdienen war, da nahm ihr Anbau einen unerwartet steilen Aufschwung.

Said Pascha war es nicht vergönnt, die Früchte dieser Entwicklung zu genießen. Er starb im Januar 1863 an Tuberkulose. Sein Neffe Ismail trat an seine Stelle, allerdings ohne den Titel eines Khediven. Nicht einmal die, die ihn kannten, hätten erwartet, daß Ismail, der französisch erzogene und akademisch gebildete Kosmopolit, sich zu einem orientalischen Potentaten entwickeln würde. Was immer er anfaßte, geriet pompöser und prächtiger als die Hinterlassenschaften seiner Vorgänger, und bald schon hatte Ismail den Beinamen »der Prächtige«.

Ismail setzte seinen ganzen Ehrgeiz drein, Kairo dem Niveau europäischer Metropolen anzunähern oder es sogar zu übertreffen. Noch ehe Pariser Boulevards von Gaslaternen erhellt wurden, machten bei Einbruch der Dämmerung Kairoer Laternenanzünder in Turban und Kalabija die Runde. Zu seinen Lieblingsprojekten gehörten das Opernhaus, ein Theater in Kairo und Paläste, Paläste, Paläste. »Jeder Mensch«, meinte er einmal, »hat seine kleine Verrücktheit. Meine Verrücktheit sind Bausteine und Mörtel.«

Vom Palast auf der Zitadelle von Kairo hatte Mohammed Ali einmal gesagt: »Solange meine Nachkommen die Zitadelle in Besitz halten, so lange herrschen sie über Ägypten.« Dieser Palast erschien Ismail als Residenz viel zu heruntergekommen und altmodisch, er ließ deshalb den Abdin-Palast errichten, welcher fortan den Vizekönigen am Nil als Regierungssitz diente. Daneben entstanden aber auch der Insha-Palast, der Ismailia-Palast mit der größten Parkanlage von allen, ein Palast auf der Nilinsel Gesira, der Giseh-Palast, der Zaaferan-Palast östlich von Kairo am Rande der Wüste und ein kleiner, aber feiner Palast in der östlichen Provinz Sharkia, in dem Ismail nur insgesamt vier Stunden seines Lebens verbrachte.

Aber Ismail Pascha vernachlässigte auch die Provinz nicht. Er errichtete Brücken, Kanäle und Zuckermühlen. Unter seiner Regentschaft wurde Alexandria zum größten Hafen des

Mittelmeeres ausgebaut. Oberägypten erhielt Eisenbahnanschluß, und eine Telegraphenlinie ließ er bis in den Sudan verlegen.

In der Wüste südöstlich von Kairo, am Abhang des Mokatam-Gebirges bei der Ortschaft Heluan, wurde ein mondäner Kurort aus dem Sand gestampft. Schwefelquellen sprudelten hier seit alters her und versprachen heilsame Wirkung. Jetzt wurde fruchtbare Erde aus dem Delta herbeigeschafft, ein quadratisches Straßennetz angelegt und ein Grandhotel nach dem Vorbild gleichrangiger Etablissements an der Côte d'Azur errichtet. Und da er einheimischen wie ausländischen Badegästen einen 30-Kilometer-Kamelritt ersparen wollte, baute Ismail eine direkte Eisenbahnlinie nach Heluan. Durch die uralte Siedlung legte er moderne Straßenzüge mit Bäumen und Arkaden, und es war kaum zu übersehen, daß dabei die Pariser Rue de Rivoli Pate stand. 30000 Arbeiter legten schließlich in nur drei Monaten auch eine schnurgerade Prachtstraße zu den Pyramiden durch den Wüstensand.

Dem Kanal-Projekt stand Ismail Pascha kaum weniger aufgeschlossen gegenüber als sein Vorgänger Saïd – mit Einschränkungen allerdings: Daß ein schmaler Landstreifen zu beiden Seiten des Kanals laut Vertrag zum Besitz der Kanalgesellschaft gehörte, war dem Pascha ebenso ein Dorn im Auge wie die unentgeltlichen Dienstleistungen der 35 000 Arbeiter, die zum Kanalbau eingesetzt wurden.

Die Forderungen des neuen Vizekönigs trafen die *Compagnie Universelle du Canal Maritime de Suez* gerade zu einem Zeitpunkt, da sie sich ohnehin in finanziellen Schwierigkeiten befand. Sollte sie auch noch Tausende von Arbeitskräften bezahlen, so drohte der Bankrott des Unternehmens. Doch Ferdinand de Lesseps, als Konstrukteur und Geschäftsmann gleichermaßen genial, fand auch diesmal einen Ausweg aus der Krise. Er überzeugte Kaiser Napoleon III. von der nationalen Notwendigkeit des Kanals für Frankreich und erhielt eine Finanzspritze von 84 Millionen Francs.

Lesseps hatte aus allen Teilen der Welt Facharbeiter ins Land geholt. Als er auch noch gigantische Bagger und Maschinen zu Schiff aus Frankreich herbeischaffte, die lustlosträge Arbeiter ersetzten, kam die Compagnie plötzlich mit 6000 Mann aus. Und die Eröffnung des ersten Teilstückes von Port Said zum Timsah-See bekehrte auch die letzten Zweifler.

Die Arbeiter, die der Kanalbau plötzlich freistellte, überschwemmten Kairo wie eine Flutwelle; sie verdingten sich bei den zahllosen öffentlichen Bauprojekten gegen gutes Geld und gaben es mit vollen Händen für Kleidung, Haschisch

Bauarbeiten am Suezkanal.

und Frauen aus. Für kirgisische Sklavinnen von edler weißer Hautfarbe zahlten sie Phantasiepreise, behängten sie mit Glitzerschmuck und brachten sie im Triumphzug in ihre Heimatdörfer. Gleichzeitig entstand in Kairo und Alexandria eine neue Schicht von Geschäftemachern und Spekulanten, Bankern und Betrügern. Am Nil hielt das Zeitalter der Eisenbahn- und Dampfschiffahrtgesellschaften, der Firmensyndikate und Bankgesellschaften Einzug. Ägypten wurde zum Land der unbegrenzten Möglichkeiten.

Aber ebenso schnell, wie er gekommen war, flaute der Baumwoll-Boom ab. Ismail Pascha wurde jedoch das Gefühl, im Mittelpunkt der Welt zu stehen, nicht los, er investierte, produzierte und lebte weit über seine Verhältnisse. Europäische Banken dienten ihm ihr Geld an. Der orientalische Pomp, mit dem Ismail sich umgab, war Sicherheit genug. Mit gekreuzten Beinen auf dem Diwan empfing der gedrungene Pascha, angetan mit dem türkischen Sambouli, einem dunklen, durchgeknöpften Gehrock, die Offerten des europäischen Geldadels. Goschen, Bischofsheim, Oppenheim und Rothschild vergaben Staatsanleihen. Und es schien, als brauche Ismail nur an seiner Wunderlampe zu reiben, und immer neue Wunder wurden Wirklichkeit.

Das einzige, was diesem Land noch fehlte, war seine Vergangenheit.

V.
Der schleichende Tod

Professor Lepsius wanderte mit dem Zeigefinger über die Hieroglyphen und bewegte, kaum merklich, die Lippen. Sein Assistent wagte nicht, ihn zu unterbrechen, er wagte nicht einmal, die getötete Schlange fortzuschaffen, er spürte nur, daß Lepsius auf etwas ungeheuer Wichtiges gestoßen sein mußte.

»Brugsch, mon ami!« rief Auguste Mariette, daß es über den Bahnsteig hallte. Die Eisenbahn von Alexandria war soeben zischend und prustend eingefahren. Ein wildes Durcheinander von Reisenden, Wartenden, Gepäckträgern und Händlern herrschte; dazwischen zwei Männer, die sich, mit Tränen in den Augen, umarmten.

»Habe ich es nicht gesagt«, wiederholte Mariette immer wieder, »habe ich es nicht gesagt: Sie kommen wieder!«

Brugsch nickte verlegen, schob seine Frau Pauline vor sich her und seinen jüngeren Bruder Emil und sagte leise: »Das ist Mariette, mein Freund Mariette.« Der Riese drückte den beiden die Hand, daß es schmerzte, und zu der Frau an seiner Seite sagte er: »Éléonore, mein Freund Brugsch, seine Frau, sein Bruder Emil!«

Mit ein paar Handbewegungen dirigierte der Franzose eine Schar von Lakaien, die sich um das Gepäck der Ankommenden kümmerten. Als sie in das quirlige Leben des Bahnhofsplatzes traten, wo eine eigens für sie geschmückte Kutsche auf sie wartete, meinte Mariette an Pauline gewandt: »Wie schön, daß Sie Ihren Mann begleiten, ohne Sie würde er es wohl nicht lange aushalten.«

»Es war nicht einfach, Pauline zu überzeugen, es kostete meine ganze Überredungskunst«, erwiderte Brugsch, »ich mußte sogar versprechen, auf Ausgrabungen zu verzichten ...«

Mariette fiel seinem Freund ins Wort: »Aber darüber ist sicher noch nicht das letzte Wort gesprochen! Wenn Madame Brugsch erst einmal die Pyramiden gesehen hat, Luxor und das Tal der Könige – wird sie ihre Meinung sehr schnell ändern.«

Pauline versuchte zu lächeln. Brugsch fügte hinzu: »Vorausgesetzt, mein Amt läßt mir überhaupt Zeit dazu.«

Das Amt, von dem der Preuße sprach, war ehrenhaft, und Heinrich Brugsch hatte keinen Augenblick gezögert, als man ihm antrug, das preußische Konsulat in Kairo zu übernehmen. Er hatte in Berlin alle Zelte abgebrochen, und das vorgesehene Jahresgehalt versprach ihm, Ehefrau Pauline und Bruder Emil ein gesundes Auskommen – Brugsch glaubte das jedenfalls.

»Gewiß werden Sie viel zu tun haben«, meinte Mariette. »Ägypten hat sich sehr verändert seit Ihrer Abwesenheit. Das Baumwollfieber hat Spekulanten aus aller Welt ins Land gelockt. Jetzt, da der ganze Spuk vorbei ist, versucht einer den anderen zu übervorteilen. Sie werden es kaum für möglich halten, die Preise in Kairo stehen kaum hinter Berlin zurück. Früher, Sie wissen es, bezahlten wir mit Piastern, und große Ausgaben kosteten ein paar ägyptische Pfunde, heute könnte man meinen, die Landeswährung bestehe aus Napoleonsd'or und englischen Pfunden.«

»Vor allem die Mieten haben eine Rekordhöhe erreicht«, bekräftigte Brugsch, während er seiner Frau in die Kutsche half, »ich mußte für das Konsulat, eine Fünf-Zimmer-Wohnung, umgerechnet 3370 Thaler und 20 Groschen Abstandsgeld zahlen.«

»Ja, sind Sie denn verrückt?« schrie Mariette, »wofür denn?«

»Kein Mensch räumt heute bei dieser Wohnraumknappheit seine Behausung freiwillig; es sei denn, Sie sind bereit, ein sogenanntes Abstandsgeld zu entrichten.« Brugsch hob die Schultern. Die Kutsche näherte sich dem Esbekija-Garten. »Ganze Straßenzüge«, staunte der Preuße, »sind nicht wiederzuerkennen! Wo ist das alte, exotische Kairo?« Und an seine Frau gewandt: »Schau nur, Pauline, ist es nicht beinahe wie in Berlin? Ich glaube, du wirst dich hier wohl fühlen.« Aber Pauline schwieg.

Das angemietete Konsulat lag an der Sharia el-Muski im ersten Stock eines vornehmen Hauses, das auch die Büroräume mehrerer Außenhandelsfirmen beherbergte. Hinter dem von Säulen flankierten Eingangsportal saß ein livrierter Türsteher in einem an der Vorderseite verglasten Holzkasten und wachte über die Ein- und Ausgehenden.

»So vornehm logiere ich nicht, mon ami«, meinte Mariette spöttelnd, als er hinter den Deutschen die weiße Marmortreppe mit dem kunstvoll geschmiedeten Gitter emporging. »Dafür gedeiht vor unserem kleinen Häuschen in Bulak jetzt ein entzückender Garten, es wachsen sogar Palmen, Agaven und Kakteen, Éléonores ganzer Stolz.«

Madame Mariette faßte Pauline an der Hand und sagte: »Sie müssen uns gleich morgen besuchen. Jetzt, an den lauen Septemberabenden, wenn die Glaslampen zwischen den Palmen leuchten, ist es wirklich ganz bezaubernd. Sie kommen doch?«

»Aber gewiß doch«, versprach Pauline, »ich bin neugierig, den Schmuck der Königin Ahotep zu sehen. Die ganze Welt spricht davon . . .«

»Ich werde Ihnen den Schmuck umlegen, Madame«, erwiderte Mariette, »Sie werden sich fühlen wie eine ägyptische Königin vor mehr als dreitausend Jahren.«

Emil, um 15 Jahre jünger als sein Bruder Heinrich, war fasziniert von der Persönlichkeit des hünenhaften Franzosen. Heinrich hatte den Bruder mit nach Ägypten gebracht, um ihn unter Kontrolle zu haben; denn »der kleine Brugsch« – wie er überall genannt wurde – stand stets mit einem Fuß im Gefängnis. Gelernt hatte er Kaufmann, aber nach einer undurchsichtigen Betrugsaffäre war er nach Südamerika ausgewandert und hatte sich als Schauspieler durchgeschlagen – ein Lebenskünstler.

Die Wohnung der Familie Brugsch war geräumig und komfortabel möbliert. Der größte Raum gleich neben dem Entree diente als Konsulatskanzlei. Auf Brugsch wartete ein prunkvoller Schreibtisch. Während Lakaien Koffer und Reisekisten heraufschleppten, lehnten Brugsch und Mariette an diesem Schreibtisch und wurden nicht müde, in Erinnerungen zu kramen.

»Wenn ich an meine ersten Jahre in Ägypten denke« – Mariette lachte – »dann begreife ich es eigentlich bis heute nicht, wie ich es mutterseelenallein mitten in der Wüste ausgehalten habe.«

Auch der Preuße amüsierte sich: »Aber Sie konnten sich doch über mangelhaften Komfort nicht beklagen, wenn ich an das Duschbad in der Wüste denke . . .«

». . . und an das Dinner im Stiersarkophag . . .«

». . . und an meine Schlafstube neben der Mumie Chaemweses . . .«

Die Männer schlugen sich vor Vergnügen auf die Schenkel, ihr Gelächter hallte durch die Räume, und es dauerte eine ganze Weile, bis sie sich beruhigt hatten.

Der Bote ließ sich nicht abweisen, obwohl Omar drohte, ihn über die Treppen des *Maison* hinabzuwerfen: »Die Hakima muß kommen, und zwar sofort, unten wartet die Kutsche!«

Seit Lady Gordon eine Frau des Mudir mit Chinintabletten vom Fieber geheilt hatte, galt Lucie als Hakima, als Ärztin, und es wurden ihr beinahe magische Fähigkeiten nachgesagt. Der nächste Arzt, das nächste Hospital, waren 60 Kilometer entfernt in der Provinzhauptstadt Kena.

Obwohl es schon spät war, hielt Lucie ihren Diener zurück und erkundigte sich nach dem Begehr des Boten.

»Bitte, Hakima, kommen Sie schnell«, flehte dieser, »der kleine Sohn von Scheich Yussuf ist umgefallen. Er liegt da mit offenen Augen und offenem Mund, seine Lippen sind blau und die Hände kalt. Wenn Sie nicht kommen, muß er sterben! Bitte!«

Die Cholera! Für Lady Duff Gordon gab es keinen Zweifel. Obwohl sie auch nicht wußte, wie sie dem kleinen Yussuf helfen sollte, schulterte sie ihre Tasche mit der Hausapotheke, dem kostbarsten Besitz in dieser gottverlassenen Gegend. Sie hatte selbst panische Angst, jener unberechenbaren Seuche zum Opfer zu fallen, und es kostete sie viel Überwindung, zu dem Boten in die Kutsche zu steigen.

Dieser knallte dem Esel die Peitsche auf den Rücken, und das Grautier trabte mit dem Wagen durch die menschenleeren Straßen. Was sollte sie nur tun?

Es gab kein Mittel gegen Cholera, die seit dreißig Jahren immer wieder von Indien westwärts vordrang und Hunderttausende dahinraffte. Meist schleppten Mekka-Pilger die Seuche ein. Chinin, das weiße kristalline Wunderpulver aus Chinarinde, war das einzige Mittel, das Lucie zur Verfügung stand. Damit behandelte man schon seit Jahrzehnten Malaria, Herzrhythmusstörungen und Lungenentzündung.

Scheich Yussuf küßte der Engländerin die Hände, er weinte und stammelte: »Er darf nicht sterben, Hakima, er darf nicht sterben. Meine Felder, meine Tiere, alles soll Ihnen gehören, aber Yussuf darf nicht sterben!«

Lucie, die sich gerne nach außen hin kühl gab, um ihr verletzbares Inneres abzuschirmen, schluckte. Die Verzweiflung des Scheichs drohte ihre Kehle zuzuschnüren.

Als sie den kleinen Jungen erblickte, der zusammengekrümmt auf einem Polster lag, wußte Lady Duff Gordon sofort, daß jede Hilfe zu spät kam. Die verkrampften Gesichtszüge verrieten große Schmerzen. Lucie fühlte seinen Puls.

Erst spürte sie gar nichts; dann – endlich – unregelmäßige Herzschläge. Die Zeit von einem Pulsschlag zum anderen wurde immer länger, unendlich lang. Die Unregelmäßigkeit der Pulsschläge war zermürbend. Jeder konnte der letzte sein.

Yussuf und die Mutter des Jungen knieten auf dem Teppich, sie beteten im halblauten Singsang, schlugen mit ihrer Stirne hart auf den Boden. Ratlos blickte Lucie um sich; dann griff sie nach einem halbleeren Teeglas, holte aus ihrer Tasche ein Papiertütchen mit der Aufschrift »Laudanum« hervor, schüttete etwas von dem Pulver in das Glas und flößte dem kleinen Yussuf den Heiltrank ein. Yussuf gurgelte, schluckte, spie den Rest von sich, aber nach wenigen Augenblicken lösten sich die Verkrampfungen seines Körpers. Das Opiat tat seine Wirkung.

Der alte Scheich rutschte auf den Knien zu Lucie, versuchte ihre Hände zu fassen, aber sie entzog sie ihm. »Yussuf«, sagte sie, »Yussuf, es ist zwecklos. Sieh dir den Jungen doch an! Sein kleiner Körper ist blau unterlaufen. Es gibt keine Hoffnung mehr – die Cholera!«

Yussuf nickte und wandte den Kopf zur Seite, die Mutter des Jungen betete weiter. Obwohl sie nicht wußte, was noch zu tun sei, wagte Lucie nicht zu gehen. Zu dritt hockten sie um den sterbenden Jungen herum, starrten auf den schmächtigen, dunkelgefärbten Brustkorb, der sich kaum noch merklich hob und senkte.

Sie mochten wohl zwei Stunden so gesessen sein, als Lucie hochschreckte: Der kleine Körper zeigte keine Regung mehr. Lucie sprang auf, griff das Handgelenk des Jungen, dann sah sie den Scheich wortlos an.

»Hakima!« rief dieser, »Hakima!«

Die Lady nickte. Ohne ein Wort zu sagen, nahm sie ihre Medikamententasche und ging. Vor dem Haus zündete sie eine Zigarre an und blies den weißen Rauch in die Nacht. Der Kutscher wartete. Die Laternen flackerten.

»Er ist tot«, sagte Lady Gordon, während sie in die Kutsche kletterte. »Ich konnte ihm nicht mehr helfen.« Der Kutscher schwieg. Lucie sog den Rauch ihrer Zigarre ein wie eine kostbare Medizin. »Dabei sagt man«, begann sie von neuem, »die Cholera würde alle am Nil gelegenen Ortschaften verschonen, Nilwasser sei das beste Vorbeugungsmittel gegen die Seuche. Bring' mich nach Hause.« Lucie schloß die Augen.

Weil der Kutscher nicht reagierte, beugte sie sich nach vorne, gab dem Kutscher einen Schubs und rief: »He, Alter, fahr los!«

Langsam und lautlos sackte die Gestalt vor ihr zusammen, glitt scheuernd vom Kutschbock und klatschte laut auf die Straße. Es dauerte eine Weile, bis Lady Gordon begriff, was geschehen war. Sie sprang aus dem Wagen, warf den reglos daliegenden Kutscher auf den Rücken und starrte in ein verzerrtes, blau angelaufenes Gesicht: Der Mann war tot.

Als träfe sie die Schuld an seinem Ableben, blickte Lady Gordon sich hilflos um, ob niemand den Vorfall bemerkt habe, dann griff sie nach ihrer Medikamententasche und hetzte davon. Die Nacht war unruhig in dem sonst verträumten Provinznest Luxor. Aus der Ferne drangen Schreie, vermumte Gestalten huschten vorüber. Vor den Türen einiger Häuser brannten Feuer, die einen ätzenden Gestank verbreiteten. Angst und Mißtrauen gingen um. Jeder Fremde wurde verdächtigt, die Seuche mit sich herumzutragen und weiterzuverbreiten. Türen wurden verrammelt, Querbalken versperrten den Zutritt zu den Wohnungen.

Atemlos erreichte Lucie das *Maison*. Sie schob den schweren Riegel vor die sonst unverschlossene Tür am Treppenaufgang, lehnte sich erschöpft gegen die Mauer und lauschte durch das vergitterte Fenster in die unheimliche Nacht. Müde zog sie sich die steile Treppe empor. In dem dunklen Innenhof, auf der Stufe vor ihrer Tür, lag ein Mensch. Lucie erstarrte vor Schreck, Schweiß trat auf ihre Stirn, sie zitterte am ganzen Körper. Hatte die Seuche bereits ihre Schwelle erreicht?

Auf Zehenspitzen ging Lucie näher, schlich um die Gestalt am Boden herum und wollte soeben in ihrem Zimmer verschwinden, als sie die Stimme des alten Ismain vernahm: »Guten Abend, Mrs. Belzoni, ich habe auf Sie gewartet . . .«

Nirgends wütete die Cholera so furchtbar wie in der Millionenstadt Kairo. Die Sargmacher kamen den Bestellungen nicht mehr nach, Holz wurde knapp. Als auch in Warenlagern und Magazinen keine Kisten mehr aufzutreiben waren, wurden auch die wohlhabenderen Toten in Tücher gehüllt, zu Hunderten in Massengräber gelegt, mit Kalk bestreut und notdürftig verscharrt. Über der Stadt lag eine stinkende Wolke, die den Überlebenden Schauer einjagte.

Unter den Europäern setzte eine Massenflucht ein. In Alexandria wurden Schiffspassagen nach Europa mit Gold aufgewogen. Mitglieder der vornehmen Gesellschaft, die gewohnt waren, sich von Dienern die Schuhe ausziehen zu lassen, rauften sich um einen Platz Dritter Klasse. Arbeiter in den Baracken der Kanalbau-Gesellschaft konnten auch von den Ärzte-Teams, die Lesseps organisierte, nicht besänftigt werden, sie flohen blindlings in die Wüste, wo sie sich vor der Seuche sicher glaubten, aber nicht selten an Hunger und Durst zugrunde gingen.

Konsul Heinrich Brugsch schritt in seiner Kanzlei ruhelos auf und ab, während der Arzt nebenan seiner Frau Pauline eine Spritze gab. Dr. Sachs, ein pensionierter preußischer Militärarzt, der mit den Brugschs befreundet war, kam zur Tür herein und nickte: »Machen Sie sich keine Sorgen, Brugsch, Ihre Frau ist von bester Konstitution, es ist nur die Aufregung. Sie hat panische Angst vor der Cholera.«

»Kein Wunder«, entgegnete Brugsch, »mein Sekretär, ein Mann von kaum dreißig Jahren, und unser türkischer Kawaß wurden innerhalb weniger Tage dahingerafft, und der levantinische Dragoman hat Hals über Kopf die Flucht ergriffen – wer weiß, ob er noch am Leben ist. Das ist alles ein bißchen viel für Pauline.«

Dr. Sachs sprach betont leise: »Sie müssen ihr nur einreden, daß, wäre sie anfällig für die Cholera, sie diese längst bekommen hätte. Das ist zwar objektiv falsch, aber es nimmt ihr vielleicht die Angst und fördert ein wenig ihren Lebenswillen.«

Brugsch setzte sich auf die Kante seines Schreibtisches und holte tief Luft: »Doktor, wann findet dieses Leid nur ein Ende. Seit Wochen werde ich täglich an das Bett sterbender Landsleute gerufen, um ihren Letzten Willen aufzunehmen. Gleich in den ersten Tagen der Cholera wurden in der kleinen deutschen Kolonie dreißig Menschen dahingerafft. Erst fehlte es an Särgen, jetzt bekommt man nicht einmal mehr einen Leichenwagen. Gestern fuhr ich mit der Leiche eines deutschen Kaufmanns, quer über die Droschke gelegt, zum evangelischen Friedhof.«

»Sie ist eingeschlafen«, sagte Dr. Sachs nach einem Blick ins Nebenzimmer, »der Schlaf wird ihr guttun. Wir müssen jetzt alle sehr stark sein.«

»Und es gibt wirklich kein Mittel gegen diese furchtbare Seuche?« erkundigte sich Brugsch.

Dr. Sachs schüttelte den Kopf. »Solange wir den Erreger dieser Krankheit nicht kennen, ist jede Therapie Glücksache. 70 Prozent aller Erkrankten erliegen dem rätselhaften Bazillus; aber auch, wer die Cholera übersteht, ist keineswegs immun.«

Es klopfte. Vassali trat ein. Er schien aufgeregt. »Man sagte mir, daß Dr. Sachs hier sei«, stammelte er, »es ist wegen Madame Mariette, der Chef glaubt, sie hat sich angesteckt!«

Brugsch und Sachs sahen sich an, dann sprangen sie auf: »Schnell, eine Droschke! Wir dürfen keine Minute Zeit verlieren. Emil, kümmere dich um meine Frau!«

Die Fahrt zur Nillände in Bulak wurde zur Qual, man

hätte meinen können, sie durchquerten ein Schlachtfeld. An den Straßenrändern loderten Totenfeuer. Die wenigen Menschen, die zu sehen waren, gingen trotz der Hitze dicht vermummt, jeder mied den anderen. Manche legten sich zum Sterben einfach auf die Straße, sie lagen mit offenen Augen, offenen Mündern am Straßenrand. Kein Mensch wußte, ob noch Leben in ihnen war. Die Leicheneinsammler warfen sie unbesehen auf ihre Karren. Viele noch Lebende mögen so in Massengräber gelangt sein.

Éléonore atmete schwer. Mariette hielt ihre Hand. Er blickte nicht auf, als Brugsch und der Doktor eintraten. »Ich danke Ihnen, daß Sie gekommen sind«, sagte er leise, »aber –«, er stockte. Dr. Sachs sah sofort, daß es mit seiner Frau zu Ende ging. Éléonores Lippen trugen blaue Färbung, das Gesicht schien aschfahl, ihre Finger beschrieben kleine, krampfartige Bewegungen.

»Sie hat in ihren Fieberträumen noch nach Osiris, Seth und Isis gerufen«, sagte Mariette mit einem wehmütigen Lächeln, »zwanzig Jahre sind eben eine lange Zeit.« Wortlos legte Brugsch dem Freund eine Hand auf die Schulter. Mariette sah Dr. Sachs fragend an. Der schüttelte den Kopf. Langsam senkte Mariette den Blick.

»Merkwürdig«, begann er, »vor zwei Tagen saßen wir noch alle zusammen in der Laube vor dem Museum. Als die Dämmerung niedersank, rief ein Käuzchen vom Gesims über dem Eingang, und Éléonore sagte: ›Sollte es einen von uns rufen wollen?‹ – Erinnern Sie sich, Brugsch?«

Während sie sich unterhielten, starb Éléonore Mariette. Sie hatte das Bewußtsein nicht wiedererlangt.

Mehr als ein halbes Jahr wütete die Cholera-Epidemie. Zehntausende gingen elend zugrunde. Ganze Familien, ganze Dörfer wurden ausgerottet. Viele Frauen und Kinder wagten sich erst nach Monaten der Angst wieder aus dem Haus. Zu ihnen zählte Pauline Brugsch, die nach dem Tod von Mariettes Frau einen Schock erlitten hatte. War sie zunächst widerwillig ihrem Gatten nach Ägypten gefolgt, so setzte sie nun alles daran, diesen Aufenthalt so kurz wie irgend möglich zu gestalten, zumindest den ihren.

Und als Brugsch seine Frau fragte, ob sie ihn nicht nach Alexandria zum Empfang des türkischen Sultans begleiten wolle, weigerte sie sich entschieden. Nach Alexandria gehe sie nur noch mit vollem Gepäck, um die Heimfahrt nach Berlin anzutreten. Kein Bitten half. So bestiegen denn Brugsch und Mariette allein die Delta-Eisenbahn.

Ismail Pascha inszenierte das historische Ereignis mit dem ihm angemessenen Prunk. Seit 350 Jahren hatte kein Sultan mehr ägyptischen Boden betreten. Jetzt lagen Teppiche auf dem Weg, den die Kutsche des orientalischen Potentaten vom Hafen zum Bahnhof nahm. Ismail Pascha und die Würdenträger des Landes schritten zu beiden Seiten des goldenen Prunkwagens, unter ihnen Brugsch und Mariette.

»Ob er auch weich genug fährt, auf den dicken Teppichen?« spottete der Preuße, und der Franzose amüsierte sich über das würdevolle Gehabe des Sultans: »Wenn er uns nur nicht einschläft!«

Vor dem Bahnhof bildeten die Honoratioren ein festliches Spalier, durch das Ismail Pascha seinen Gast zur Dampfeisenbahn geleitete. Nun aber weigerte er sich, einzusteigen. Abdul Aziz war noch nie Eisenbahn gefahren, und da das Lokomobil sich strikt dem Befehl widersetzte, Schnauben und Zischen einzustellen, erklärte es der Sultan als Teufelswerk und rief nach Pferden. Erst als Ismail beteuerte, Mohammed wäre froh gewesen, hätte er bei seiner Hedschra von Mekka nach Medina ein solches Dampfroß zur Verfügung gehabt, ließ sich Abdul Aziz widerwillig in den Salonwagen schieben.

Der Empfang in Kairo war überwältigend. Seine Untertanen in Konstantinopel begegneten dem Sultan mit gesenktem Blick und gefalteten Händen. Wo immer Abdul Aziz dagegen in Kairo auftauchte, wurde er von Ägyptern umringt und lautstark bejubelt. Für eine Million Pfund Sterling in bar und die Verdoppelung der Tributzahlungen rang Ismail Pascha seinem hohen Gast weitgehende Unabhängigkeit und den ersehnten Titel Khedive ab. Und da die Verhandlungen sich zäh gestalteten, legte Ismail als letzten Anreiz ein goldenes Speiseservice und hunderttausend Pfund Handgeld darauf. Der Sultan revanchierte sich mit der Erlaubnis, daß Ismail sich fortan »Hoheit« nennen dürfe.

Von weit größerer Tragweite war die Änderung des Erbfolgegesetzes, das Ismail ältesten Sohn Taufik zum Nachfolger bestimmte. Nach altem Recht wären Ismails Bruder Mustafa Fadel und sein Onkel Abdul Halim die Thronerben gewesen. Doch den einen haßte der Khedive, den anderen fürchtete er. Jetzt endlich war die Welt des Paschas in Ordnung. Sein Oberherr Abdul Aziz trat die Heimreise auf der ägyptischen Fregatte »Feizi Gehad« an. Beim Abschied im Hafen von Alexandria wünschte Ismail Pascha dem scheidenden Gast eine angenehme Seefahrt, das Schiff könne er selbstverständlich behalten – als Souvenir.

Die beiden konnten sich um alles in der Welt nicht leiden; sie waren sich einfach zu ähnlich. Nicht äußerlich – da unterschieden sie sich sehr: der hühnenhafte Mariette, ein dunkler Typ, mit kantigem Gesicht, Kinn- und Backenbart, auch in seiner Kleidung von einem arabischen Scheich kaum zu unterscheiden. Richard Lepsius dagegen schlank, beinahe zierlich, das dichte silbrige Haar korrekt zurückgekämmt, auf der Nase eine kleingerandete Schubertbrille, auch im Wüstensand stets korrekt gekleidet, mit Stehkragen und Schleife – ein Preuße eben.

Nein, die Ähnlichkeit lag in ihrem Schicksal: Jeder hielt sich selbst für den größten Altertumsforscher der Gegenwart, und in der Tat war jeder eine Koryphäe, trug einen weltbekannten Namen, wurde von Kaisern und Königen hofiert, stand einem Museum mit unermeßlichen Schätzen vor. Für zwei derartig qualifizierte Männer war – so schien es – kein Platz in Ägypten.

Mariette lebte seit dem Tod seiner Frau Éléonore zurückgezogen nur noch für die Forschung. Die Grabungen an über dreißig verschiedenen Orten, die während der Cholera-Epidemie geruht hatten, waren wieder in vollem Gange, da traf am 2. April 1866 Richard Lepsius in Kairo ein.

Zwanzig Jahre waren vergangen, seit Lepsius die bestorganisierte und wohl auch erfolgreichste Expedition durch das Niltal geführt hatte. Er und seine Männer, ein Architekt, ein Gipsformer, zwei Zeichner, zwei Maler und ein Pfarrer für alle Fälle, mußten sich mit Heuschrecken herumplagen, mit einer Mäuseinvasion und arabischen Banditen. Durst und Hunger brachten sie an den Rand des Todes, und beinahe wären sie bei lebendigem Leib in ihrem Zelt verbrannt. Der gute Rat, Ausgrabungen nie ohne Waffe vorzunehmen, stammte nicht etwa von Mariette, sondern von Lepsius, der stets mit zwei geladenen Pistolen unter der Decke schlief.

Sie begegneten sich zum erstenmal in der Direktion der Altertümerverwaltung, wo Lepsius, korrekt, wie er war, eine Erlaubnis für seine geplanten Forschungen einholen wollte. Auch Mariette gab sich betont gewissenhaft, nannte es eine Ehre für das ganze Land, wenn der große Preuße mit neuen Forschungsarbeiten beginne? Wo sich denn seine Mannschaft befinde.

»Wir sind die Mannschaft, Monsieur!« antwortete Lepsius und deutete auf sich und seinen Begleiter, den Zeichner Ernst Weidenbach.

Mariette sah den großen Richard Lepsius ungläubig an, für einen Augenblick wußte er nicht, ob sich dieser über ihn lustig machte, oder ob er die Wahrheit sprach. Er hätte erwartet, daß der Preuße mit einem Heer von Assistenten, Hilfswissenschaftlern und Helfershelfern anrückte – Mariette überging die Antwort.

Richard Lepsius erforschte das Alte Ägypten im Dienste des preußischen Königs.

»Und wo wollen Sie diesmal graben?« fragte Mariette und griff zur Feder. Spätestens jetzt spürte Lepsius, daß er keinesfalls ein »Prussien de son coeur« war wie Brugsch, sondern ein, wenn auch berühmter, so doch ganz normaler Ausgräber, der um eine Grabungserlaubnis nachsuchte.

»Nicht graben – forschen!« antwortete Lepsius kühl. »Das Graben will ich getrost Ihnen überlassen. Ich beschäftige mich seit geraumer Zeit mit den Stätten der Bibel.«

»Interessant!« Auguste Mariette lehnte sich in seinem Ledersessel zurück und verschränkte die Arme über der Brust, was er immer tat, wenn er einen Gesprächspartner als Gegner zu betrachten begann. »Eines will ich Ihnen aber gleich sagen, Herr Professor Lepsius, das Gesetz gegen die Ausfuhr von Altertümern wird diesmal nicht außer Kraft gesetzt, und Grabungen müssen offiziell gemeldet und genehmigt werden. Und zwar hier, an diesem Schreibtisch.« Bei diesen Worten tupfte er mit dem rechten Mittelfinger energisch auf den Tisch.

Mariette spielte damit auf einen Firman des Paschas Mohammed Ali an, der dem preußischen Gelehrten bei seiner ersten Expedition alle erdenkbaren Freiheiten gewährt hatte. Richard Lepsius durfte damals 15 000 Fundstücke außer Landes schaffen, ja der Pascha schickte ihm sogar eigene Schiffe entgegen, um die Funde von der Südgrenze Ägyptens nach Alexandria zu transportieren. Lepsius griff kräftig zu, sägte einen tonnenschweren buntbemalten Pfeiler aus dem Grab Sethos' I. und ließ vier Bauarbeiter aus Berlin kommen, die in Giseh drei komplette Grabkammern Stein für Stein abbauten und per Schiff in die preußische Hauptstadt transportierten.

»Ich möchte«, sagte der Professor, »diesmal in das östliche Nildelta gehen. Selbst wenn man skeptisch gegenüber den Zahlenangaben in der Bibel ist und weit weniger als 600 000 israelitische Männer, Frauen und Kinder mit ihrem Vieh von Ramses aus zu ihrer Wüstenwanderung aufgebrochen sind, muß doch ein ganzes Volk seine Spuren hinterlassen haben. Diese Stadt Ramses kann nicht völlig von der Erdoberfläche verschwunden sein!«

Jetzt war Mariette gekränkt. Er hatte schon vor sechs Jahren im Delta nach der Stadt Ramses gesucht.

»Wenn Sie ins Delta gehen«, bemerkte er, »dann könnten Sie doch auch einmal einen Blick auf die Baureste werfen, die Ferdinand de Lesseps bei den Schachtarbeiten zum Suezkanal freigelegt hat. Ich weiß damit nichts Rechtes anzufangen.«

Lepsius willigte ein, und Mariette versprach, den Professor mit dem großen Ingenieur bekannt zu machen.

Es traf sich gut, daß der soeben aus Frankreich zurückgekehrte Lesseps im Begriff war, eine Inspektionsreise in das Kanalgebiet zu machen. Er betrachtete es als eine Ehre, dem berühmten Archäologen *seinen* Kanal zeigen zu dürfen.

Am nächsten Morgen um sieben Uhr stand auf dem Bahnhof in Kairo ein Sonderzug unter Dampf. Sie brachte Lepsius und Lesseps und ihre Begleiter, insgesamt vierzehn an der Zahl, bis zum östlichen Endpunkt der Eisenbahnlinie, nach Zagazig. Dort wurde das Gepäck auf eine Barke verladen, mit der sie die Reise auf dem neuen Süßwasserkanal zum Timsah-See fortsetzten. Zu beiden Seiten des Kanals leuchtete fruchtbares Land, auf dem Getreide und Gemüse in saftigem Grün gediehen. Streckenweise war der Damm für die Eisenbahn bereits fertig. Sie sollte einmal bis nach Timsah führen, das nun Ismailia hieß. Lepsius bewunderte diesen Franzosen, der leicht und gewandt über sein Unternehmen plauderte und dabei persönliche Liebenswürdigkeit mit französischem Esprit würzte.

»Und wann glauben Sie, wird das Werk vollendet sein?« erkundigte sich der Preuße.

Lesseps holte tief Luft und antwortete: »Wissen Sie, Professor, das ist vor allem eine Frage des Geldes. Ich brauche, von meinem disponiblen Kapital einmal abgesehen, noch hundert Millionen Francs. Aber ich werde sie auftreiben.«

»Ist es indiskret zu fragen, wieviel das Bauwerk insgesamt kostet?«

»Ganz und gar nicht. Die *Compagnie Universelle du Canal Maritime de Suez* ist eine Aktiengesellschaft. Ihre Bilanzen sind für jedermann einzusehen. Unser ursprüngliches Kapital betrug 200 Millionen Francs in Aktien zu 500 Francs. Davon wurden 80 Millionen von französischen Kapitalisten gezeichnet, ein kleiner Teil auch von deutschen, den Rest von 120 Millionen übernahm die ägyptische Regierung.«

»Kolossale Summen sind das«, staunte der Preuße, »wirklich kolossal!«

Sie mochten wohl drei Stunden gesegelt sein, als die Barke in Tell el-Kebir anlegte, einem kultivierten Ort mit komfortablen Häusern zwischen schlanken Palmen und blühenden Gärten. Lesseps hatte hier für die *Compagnie* Büros errichten lassen.

»Welch historischer Boden!« meinte Lepsius und blickte nach Süden. »Hier muß das biblische Land Goschen gelegen haben, irgendwo fand hier der Exodus der Israeliten statt.«

Für einen Augenblick wurden auch Lesseps und seine Mitarbeiter nachdenklich. Ihnen, denen beim Anblick dieser Landschaft nur Kubikmeterzahlen, Arbeitsstunden und Millionensummen in den Sinn kamen, mit denen sie diese Riesenfurche durch die Wüste zogen, hatten die schlichten Worte des deutschen Professors plötzlich bewußt gemacht, daß diese Landschaft eine schicksalhafte Vergangenheit hatte. Spontan entschlossen sie sich, für ein paar Stunden Winkel, Zahlen und Bilanzen zu vergessen und dem Gelehrten auf Maultieren zu den Grenzen des Wadi zu folgen, wo die grünenden Kulturen vom gelben Wüstensand begrenzt wurden.

Die Sonne stand schräg am Himmel, als die kleine Karawane auf einem Hügel haltmachte, dem die Fellachen den Namen Tell el-Maschute gegeben hatten: »Hügel der Idole«. Seit frühester Zeit fand man hier kleine Götterbilder im Wüstensand, die den Namensring des großen Ramses trugen, und Lepsius hatte schon bei seiner letzten Expedition Ramses-Statuen gefunden.

»Wenn Sie die langen Schatten betrachten«, sagte Richard

Lepsius und zeigte auf den Boden, »dann erkennen Sie den Grundriß verschiedener Gebäude.« In der Tat, jetzt sahen es auch die Franzosen: aneinandergrenzende, sich überlappende Rechtecke. »Der Name Pithom«, fuhr der Professor fort, »ist vermutlich von dem altägyptischen ›Per-Atum‹ abgeleitet, was soviel bedeutet wie ›Haus des Atum‹. Daher die vielen Funde mit dem Bild Atums, des Sonnengottes. Man müßte graben und nach einem Atum-Tempel suchen. Fänden wir Reste eines solchen Bauwerkes, dann hätten wir wohl den Beweis . . .« Hatte zunächst Lepsius den dynamischen Ingenieur bewundert, so war nun Ferdinand de Lesseps von der Arbeit des Altertumforschers beeindruckt.

Die Nacht verbrachte die Reisegesellschaft im »Hôtel des Voyageurs« in Ismailia. 4000 Einwohner zählte inzwischen der Ort an der Einmündung des Süßwasserkanals in den Meerkanal. Vor vier Jahren stand hier noch kein einziges Haus. Jetzt zogen sich sandige Straßen zwischen Magazinen und Läden, Behörden und Firmenniederlassungen hindurch – eine Stadt wie im Goldgräberfieber, wo das Geld, das am Tag verdient wurde, nachts in die Taschen der Kneipenwirte, der Glücksspielunternehmer und Zuhälter floß. Schon jetzt bildeten sich außen herum um die besseren Viertel die Slums der Araber.

»Merkwürdig«, sagte Ferdinand de Lesseps abends beim Diner im Hotel, »wir wühlen beide im gleichen Sand – nur mit umgekehrter Perspektive. Ihr Blick, Professor, geht in die Vergangenheit, der meine ist in die Zukunft gerichtet. Bis zum heutigen Tag glaubte ich, es gebe nichts Wichtigeres als das Kanalprojekt. Seit ich Ihnen heute zugehört habe, bin ich im Zweifel.«

Richard Lepsius lächelte ein wenig verlegen: »Die Zukunft wird lehren, wer von uns beiden den wichtigeren Teil erwählt hat, wer der Menschheit von größerem Nutzen ist.«

»Sie zweifeln am Nutzen des Kanalprojektes?«

Der Preuße versuchte eine diplomatische Antwort: »Monsieur le Directeur, Jahrhunderte segelten die Schiffe auf dem Weg nach Indien um das Kap der Guten Hoffnung. Warum in aller Welt sollen sie es auf einmal nicht mehr tun?«

Lesseps machte ein ernstes Gesicht: »Die Segelschiffe weichen den Dampfschiffen. Der Handel mit dem Fernen Orient, mit Indien, China und Japan nimmt ständig zu. Der großen Kosten wegen müssen die Dampfschiffe den kürzeren Weg wählen.«

»Gesetzt den Fall, Sie hätten recht, dann sind noch immer Zweifel angebracht, ob die Einnahmen des Kanals jemals die Kosten für seinen Bau einspielen.«

»Da, mein lieber Professor, kann ich Sie beruhigen. Vorausgesetzt, die Engländer boykottieren den Kanal nicht – und auf längere Zeit gesehen können sie sich das überhaupt nicht leisten –, dann können wir selbst bei niedrigen Gebühren für die Schiffspassage die Interessen unserer Kapitalgeber durchaus befriedigen.«

»Nun gut«, sagte Lepsius, »meine guten Wünsche begleiten Sie. Im Grunde profitiert die Menschheit doch von uns *beiden.* Was wäre die Menschheit ohne Zukunftsperspektiven! Und was wäre die Menschheit ohne Wissen um ihre Vergangenheit!«

Die Männer an der Tafel erhoben sich und prosteten sich zu. »Auf unsere Zukunft!«

»Auf unsere Vergangenheit!«

Tags darauf bestiegen Professor Lepsius und sein Assistent Ernst Weidenbach zusammen mit Lesseps ein Dampfschiff, um auf dem ersten Kanalabschnitt nach Norden zu fahren. Die ausgegrabenen Baureste erwiesen sich bei näherem Hinsehen als Relikte aus der Perserzeit, als König Darius den Versuch unternahm, Mittelmeer und Rotes Meer mit einem Kanal zu verbinden.

»Sie sehen«, meinte Lepsius an den Direktor der *Compagnie* gewandt, »Ihre Idee ist nicht ganz neu; aber trösten Sie sich, auch der Perserkönig hatte bereits seine Vorbilder.« Er lachte: »Wie gut, daß Sie bei der Planung des Kanals die Geschichte ignorierten ...«

»Ich verstehe nicht«, sagte Lesseps.

Der Professor aus Berlin fuhr fort: »Viertausend Jahre Geschichte dieses Landes lehren uns, daß alle Kanal-Projekte zwischen den beiden Meeren trotz höchstem Aufwand entweder scheiterten oder schon nach wenigen hundert Jahren versandeten. Selbst von Großkönigen wie Darius oder Ramses forderte die Natur ihren Tribut.«

Ferdinand de Lesseps deutete auf das Ufer des Kanals: »Sie vergessen nur eines, Professor, weder Ramses noch Darius standen solche Draguen zur Verfügung. Diese Baggermaschinen leisten mehr Arbeit als tausend Mann. Vor allem aber arbeiten sie auch unter Wasser. Vor dem Versanden des Kanals müssen wir uns also heutzutage gewiß nicht mehr fürchten.«

In Port Said, am nördlichen Eingang des Kanals, trennten sich die beiden Kontrahenten freundschaftlich. Port Said, vor sieben Jahren auf unfruchtbaren, wasserlosen Dünen gegründet, war inzwischen zu einer Stadt von 7000 Einwohnern angewachsen. Während der Direktor der Kanalgesellschaft den Bau der kilometerlangen Hafenmolen inspizierte, heuerten Lepsius und Weidenbach eine kleine Kamelkarawane an, mit der sie nach Westen zogen. Das Ziel hieß San el-Hagar.

San el-Hagar lag in der Steppenebene südlich des Menzaleh-Sees und wurde größtenteils von wucherndem Gestrüpp überdeckt. Doch unter dieser beinahe undurchdringlichen Wildnis erinnerten gewaltige Steintrümmer, zerschlagene Statuen, geborstene Säulen und Obelisken an das griechische Tanis, das Zoan der Bibel.

Am Rande des Trümmerfeldes schlugen Lepsius und Weidenbach ihre Zelte auf und brieten über offenem Feuer das mitgebrachte Fleisch. Die Kameltreiber, abseits, folgten ihrem Beispiel. Richard Lepsius nahm die Brille ab, goß Wasser aus einem Lederschlauch in die Hand und wischte sich genußvoll den Schweiß aus der Stirne.

»Wir brauchen diesmal mit dem Wasser nicht zu sparen«, sagte er, »die Wasservorräte reichen für drei Wochen; außerdem können wir die Kameltreiber nach Port Said schicken.«

Der junge Weidenbach holte tief Luft. »Wir werden viel Wasser brauchen. Wir sind spät dran, die Sommerhitze hat bereits eingesetzt.«

Lepsius meinte, sie könnten das Unternehmen ja abbrechen, wann immer sie wollten; schließlich stünden sie diesmal nicht unter Erfolgszwang. Aber das lehnte Weidenbach mit Bestimmtheit ab.

Richard Lepsius verstand sich mit Ernst Weidenbach sehr gut. Als einziger des preußischen Expeditionschorps hatte er sich 1845 in Luxor freiwillig gemeldet, um mit Lepsius den Berg zu suchen, auf dem Moses einst die Zehn Gebote in Empfang nahm. Alle übrigen Begleiter fühlten sich damals, nach über zwei Jahren in der Wüste unter Dreck und Trümmern, zu ausgelaugt, zu kaputt. Zusammen mit Weidenbach und drei Trägern zog Lepsius durch die Arabische Wüste, setzte über das Rote Meer und nahm Kurs auf den Sinai.

Gut dreißig Jahre vor den Preußen hatte der Schweizer Johann Ludwig Burckhardt den Sinai durchquert und die Vermutung geäußert, nicht der Dschebel Musa sei die Stätte der Gesetzgebung gewesen, sondern das Serbal-Gebirge. Damals hatte ihm niemand geglaubt.

Als Lepsius und Weidenbach an den Fuß des Dschebel Musa gelangten, fanden sie außer einem Kloster nur steinige, wasserlose Wüste. Woher aber sollten die Israeliten hier Wasser und Nahrung für sich und ihr Vieh bezogen haben? Dies fanden sie dagegen reichlich am Fuße des Serbal-Gebirges. Hier gab es Wasser und fruchtbares Land, ja sogar das biblische Manna hing in den Bäumen. Lepsius entzifferte uralte Steininschriften von Wallfahrern, die in früherer Zeit noch von diesem Ort wußten. Am 4. Mai 1845 waren Lepsius und Weidenbach dann nach 16 anstrengenden Tagen erschöpft nach Luxor zurückgekehrt, wo die übrigen Expeditionsmitglieder auf sie warteten.

Lepsius sah ins Feuer, dessen Flammen sein silbriges Haar abwechselnd gelb und rot färbten. »Weißt du, Weidenbach«, sagte er nach einer Weile, »dieser Mariette ist zwar berühmt, aber er ist einfach ein Dummkopf.«

Weidenbach sah den Professor fragend an.

»Er benützt seine Macht, die ihm mehr oder weniger zufällig zugefallen ist, um seine vielfach falschen Theorien zu beweisen. Aber was falsch ist, wird auch nicht durch ständige Wiederholung richtig. Glaube mir, er ist wirklich ein Dummkopf!«

Der andere stocherte lustlos im Feuer herum und sagte: »Sie meinen wegen seiner Theorie um die Stadt Tanis?«

»Genau das meine ich«, antwortete Lepsius. »Ich kann einfach nicht glauben, daß die Stadt Ramses hier in dieser tristen Gegend gelegen haben soll. Wir müssen diesen Ort genau wie Pithom im Wadi Tumilat suchen.«

»Mariette stützt sich auf die Funde . . .«

»Ach was!« unterbrach ihn der Professor. »Nur weil er dort ein paar Sphingen und Statuen mit dem Namen Ramses' II. und seines Sohnes Merenptah gefunden hat, kann er doch nicht behaupten, das biblische Ramses entdeckt zu haben. Man findet überall in Ägypten Ramses-Statuen, du brauchst nur ein bißchen zu graben.«

Weidenbach gähnte, ließ sich rückwärts in den Sand sinken und betrachtete das Meer von Sternen. »Wir sollten das Feuer löschen und schlafen gehen«, sagte er.

Lepsius nickte stumm.

Mit den ersten Sonnenstrahlen des nächsten Tages schälten sich die beiden Forscher aus ihren Decken. Die Kameltreiber hatten schon den Tee bereitet. Noch vor der Mittagshitze wollte Lepsius das Trümmerfeld einmal umrunden und einen exakten Lageplan skizzieren. In den nächsten Tagen wollte er dann an die Aufnahme der Details gehen und Inschriften kopieren, die zu Hause in Berlin bearbeitet werden könnten. Doch es kam anders.

»Um Gottes willen, Professor!« Weidenbach packte Lepsius am Arm und deutete in den Sand. Dort glitt lautlos eine armdicke Schlange vorüber. Lepsius griff nach seinem Spaten. Aber noch ehe er zuschlagen konnte, verschwand das Reptil im dichten Gestrüpp eines Mauervorsprunges.

»Wir müssen sie erschlagen, sonst bekommen wir heute nacht unliebsamen Besuch!« Richard Lepsius bog mit dem Spaten vorsichtig das Gestrüpp beiseite, aber die Schlange war verschwunden. Hastig schlugen die beiden Forscher das dornige Geäst mit den scharfen Kanten ihrer Spaten nieder, plötzlich sahen sie das Tier, den Kopf drohend auf die Männer gerichtet. Lepsius sprang zur Seite, holte aus und schlug mit aller Kraft auf die Schlange ein. Die scharfe Klinge trennte die Schlange in zwei Teile. Das kopflose Ende wand sich aufbäumend in die Höhe. »Das ist noch einmal gutgegangen!« sagte Weidenbach und sah den Professor erleichtert an.

Der starrte mit zusammengekniffenen Augen auf das Mauerwerk, nahm umständlich die Brille ab, setzte sie wieder auf und musterte den Stein erneut. Jetzt begutachtete auch Weidenbach die zwei Meter hohe Platte, die vor ihnen im Gestrüpp lag. Er stutzte: Die obere Hälfte trug eine Hieroglypheninschrift, die untere einen griechischen Text. Hastig zählte der Assistent die Zeilen: 37 Linien Hieroglyphen, 76 Linien griechisch auf etwa 80 Zentimeter Breite.

Richard Lepsius wanderte mit dem Zeigefinger über die Hieroglyphen und bewegte dabei kaum merklich die Lippen. Sein Assistent wagte nicht, ihn zu unterbrechen, er wagte nicht einmal, die getötete Schlange fortzuschaffen, er spürte nur, daß Lepsius auf etwas ungeheuer Wichtiges gestoßen sein mußte. Minutenlang herrschte beklemmende Stille;

dann blickte der Professor über den Rand seiner Brille und sagte: »Weidenbach, das ist ein Geschenk der Götter Ägyptens!« Er legte seine Hand auf die Schulter des Assistenten.

»Ich habe am Anfang an Champollions Ideen gezweifelt, die er bei der Entzifferung des Steines von Rosette entwikkelt hat, und im Laufe der Jahre, in denen ich mich mit allen verfügbaren Inschriften beschäftigte, habe ich auch einige Irrtümer des Franzosen korrigiert. Champollion glaubte, die Hieroglyphen seien ausschließlich Wortkürzel. Ich habe immer gesagt, hinter den Hieroglyphen stünden auch Laut- und Silbenzeichen. Du weißt, wie viele Skeptiker und Zweifler es in dieser Hinsicht gibt. Aber der Text des Steines von Rosette ist einfach zu kurz, um alle Theorien zu untermauern. Jetzt, Weidenbach, haben wir ein zweites Vergleichsstück.«

»Herzlichen Glückwunsch, Professor!«

Richard Lepsius stand die Freude an seiner Entdeckung ins Gesicht geschrieben. Aber er blickte kaum auf, sondern griff nach Papier und Bleistift, machte Notizen und sagte beiläufig: »In dem griechischen Text ist von einem König Ptolemaios die Rede, dem die Priester des Kanopos-Serapis hohe Ehren zuteil werden lassen. Wenn ich es recht verstehe, gab es eine Kalenderreform, die das Sonnenjahr einführt . . .«

Er deutete auf einige Wörter in dem griechischen Text: »Das hier«, sagte Lepsius, »wird uns sehr viel weiterhelfen. Die Wörter für Kanopos, Syrien, Phönizien, Cypern und Persien sind als Hieroglyphen bisher unbekannt. Aber ihre Lage in dem Text ist so charakteristisch, daß es nicht schwierig sein wird, sie zu finden. Weidenbach, jetzt wird sich zeigen, ob der alte Lepsius recht gehabt hat.«

Die nächsten Tage verbrachten die beiden Preußen vor dem wertvollen Stein. Weidenbach entfernte das restliche Gestrüpp und machte sich dann daran, die einzelnen Hieroglyphenzeilen maßstabsgerecht auf einen großen Bogen zu kopieren. Dabei erwies sich die größte Mittagshitze als vorteilhaft, weil die Schriftzeichen in der beinahe senkrecht stehenden Sonne günstige Schatten warfen.

Für sich selbst hatten sie ein primitives Sonnensegel gespannt, doch der glühende Sand reflektierte die Hitze von unten. Schweißgebadet, aber fasziniert von ihrer Entdekkung, kopierten der Professor und sein Assistent die Inschriften, schütteten Unmengen Wasser in sich hinein, aßen kaum etwas, so besessen waren sie, eine brauchbare Abschrift herzustellen.

Als sie die Kopierarbeit beendet hatten, machte Lepsius eine neuerliche Entdeckung. »Weidenbach, sieh nur!« rief er begeistert und zog seinen Assistenten zur Seite. Der schlug sich mit der flachen Hand gegen die Stirn und sagte: »Daß wir das auch nicht sofort erkannt haben!«

Auf dem schmalen Außenrand der Steinplatte war derselbe Text noch einmal in demotisch eingemeißelt, dem ägyptischen Volksdialekt. »Ich habe mich schon gewundert, warum die Hieroglyphen direkt ins Griechische übersetzt waren, ohne einen demotischen Text«, sagte Richard Lepsius. »Jetzt haben wir ein exaktes Pendant zum Stein von Rosette. Das Dekret von Kanopos wird in die Geschichte eingehen.«

Von Osten her kam ein Reiter, dichte Staubwolken aufwirbelnd, herangeprescht. Lepsius ging ihm ein paar Schritte entgegen. Der Reiter schwenkte einen Brief in der Hand: »Sind Sie Professor Lepsius?«

»Ja, ich bin Lepsius«, sagte der Professor.

»Monsieur Lesseps schickt Ihnen eine Nachricht, es sei wichtig!«

Lepsius riß den Brief auf, überflog die hastig hingeworfenen Zeilen des französischen Ingenieurs und rief seinen Assistenten: »Weidenbach«, sagte er leise, »wir haben Krieg.«

»Krieg?«

»Moltke marschiert gegen Österreich. Sachsen und Bayern haben sich auf die österreichische Seite geschlagen.«

Weidenbach war betroffen: »Wie lange kann das dauern?«

Lepsius hob die Schultern: »Das weiß kein Mensch, es kommt auch darauf an, wie sich die Franzosen verhalten. Auf jeden Fall kann der Konflikt in der schleswig-holsteinischen Frage sogar zu einem europäischen Krieg führen.«

Ernst Weidenbach gab zu bedenken, ob es angesichts dieser bedrohlichen Lage nicht besser sei, die Expedition abzubrechen und den Heimweg über Frankreich zu nehmen. Lepsius stimmte ihm zu: »Wir kehren zurück!«

Auguste Mariette und Heinrich Brugsch waren bei Ismail Pascha geladen, um letzte Order in Empfang zu nehmen. Der »Prächtige« hatte es sich in den Kopf gesetzt, auf der Weltausstellung 1867 in Paris sein Land angemessen zu präsentieren. Dazu waren mehrere Pavillons vorgesehen, eine Moschee und ein Museum, in dem Mariette Mumiensärge und den Grabschatz der Königin Ahotep ausstellen sollte. Der Direktor der Altertümerverwaltung war beauftragt worden, die Bauarbeiten zu überwachen, und sollte deshalb das kommende Jahr in Paris verbringen. Er hatte seine Zusage jedoch davon abhängig gemacht, daß Brugsch ihn mit Rat und Tat unterstützte.

In der mit Brokat tapezierten Roten Halle des Abdin-Palastes kamen sich die beiden klein und verlassen vor. Die bis zur Verschwendungssucht gehende orientalische Prachtentfaltung in den 500 Räumen und Sälen, überladen mit Alabaster, venezianischem Glas, Marmor und Mosaiken und Mobiliar in arabischem und byzantinischem Stil faszinierte sogar europäische Potentaten.

»Es wird uns beiden nicht schaden«, meinte Mariette, während sie in goldenen Fauteuils im Renaissancedekor auf das Eintreffen des Khediven warteten, »wenn uns ein bißchen Pariser Luft um die Nase weht. Das Schicksal hat es nicht gerade gut gemeint mit uns im letzten Jahr.«

»Es war einfach zuviel für Pauline«, sagte Brugsch, »sie ist keine Frau, die im Orient leben kann. Die ungewohnten Menschen, die fremde Sprache, das unterschiedliche Leben und letztlich die furchtbare Cholera-Epidemie, all das hat in ihr den Entschluß heranreifen lassen, sich von mir zu trennen.«

»Und es gibt keine Möglichkeit, sie umzustimmen?«

Heinrich Brugsch blickte in die blaurote Glut der leuchtenden Fensterscheiben und sagte: »Da müssen Sie Pauline fragen, mon cher, sie ist abgereist.«

Sie schwiegen eine Weile, bis Mariette von neuem begann: »Ich glaube, Élénores Tod hat sie sehr mitgenommen ...«

»Jedenfalls stand von diesem Zeitpunkt an fest, daß sie nicht mehr in Ägypten bleiben wollte. Sie lebte in der Angst, ein ähnliches Schicksal zu erleiden, und alle Beteuerungen, ich würde das Konsulat in nächster Zeit ohnehin aufgeben, fruchteten nicht.«

»Ihr Entschluß ist unabänderlich?«

»Was bleibt mir anderes übrig? Das konsularische Amt ist sicher eines der ehrenvollsten, es erfüllt seinen Träger mit Stolz, besonders in Kriegszeiten wie jetzt, der Vertreter eines großen und mächtigen Staates zu sein; aber Repräsentation und gesellschaftliches Leben erfordern einen hohen finanziellen Aufwand, der durch die Besoldung nicht im entferntesten gedeckt wird. Mit dem Geld von Said Pascha wollte ich mir einmal eine Zukunft aufbauen, vielleicht ein Haus kaufen oder privaten Studien nachgehen, heute muß ich eingestehen, daß das Geld nicht nur aufgebraucht ist, ich habe sogar Schulden gemacht. Ehrlich gesagt, ich weiß nicht einmal, wovon ich die Überfahrt bezahlen soll ...«

In diesem Augenblick wurden die Flügeltüren der Roten Halle aufgerissen, und umgeben von einer Schar rot livrierter Diener trat der Khedive ein. Der dicke, ältliche Potentat wirkte in seinem schwarzen Bambouli beinahe wie ein Fremdkörper.

»Es lebe Preußen!« rief er in französischer Sprache, als er Heinrich Brugsch erkannte. Brugsch errötete. »Tapfere Soldaten!« meinte Ismail und verdrehte das linke Auge, während das rechte geschlossen blieb. »Königgrätz, ein stolzer Sieg der Preußen.«

Heinrich Brugsch bedankte sich artig für das Kompliment, fügte hinzu, daß die Preußen bereits vor Wien stünden, Bismarck strebe jedoch einen Frieden mit Österreich und den Südstaaten an.

»Er wird ihn bekommen«, sagte der Khedive und kam dann auf den Grund der Audienz zu sprechen: »Ägypten ist ein Land mit Vergangenheit und mit Zukunft. Und ich will mein Land auf der Weltausstellung in Paris aller Welt präsentieren. Wir Ägypter wollen Bedeutenderes zeigen als der Sultan von Konstantinopel und Kunstvolleres als der Bey von Tunis, und Sie beide sollen mir dabei auf Ihrem Gebiet behilflich sein.«

Ein Diener reichte Pläne, und Ismail versuchte, sie zu erklären. Ferdinand de Lesseps demonstrierte Pläne und Modelle des Suezkanals. Eine Karawanserei und Werkstätten ägyptischer Handwerker sollten den Zauber des Orients vermitteln. Mit Freude habe er Mariettes Idee aufgegriffen, den westlichen Tempel der Insel Philae als Rekonstruktion zu erstellen und im Innern Mumiensärge und den Schmuck der Königin Ahotep auszustellen. Der Vizekönig versprach, es an nichts fehlen zu lassen, Architekten, Ingenieure und Handwerker stünden bereit, um mit Mariette nach Paris zu reisen.

»Und Sie, mein lieber Monsieur Brugsch«, wandte er sich an den Preußen, »wollen Kairo für immer verlassen?«

»Leider, Hoheit«, sagte Brugsch bedauernd.

»Er wird wiederkommen«, meinte Mariette, »es wäre ja nicht das erste Mal...«

VI. Weltausstellung in Paris

Man hätte meinen können, Mariettes ägyptischer Tempel und der orientalische Palast des Khediven wären von all den Wundern der Technik verdrängt worden, aber im Gegenteil: Zwischen Aufsehen erregendem Fortschritt und in die Zukunft weisenden Erfindungen war der altägyptische Tempel mit dem Grabschatz der Königin Ahotep und den Mumien die eigentliche Sensation.

Als nach über vier Stunden der Vorhang endlich fiel, sparte das verwöhnte Pariser Opernpublikum nicht mit Buhrufen. Am meisten aber kränkten den silberhaarigen Dirigenten die Zwischenrufe: »Wagner! Wagner!«

Giuseppe Verdi verneigte sich höflich und verfluchte insgeheim das Publikum und seinen Agenten, der ihn überredet hatte, für die Pariser Weltausstellung eine große Oper mit Ballett und monumentalen Aufmärschen nach Schillers Schauspiel *Don Carlos* zu komponieren.

Auguste Mariette und Heinrich Brugsch, die das Opernspektakel von einer Seitenloge verfolgt hatten, waren uneins in der Beurteilung. Der Franzose kritisierte, das Libretto sei verfälscht und das Stück viel zu lang, der Deutsche meinte, ein Wagner werde Verdi nie! Paris hatte Gesprächsstoff – zumindest für eine Nacht.

In dieser Nacht vom 11. auf den 12. März 1867 gab sich tout Paris im Grandhotel am Boulevard des Capucines, nur wenige Schritte von der Oper entfernt, ein Stelldichein. Der Hotelpalast mit seinen 700 Zimmern, 60 Kellnern, 30 Köchen und einer Armada von Portiers, Stubenmädchen und Hausdienern, eigenem Telegrafenbureau, Postamt, Rohrpost, Friseursalon, Optiker und Schneideratelier galt als feinste Adresse. Undenkbar, daß sich in eines der fünf Stockwerke mit den Seitenflügeln Quartier de Scribe, Quartier de Boulevard und Quartier de l'Opéra eine jener ebenso reizenden wie willigen Damen verirrt hätte, derenthalben ältere Herren gelegentlich nach Paris fuhren. Wer hier einer stattlichen Karosse entstieg und die breiten Sandsteinstufen auf persischen Teppichen zur glasgedeckten Halle emporschritt, wo Plafondmalereien mit Samt und Gold, Marmor und Mahagoni abwechselten, der zählte zu den Großen dieser Welt oder zumindest zur Pariser Hautevolee.

Mariette konnte für sich in Anspruch nehmen, beiden anzugehören. Selbstsicher im Frack und Zylinder, seinen Freund Heinrich Brugsch untergehakt, betrat er die Halle. Henri de Pène begrüßte die beiden überschwenglich. Die Pariser kannten ihn als Schriftsteller und fürchteten ihn als Duellanten. Er gab die *Gazette des Etrangers* heraus, eine täglich erscheinende amüsante Hotelzeitung, die den Gästen frühmorgens unter der Zimmertüre hindurchgeschoben wurde und gehörte selbst zum lebenden Inventar des Grandhotels.

»Monsieur le Directeur«, verbeugte de Pène sich höflich, »was macht der Tempel?«

Mariette, der sich auch außerhalb seines Wirkungsbereiches nur allzugerne als »Monsieur le Directeur« titulieren ließ – im Grandhotel waren Titel schließlich alles –, Mariette nahm den Zylinder vom Kopf, streifte die weißen Glacéhandschuhe von den Fingern und sagte: »Bis zur Eröffnung der Weltausstellung in sechs Wochen steht der Tempel, in alter Pracht«, und als er de Pènes ungläubiges Lächeln sah, fügte er hinzu: ». . . und wenn ich selbst Hand anlegen muß. – Meinen Freund Brugsch kennen Sie ja.«

»Bedauere sehr. Ich hatte noch nicht die Ehre . . .«

»Dann haben Sie sie jetzt.«

Die beiden Herren tauschten Komplimente aus, sprachen über die mißlungene Opernpremiere und kamen schließlich auf das Thema Nr. 1 in diesen Tagen zu sprechen, die Verzögerung der Bauarbeiten für die Weltausstellung. Das elende Frühlingswetter hatte den Arbeitern aus aller Welt einen Strich durch die Rechnung gemacht, später Schnee und Regen hatten das erst im Vorjahr aufgeschüttete Erdreich auf dem Marsfeld in eine Schlammwüste verwandelt, in der die Transportwagen mit dem oft Tonnen schweren Ausstellungsgut steckenblieb und erst in stundenlanger Arbeit freigeschaufelt werden konnten. Mariette litt unter diesen Transportproblemen besonders, denn die Rekonstruktion des westlichen Philae-Tempels samt einem haushohen Pylon und einer Allee von zehn Sphingen erforderte die Anlieferung kolossaler Blöcke. Zum Glück hatten die Organisatoren der Ausstellung Eisenbahngeleise bis in das Zentrum des Marsfeldes verlegt; aber die Anforderungen, die der Transport an Ort und Stelle verursachte, erwiesen sich als aufwendig genug.

Henri de Pène sagte: »Man hört, Sie bedienten sich der Transportmittel, wie sie die alten Ägypter gebrauchten?«

»Wir wären dumm«, antwortete Mariette, »wenn wir unsere Erkenntnisse in diesem Fall nicht anwenden würden. Die Pharaonen verwendeten Rollen, wenn sie den tonnenschweren Assuan-Granit vom Nil in die Wüste transportierten. Abgesehen davon, daß sie den Wagen als Transportmittel in ihrer Frühzeit noch gar nicht kannten, im Wüstensand wäre er nutzlos gewesen. Mit Hilfe der Rollen zogen sie aber selbst gewaltige Steinkolosse durch die Wüste. Zwischen dem fließenden Sand der Libyschen Wüste und durchweichtem Erdreich des Marsfeldes ist technisch gesehen kein Unterschied . . .«

»Das ägyptische Areal liegt, soweit ich mich erinnere, ohnehin günstig, nahe dem Quai d'Orsay und dem Haupteingang.«

»Wir sind zufrieden«, antwortete Mariette, »der Palast des Paschas und der Tempel werden gewiß das Interesse des Publikums finden. Wer hat heute schon die Zeit und das Geld für eine Ägyptenreise!«

»Und es ist richtig, daß Sie originale Mumiensärge und den Schmuck einer altägyptischen Königin ausstellen?«

»Gewiß. Die Schätze befinden sich bereits in Paris. Aber Sie werden verstehen, daß ich Ihnen nicht sage, wo.«

Brugsch beobachtete während des Gesprächs das flanierende Abendpublikum und kam sich in seinem abgetragenen Frack etwas armselig vor. Trugen die Herren vorwiegend Schwarz und konservativ, so wirkten die Damen extrem modisch in ihren gerafften und gerüschten Abendroben, die – neuester Auswuchs extremer Modetollheit – nicht mehr bis zum Boden reichten, sondern bisweilen bis zur Wade gerafft, den Blick auf rote Stiefelchen freigaben. Rote – wohlgemerkt, nicht weiße oder schwarze! Vorwiegend rot waren auch die Haare der Damen, zumindest aber rotblond. Keine Dame der Gesellschaft konnte es sich in diesen Tagen leisten, brünettes oder schwarzes Haar zu tragen, es mußte rot sein und nach chinesischem Vorbild zu einem Chignon geformt. Für Messieurs hingegen erwies sich das kurze spanische Backenbärtchen als nahezu verbindlich.

Tagsüber auf den Boulevards, in den Cafés, im Bois und um die Madeleine, promenierten die Pariser weit verwegener: die Herren in engen Pantalons von preußischem Militärschnitt, schmalgeschnittenen kurzen bis zum Ende des Rückgrates reichenden Jacketts, auf dem Kopf den russischen Mudschicks-Hut. Die Damen, oder jene, die sich dafür hielten, erschienen zur Promenade in kurzem, engem, unterhalb des Knies gezacktem Seidenrock, unter dem Strümpfe und Stiefelchen sichtbar wurden, an denen herausfordernde Troddeln baumelten, quel scandal!, um die Aufmerksamkeit noch mehr auf das zierliche Fußgelenk zu ziehen. Dazu über engem Mieder ein kurzes Jäckchen bis zur Taille, ein breiter Hut und zugeklappter Regenschirm.

»Und wie gefällt Ihnen Paris?« fragte Henri de Pène den preußischen Begleiter Mariettes, als errate er dessen Gedanken.

Brugsch wurde verlegen: »O doch, sehr gut. Ich kenne Paris schon von meinen Studienjahren. Ein Berliner wie ich bekommt in Paris immer Minderwertigkeitskomplexe.« Er lachte.

»War es nicht Alexander von Humboldt, der einst sagte, nur in Paris könne man arbeiten?«

»Das ist richtig«, antwortete Brugsch, »aber Humboldt dachte dabei natürlich an die zahlreichen Akademien, an die Wissenschaftsvereine, Museen, Bibliotheken und Institute, die so viel Bildungsgut und Wissen vereinigen.«

»Und sicher auch an die große Zahl hervorragender Männer und Gelehrten«, unterbrach de Pène, der in die Runde blickte und eifrig Namen notierte.

»Wissen Sie«, sagte er ohne aufzusehen, »in Paris feiert die Eitelkeit wahre Triumphe, und ein Chroniqueur wie ich lebt von nichts anderem als von dieser Eitelkeit. Keine Zeitung kann es sich heute noch leisten, auf den Chroniqueur zu verzichten. Wer eine Soirée gibt, verlangt, daß morgen alle Zeitungen darüber berichten, vor allem aber, daß alle Besucher von Rang Anspruch haben, namentlich erwähnt zu werden, und stets mit dem Zusatz: rien de plus noble oder plus spirituel.«

Heinrich Brugsch, dem derlei aus Berlin unbekannt war, staunte: »Dann müssen Sie ja ganz Paris dem Namen nach kennen!«

»Aber keine Frage, mon chèr! Eine Flasche Champagner für jeden hier in der Runde, dessen Name mir nicht geläufig ist!«

Der Preuße blickte sich listig lächelnd um, sah de Pène an

und entschied sich schließlich für zwei leicht verwegen dreinblickende Männer, die vor einer Spiegelwand mit theatralischen Handbewegungen gestikulierten: »Wer sind diese beiden?«

Henri de Pène machte eine abfällige Handbewegung: »Zwei verrückte Maler. Der ältere heißt Gustave Courbet. Er sollte eigentlich Pfarrer werden, aber dann fing er an zu malen. Auf der letzten Weltausstellung 1855 wollte er hundert Bilder ausstellen, und als dies abgelehnt wurde, zimmerte er eine eigene Baracke und nannte sie Pavillon du Réalisme. Seither fühlt er sich als Revolutionär und verlangt von der Regierung, sie solle die aus 1200 erbeuteten Kanonen gegossene Säule von Austerlitz auf der Place Vendôme einreißen – ein Verrückter.«

»Und der andere?«

»Der andere heißt Edouard Manet. Manet will es dem Alten gleichtun. Er gehört zu einer Malerclique, die sich im Café Guerbois in der Avenue Clichy trifft, er malt vorwiegend Pikanterien. Eine nackte Dame mit zwei bekleideten Männern nannte er ›Frühstück im Grünen‹. Das Bild wollte er sogar öffentlich ausstellen, und seine nackte ›Olympia‹ wollte Manet auf dieser Weltausstellung zeigen. Natürlich wurde sie abgelehnt. Jetzt baut er ebenfalls eine eigene Baracke, um 50 seiner Pikanterien vorzuführen ...«

»Kompliment, Monsieur!« sagte Brugsch anerkennend. »Es scheint, Ihnen entgeht tatsächlich nichts in dieser faszinierenden Stadt.«

De Pène ließ den Blick über die Repräsentanten des vornehmen Pariser Lebens schweifen, nickte bisweilen freundlich mit dem Kopf und sagte dabei: »Wissen Sie, jeder hier trägt seine Geschichte mit sich herum und ist froh, wenn er sie Ihnen erzählen kann. Ich kann sehr gut zuhören.«

Aus dem benachbarten Ballsaal drang Musik. Das Orchester spielte Offenbach.

»Monsieur du Locle, Monsieur du Locle!« Henri de Pène

hielt einen kleinen Mann am Ärmel fest, der gerade an ihm vorbeihuschen wollte. »Wo bleibt Giuseppe Verdi?«

Camille du Locle drehte sich um, trat an de Pène heran und sagte leise: »Der Maestro ist sehr ungehalten über das Pariser Publikum, er hat sich entschlossen, morgen in aller Frühe die Stadt zu verlassen. Er sei kein Komponist für die ›Grande Boutique‹, so nennt er Ihr Opernhaus.«

»Voilà«, sagte de Pène, »das ist eine Sensation!« Und an Brugsch und Mariette gewandt: »Ich darf Sie mit Monsieur du Locle bekannt machen. Er schrieb das Libretto zu Verdis Oper *Don Carlos.*«

Mariette, der kurz zuvor die Textfassung der Oper kritisiert hatte, lobte nun plötzlich das Libretto geradezu pathetisch. Brugsch kannte seinen Freund Auguste genau, und so wartete er gespannt, welchen Zweck Mariette damit verfolgte. Das Rätsel löste sich schnell.

»Ich habe da eine Geschichte geschrieben«, bemerkte Mariette, »sie spielt zur Zeit der Pharaonen und handelt von der unglücklichen Liebe der Königstochter Aida zu dem Feldherrn Radames. Ismail Pascha, dem ich das Werk zugeeignet habe, meinte, es sei es wert, von einem der besten Komponisten in Musik gesetzt zu werden. Der Khedive dachte an Gounod, Wagner oder Verdi . . .«

»Interessant.« Camille du Locle dachte nach: »Für diesen Stoff gibt es doch nur *einen* Komponisten, und der heißt Verdi! Sie sollten mich einmal einen Blick in das Manuskript werfen lassen.«

»Der ägyptische Vizekönig ist ein großer Opernfreund«, fügte Mariette hinzu, »er baut gerade in Kairo ein großes Opernhaus. Es soll zur Eröffnung des Suezkanals eingeweiht werden. Verdi könnte Weltruhm erlangen, würde er für dieses Ereignis eine ägyptische Oper schreiben. Und Sie, Monsieur, sollten das Libretto liefern!«

Henri de Pène sah du Locle fragend an: »Wie stehen die Chancen für dieses Projekt, was glauben Sie, mon chèr?«

Der Textdichter verzog das Gesicht zu einer Grimasse und sagte gequält: »Das kommt natürlich auf die Bedingungen an . . .«

Mariette fiel ihm ins Wort: »Für die Großzügigkeit des Khediven kann ich mich verbürgen.«

Als er den fragenden Gesichtsausdruck des Altertumsforschers sah, sagte de Pène: »Ich glaube, wir sind Monsieur Mariette und unserem Freund aus Berlin eine Erklärung schuldig. Sie müssen wissen: Jedes Opernhaus hat seine eigenen, ungeschriebenen Gesetze, die der Komponist zu respektieren hat. Und die Pariser Oper hat ganz besondere Gesetze. Wagner weigerte sich, seinen *Tannhäuser* umzuarbeiten und das Ballett im zweiten Akt auftreten zu lassen. Das Ergebnis: *Tannhäuser* fiel durch und wurde nach der dritten Aufführung zurückgezogen.«

Heinrich Brugsch schüttelte den Kopf: »Warum in aller Welt sollte Wagner das Ballett in den zweiten Akt verlegen?«

»Monsieur«, sagte de Pène, »auch auf die Gefahr hin, daß Sie uns Pariser für frivol und dekadent halten – der Grund ist folgender: Paris hat zahlreiche einflußreiche Clubs, und der einflußreichste unter ihnen ist der Jockey-Club, lauter reiche Geschäftsleute und einflußreiche Beamte. Bei ihnen gehört es zum guten Ton, sich eine Ballerina zu halten – besser gesagt: sie auszuhalten. Vor einer Opernpremiere pflegen die Herren noch ausgiebig zu dinieren, und meist kommen sie erst zum zweiten Akt in die Oper. Wenn dann gerade ihre Favoritinnen auftreten, ist der Erfolg der Oper sicher.«

»Aber das ist doch nicht möglich!« Mariette verschränkte die Arme vor der Brust. Brugsch zeigte sich eher belustigt.

De Pène fuhr fort: »Was glauben Sie, warum Verdi mit seiner ersten Pariser Oper, der *Sizilianischen Vesper*, so großen Erfolg gehabt hat? Doch nur deshalb, weil er sich an die Spielregeln hielt.«

»Also in dieser Hinsicht möchte ich mich für Ismail Pascha verbürgen«, sagte Mariette. »Er würde an den Auftrag keine künstlerischen Bedingungen knüpfen, wenn sich der Maestro an meine Textvorlage hielte.«

Die beiden vereinbarten ein Treffen in Kairo – wenn möglich sogar mit Giuseppe Verdi. Dann gingen sie zum Diner im großen Ballsaal.

Der 1. April 1867, der Termin der festlichen Eröffnung der Weltausstellung durch den Kaiser, rückte immer näher, aber das Wetter blieb naßkalt und machte alle Hoffnungen zunichte, das Jahrhundertwerk rechtzeitig zu vollenden. Dampfbagger hatten die gesamte Anhöhe des Trocadero vor dem Marsfeld abgetragen und mit der Erde den Ausstellungspark eingeebnet. Riesige Walzen fuhren von früh bis spät zischend und schnaubend auf und ab, um den Untergrund, die Straßen und Gehwege fester zu machen. Die ersten fertiggestellten Pavillons bekamen bereits Risse, die Fundamente versanken im Morast. Aber das Chaos auf dem Ausstellungsgelände wie in der Stadt, wo die immer zahlreicher anreisenden Aussteller nach einer Bleibe suchten, paßte irgendwie zu dieser Stadt, und niemand regte sich darüber auf. Die Pariser fühlten sich als Mittelpunkt der Welt.

Die politische Lage war gespannt, manche Zeitungen orakelten sogar, die Weltausstellung könne vielleicht gar nicht eröffnet werden, weil ein Konflikt zwischen Preußen und Frankreich nicht mehr zu vermeiden sei. Nach Preußens Erfolgen gegen Österreich war der König der Niederlande an Napoleon III. herangetreten und hatte ihm Luxemburg angedient, wenn er die niederländische Souveränität garantiere. Dem aber wollte Preußen nicht zustimmen. Schließlich bahnte sich als politische Lösung die Neutralisierung Hollands an. Und Emile de Girardin, der populärste Pariser Publizist, der am lautesten mit dem Säbel gerasselt hatte, rückte in sein Blatt wieder Haute-Cuisine-Rezepte des legendären Baron Brisse, Cotelettes, Omelettes, Trüffel, Fasanen und Pastetchen ein und bot die gesammelten Anregungen des

Freßbarons seinen Abonnenten als Prämie. Girardin, der seine Zeitungen billiger und bunter gestaltete als seine Konkurrenten, brachte sogar den altehrwürdigen *Figaro* dazu, die täglichen Speisebulletins »Causeries du Baron« in das Blatt zu nehmen.

Statt feindlicher Soldaten überschwemmte in diesen Tagen ein Heer hübscher Ballettmädchen die Stadt. Sie kamen mit der Eisenbahn auf dem Gare du Nord an, blieben ein, zwei Tage in Paris, und manche von ihnen reisten dann nach Le Havre weiter. Die Mitglieder des Jockey-Clubs konnten sich den plötzlichen Massenandrang von so viel Weiblichkeit nicht erklären, bis Henri de Pène das Geheimnis lüftete: Ein amerikanischer Theaterdirektor, der im Vorjahr mit einem Musikspiel in New York 600 000 Francs verdient hatte, suchte Mädchen für seine neueste Produktion *La Biche au Bois*, und sein Agent hatte in Paris ein Anwerbungsbüro eröffnet, in dem die Mädchen Brüste und Beine zeigen mußten. Oft standen hundert Biches in der Schlange vor dem Büro, angereist aus London, Berlin, Petersburg, Odessa und Konstantinopel, und nicht selten war die Enttäuschung der abgelehnten Mädchen so groß, daß sie sich in die Arme irgendeines Mannes stürzten, dem sie nachts »au Gaz«, »im Laternenschein«, auf dem Montmartre begegneten.

Brugsch und Mariette passierten die Schlange in einer Droschke, die sie von Poissy, wo der Direktor eine Villa mit Garten und zugehörigem Personal gemietet hatte, zum Marsfeld brachte. Droschken waren, seit Paris von Fremden überschwemmt wurde, Mangelware, und die Kutscher, die, mit gelber Nummer versehen, einspännig bisher 1 Franc 50 bekamen, verlangten nun das Doppelte, die vornehmeren rot numerierten ließen sich am Sonntag eine Fahrt im Bois de Boulogne sogar mit 25 Francs honorieren.

»Würdest du«, fragte Mariette beim Anblick der hübschen Mädchen Heinrich Brugsch, »würdest du noch einmal heiraten wollen?«

Der Deutsche blickte mißmutig vor sich hin und fragte schließlich: »Und du?«

»Éléonore war eine wunderbare Frau«, sagte Mariette, »ich glaube nicht, daß man sie ersetzen kann.«

»Pauline hat mich verlassen«, sinnierte Brugsch, »und manchmal kann ich es ihr gar nicht verdenken. Ich glaube, Männer wie wir taugen nicht für die Ehe.«

Mariette schwieg und betrachtete mit Interesse die entgegenkommende Equipage oder besser die vornehme Dame darin, sie kam gewiß aus dem Quartier St. Germain und war eine mexikanische Witwe – so nannte man die aufgeputzten Kokotten. In Begleitung rot und blau gefärbter Pudel beklagten diese Damen gern ihr ungewohntes Alleinsein, der Herr Gemahl sei im Krieg geblieben, wissen Sie.

»Die Kerle in der Droschke hinter uns verfolgen uns seit Poissy«, brummte Mariette. »Ich kann mich irren, aber mir ist, als hätte ich die Gesichter schon einmal gesehen.«

Brugsch blickte sich um und hob die Schultern. »Paris«, sagte er plötzlich, »wie hast du dich verändert. Wo sind die schattigen Wege der Champs-Elysées? In Boulevards und Hotels haben sie sich verwandelt, Steine, Gerüste, Kalkgruben, Lieferkarren und Lärm. Das Paris der beiden Kardinäle, der Klassiker und des großen Monarchen . . .«

Der Franzose antwortete mit einem Seufzer: »Paris brauchte 1850 Jahre, um eine Million Einwohner zu erreichen, aber für die zweite Million brauchte die Stadt nur noch sechzehn Jahre. Paris ist nicht gewachsen, Paris ist explodiert. Neubauten, soweit das Auge reicht. In vierzehn Jahren wurden 17000 alte Häuser eingerissen und neu aufgebaut. Kannst du dir das vorstellen, Henri? Die Pariser sind nahezu süchtig nach neuen Bauten. Sie wohnen heute lieber im fünften Stockwerk als ohne Gas und Wasser.«

Die Droschke bog zum Pont d'Jena ein, und das Pferdchen begann zu traben. Auch der Kutscher hinter ihnen beschleunigte seine Fahrt. Das Marsfeld war eingerahmt von zahllosen Bretterbuden und Baracken, primitiven Restaurants und Büffets, in denen sich Tausende von Bauarbeitern aus aller Welt nach Art ihres Heimatlandes verköstigten. Fremde Düfte, exotische Gerichte und nie gehörte Namen bestärkten die Pariser in dem Verdacht, hier würden Hunde und Katzen zerhackt und zerkleinert als Delikatessen serviert.

Mariette bezahlte den Droschenkutscher, und die beiden strebten von der Porte Rapp dem ägyptischen Areal zu. Dabei passierten sie den französischen Ausstellungsteil, der die Hälfte des gesamten Parks für sich in Anspruch nahm und kaum weiter gediehen war als die Pavillons der ausländischen Aussteller, die sich daran anschlossen. Die Rue de Flandre und die parallel zu ihr verlaufende Rue de France führten geradewegs auf den Jardin Central, wo der Industriepalast seiner Vollendung entgegenging, eine gigantische Eisenkonstruktion, dreischiffig, eine moderne Basilika, allein das Mittelschiff 236 Meter lang, 80 Meter breit und 40 Meter hoch, in dreifacher Ausdehnung, beinahe doppelt so groß wie Notre-Dame. Dahinter arbeiteten die Ausländer an ihrer Selbstdarstellung: Zur Linken die Niederlande und Belgien, anschließend Preußen, Süddeutschland, Österreich, die Schweiz, Spanien, Portugal, Rußland, Italien, der Kirchenstaat, die Donau-Fürstentümer, Türkei, Siam, China und Ägypten.

Die Chinesen legten letzte Hand an ihr Theater, von den Russen wurden malerische Wohnhäuser errichtet, das Badehaus der Türken war bereits fertiggestellt, und im Park der Österreicher standen zwei riesengroße Lokomotiven von Fink und Sigl in Wien. In einem eigenen Pavillon präsentierten die Österreicher eiserne Geldschränke der Firma Wertheim sowie eine original Wiener Bäckerei.

Zwischen ratternden Maschinen, auf- und abrollenden Dampflokomobilen, kreischenden Sägen und lärmenden Dampfhämmern stand der Pylon, durch den man den ägyptischen Ausstellungsteil betrat, recht fremdartig in der Landschaft. Einzig das Minarett der türkischen Moschee auf der anderen Straßenseite, dessen goldener Halbmond weit sichtbar in den Himmel ragte, vermittelte den Eindruck, daß neben der Industrie auch die Kultur als ausstellungswert galt. Die Allee der gewaltigen Sphingen, die zu dem Tempel führte, war frühzeitig mit Steinplatten ausgelegt worden und hatte dem Regenwetter der vergangenen Wochen erfolgreich getrotzt.

»Sieh doch, Henri«, sagte Mariette und stieß Brugsch in die Seite, »die Kerle verfolgen uns immer noch!« Der Preuße meldete Zweifel an, ob es sich um die beiden Männer aus der

Die Sensation des Jahres 1867: Weltausstellung in Paris.

Droschke handelte. Von weitem sähen neunzig Prozent aller Männer gleich aus.

Im Innenraum des Tempels, der bis auf unbedeutsame Details fertig war, verlegten Arbeiter Gasleitungen für die Beleuchtung. Mariette korrigierte die einzelnen Standorte der Lichtquellen, zeichnete rote Kreuze an die Wand und besprach mit dem französischen Vorarbeiter die Pläne.

Daß Heinrich Brugsch auf einmal verschwunden war, störte ihn zunächst nicht, dachte er doch, der preußische Freund habe sich wegen seiner Geschäftigkeit aus dem Staube gemacht, um die Kanone von Krupp in Essen zu begutachten, die tags zuvor auf dem Schienenwege eingetroffen war, ein Ungetüm von tausend Zentnern für Pulverladungen von tausend Pfund. Doch dann dämmerte der Abend, auf dem Marsfeld blinkten die ersten Lichter auf, beleuchteten phantastische Architekturen, bildeten Lichtstränge, Flammengürtel um haushohe Maschinen. Nun begann Mariette sich doch Sorgen zu machen. Seit die Zeitungen über den Goldschatz der Königin Ahotep berichtet hatten, fühlte er sich verfolgt. Nur zwei Männer, so war zu lesen, wüßten, wo der Schatz in Paris lagere: Auguste Mariette und Heinrich Brugsch. Paris quoll in diesen Tagen der Eröffnung der Weltausstellung auch von zwielichtigem Gesindel über, das von dem bevorstehenden Ereignis angezogen wurde. Nie gab es so viele Taschendiebe, Zuhälter und andere Verbrecher in dieser Stadt. Sollte Brugsch das Opfer einer Entführung geworden sein?

Im Dunkel des Tempels erkannte Mariette eine schmächtige Gestalt; doch noch ehe er irgend etwas sagen konnte, löste sich die Gestalt aus dem Schatten, trat auf ihn zu, ein junger Mann von vielleicht zwanzig Jahren. »Entschuldigen Sie, Monsieur«, sagte der Jüngling, »ich habe lange auf diesen Augenblick gewartet, seit meinem vierzehnten Lebensjahr träume ich davon, Ihnen einmal zu begegnen . . .«

»Und was versprechen Sie sich von dieser Begegnung?«

fragte Mariette. Der junge Mann antwortete: »Ich habe so viel von Ihnen und Ihren Entdeckungen gehört, daß es für mich nur den *einen* Wunsch gab, ein Altertumsforscher zu werden, so wie Sie!«

Mariette strich über seinen Bart, runzelte die Stirn und knurrte: »So ist das also.«

»Ich heiße Gaston Maspero«, sagte der junge Mann, »meine Eltern stammten aus Milano, ich bin aber in Paris geboren, habe das Gymnasium besucht und beschäftige mich seitdem mit ägyptischer Geschichte, vor allem mit der Entschlüsselung von Hieroglyphen-Texten.«

»Und mit welchem Erfolg?«

»Ich kann heute jeden Text ohne Schwierigkeiten lesen.«

»Dann sind Sie erfolgreicher als ich«, antwortete Mariette, »mir bereiten Hieroglyphen-Texte bisweilen großes Kopfzerbrechen.«

»Wenn ich Ihnen nur einmal behiflich sein könnte . . .«

Mariette sah den jungen Mann mißtrauisch an. Er machte durchaus nicht den Eindruck eines Phantasten. »Wissen Sie was, Gaston«, sagte er nach einer Weile, »begleiten Sie mich nach Poissy, ich wohne dort und würde Ihnen gerne zwei Textabschriften geben. Da dürfen Sie dann zeigen, was Sie können.«

»Ich danke Ihnen, Monsieur«, rief Maspero begeistert und versuchte, die Hand Mariettes zu fassen. »Schon gut«, sagte der, »kommen Sie, wir versuchen, eine Droschke zu bekommen.«

Die Boulevards der Stadt erstrahlten im Lichterglanz. 40000 Gaslaternen gab es in Paris, endloser Goldflitter, betörend für die Fremden aus aller Welt. Jetzt kam die geheiligte Stunde des Diners. Nicht die zahlreichen Restaurants mit prix fixe von zwei bis fünf Francs, auch nicht die vielen ausländischen Gastronomiebetriebe wie das Petersche amerikanische Restaurant oder das deutsche Zöhls in der Rue de Rougemont, dicht am Boulevard Poissonnière, waren das

Ziel der Pariser Gourmets, sondern Restaurants erster Klasse wie das *Maison dorée*, das *Café de Foy*, das *Café Riche* oder – natürlich – das *Café Anglais* am Boulevard des Italien und die *Frères Provençaux* im Palais Royal.

Hier speiste man, nein, man tafelte zwischen Spiegeln, Gasflämmchen und Appliquen an langen Tischen mit weißen Tischdecken, die oft bis zum Boden reichten und die Arbeit der Biches erschwerten, die mit den kleinen Mignon-Füßchen ihr Gegenüber zu ertasten suchten. Und manch ein Fremder, der eines dieser noblen Etablissements mit wohlgefüllter Brieftasche betrat, um den eigenen Hunger zu stillen und um über Bismarck oder Palmerston zu diskutieren, sah sich unvermittelt einer dieser Biches gegenüber, konnte ihr den Wunsch nach Austern und Trüffeln nicht abschlagen und verausgabte sich völlig, wenn er nicht gar im Schuldgefängnis von Clichy landete.

»Ich mache mir Sorgen um meinen Freund Heinrich Brugsch«, sagte Mariette, während die Droschke über den Pont d'Jena rollte, »er ist verschwunden.« Warum er sich sorgte, sagte Mariette nicht. Gaston Maspero versuchte sein Gegenüber zu beruhigen, gewiß habe er sich bereits nach Hause begeben. Doch diese Hoffnung war trügerisch.

Die Mädchen in der Salle Valentino warfen die Beine schneller empor, als das Orchester auf dem goldumrankten Podium spielen konnte. Sie rissen ihre roten Röcke hoch und ließen nur allzugerne ihre fleischfarbenen Trikots blitzen, was als weit frivoler galt als das Herzeigen des mit Rüschen besetzten Höschens. Dabei stießen sie hohe Schreie aus. Vor vierzig Jahren war dieser Cancan noch ein angenehmer Gesellschaftstanz, aber Tänzerinnen wie die Rigolboche hatten daraus eine Vorführung gemacht, ganz Paris war inzwischen süchtig nach Cancan. Früher, als die Zeit noch anständig war, gab es in jedem Tanzlokal einen Sergeant, der einer in Ekstase geratenen Grisette auf die Schulter klopfte und leise

»première fois« sagte. Ein zweiter Tupfer, und sie mußte das Lokal verlassen. Aber das war lange vorbei.

Heinrich Brugsch dämmerte in einer Ecke des tobenden Lokals vor sich hin und starrte, wenn die Sicht es gerade zuließ, unter die Röcke der wilden Tänzerinnen. Vor ihm stand bereits der fünfte Absinth. Er hatte Mühe, die Augen offenzuhalten, als ein kleines zierliches Mädchen mit einer roten Schleife im blonden Haar von hinten an ihn herantrat, die Hände vor seine Augen hielt und keck fragte: »Kuckuck, wer bin ich?«

Der Preuße zog die kleinen Porzellanfingerchen vom Gesicht und drehte sich um: »Nee, nicht mit mir, Mademoiselle«, sagte er mühsam.

Das Mädchen lachte laut: »Aber det jiebt es ja nicht, du bist wohl auch aus Berlin, wa?«

Der heimische Dialekt wirkte auf Brugsch ernüchternd, er riß sich zusammen, versuchte sich höflich zu erheben, und brummelte mit einer angedeuteten Verneigung: »Johannisstraße, jawoll.«

»Wedding, anjenehm«, antwortete die Kleine und fügte artig hinzu: »Ich heiße Tildchen.«

»Na, laß man, Tildchen«, meinte Brugsch, »geh man lieber an 'n Nebentisch. Ich bin froh, wenn ich meinen eigenen Absinth bezahlen kann.«

»Wat denn«, gab das Blondchen zu bedenken, »siehst aber jarnicht so aus, könntest richtig was Besseres sein, wa?«

»Was Besseres!« Brugsch lachte gequält. »Vielleicht bin ich sogar was Besseres. Aber leben kannst du davon nicht!«

»Na sach doch mal, wat machste denn?«

»Privatdozent«, antwortete Brugsch und wagte nicht einmal aufzusehen.

Das Mädchen verzog das grellgeschminkte Gesicht, als hätte der Mann gerade etwas besonders Ekelhaftes von sich gegeben; dann bemerkte sie: »Ach du grüne Neune, so siehste aber jarnich aus. Hast wohl och 'n Doktor, wa?«

Brugsch nickte.

»Na, mußt dir ja nicht gleich schämen«, versuchte Tildchen zu trösten, »von wegen dem Doktor, kannst ja trotzdem ein janz anständiger Mensch sein . . .«

»Nur daß man vom Anstand so schlecht leben kann«, meinte Brugsch und rief: »Garçon, einen Absinth für Mademoiselle!«

»Nee, nee, laß man«, wehrte das Blondchen ab, »von 'nem armen Akademiker nimm ich nischt, wa.«

»Laß man gut sein«, antwortete Brugsch, und Tildchen nahm neben ihm Platz: »Na, denn bin ick halt so frei.«

Brugsch sah die Kleine zum erstenmal richtig an. Hübsch war sie, eigentlich viel zu hübsch. »Suchst wohl nach einem Freier?« fragte er schließlich. Tildchen entrüstete sich: »He, wat soll'n det. Ick bin nich so eene, wie du denkst, vastehste! Ich bin hier auf Arbeitssuche von wegen det Ballett.«

»Und?«

»Nu nischt. Nich genommen haben sie mir von wegen meine Titten, war ihnen zu wenig, wa.«

»Und nun?«

»Nu fahr ick wieder nach Hause und geh' in die Knopffabrik. Und du?«

Brugsch hob die Schultern. »Ich arbeite auf der Weltausstellung beim Aufbau des ägyptischen Tempels. Der Tempel steht nun, und in ein paar Tagen sitze ich wieder auf der Straße.«

»Wat denn, du als Akademiker?« – Tildchen sprach das Wort mit mindestens drei i.

»Ach, weißt du, Kleine, wenn du mit 40 noch nicht Boden unter den Füßen hast, dann schaffst du es nie mehr. In jungen Jahren habe ich mich als Ausgräber in Ägypten rumgetrieben, für Ehre und Vaterland und für die Wissenschaft, dann war ich Konsul in Kairo – nur für die Ehre, habe mein letztes Erspartes ausgegeben, und nu bin ich froh, wenn ich irgendwo einen Vortrag halten kann oder vielleicht einen

Forschungsauftrag bekomme. Das ist das Schicksal eines preußischen Akademikers.«

»Armer Kerl«, versuchte Tildchen den weinerlichen Doktor zu trösten, »wat nich is, kann ja noch werden. Biste verheiratet?«

Heinrich Brugsch schwieg.

Das Blondchen dachte nach. »Ach, so is det.« Und nach einer Weile: »Haste 'ne Bude?«

»Nein, Mädchen«, antwortete Brugsch, »ich kann dich nicht mitnehmen, ich wohne in Poissy bei einem Freund in einer hochherrschaftlichen Villa mit Stubenmädchen und Köchin.«

»Ick verstehe.« Tildchen nickte. »Von wegen die Contenance, wa. Kannst ja mit *mir* mitkommen, wenn du willst. Ne Villa ist es nich, aber ne schnuckelige Herberge im Quartier Lateng. Mußt halt dem Portier 'nen Franc extra geben.«

»Garçon«, rief Brugsch, »noch zwei Absinth!«

Für Mariette war klar, daß Brugsch das Opfer einer Entführung geworden war. Irgendwelche Gangster wollten ihn erpressen, damit er den Aufbewahrungsort des Pharaonenschmucks verriet. In dieser Nacht tat der Franzose kein Auge zu. Er beschloß, am nächsten Morgen auf jeden Fall die Polizei einzuschalten.

Doch am nächsten Morgen entstieg Dr. Heinrich Brugsch vor der Villa in Poissy einer Droschke und erklärte dem bestürzten Freund, er habe seinen Katzenjammer eine Nacht lang in Absinth ertränkt. Mariette begriff sofort die Ursache dieses Stimmungstiefs. Die Vorbereitungen der Weltausstellung waren beendet, Brugsch war praktisch arbeitslos.

Mariette bat deshalb Emmanuel de Rougé, Professor am Collège de France, Konservator am Louvre und im Rang eines Staatsrates, um eine Unterredung. Der Graf kannte Brugsch seit frühester Jugend. Er hatte ihn sogar in Berlin besucht, als ihn die Kunde erreichte, ein Wunderknabe schreibe an einem Lehrbuch der ägyptischen Sprache. Die Begegnung war herzlich.

Brugsch solle, schlug der Professor vor, an seinem Collège Vorträge über demotische Schrift und Literatur halten, dafür wolle er ihm seine Besoldung als Professor, immerhin 12 000 Francs im Jahr, abtreten. Das Einverständnis Kaiser Napoleons vorausgesetzt, solle Brugsch damit eine Lebensstellung verschafft werden. Die Zukunft des Preußen schien gesichert.

Auf Vermittlung Madame Cornus, einer Milchschwester des Kaisers, Erzrepublikanerin zwar, aber ständiger Gast beim kaiserlichen Abendtee, wurde Heinrich Brugsch zu einer Audienz gebeten. Napoleon stand in einer Fensterecke, redete in deutscher Sprache und stellte Fragen über Leben und Schicksal des Forschers, bevor er auf sein Lieblingsthema, Julius Cäsar und die Eroberung Alexandrias, zu sprechen kam. Schließlich erklärte er, er werde Heinrich Brugsch bereits nach einjährigem Aufenthalt in Frankreich die französische Staatsbürgerschaft erteilen. Im Normalfall dauerte das zehn Jahre.

So glücklich Brugsch über das Angebot war, so sehr schreckte Brugsch die Schnelligkeit, mit der die Einbürgerung vonstatten gehen sollte. Er bat um zwei Wochen Bedenkzeit und reiste nach Berlin.

Am 1. April 1867 eröffnete Napoleon III. die Weltausstellung wie vorgesehen, obwohl die meisten Pavillons noch nicht fertig und viele Attraktionen nicht einmal ausgepackt waren. Und das Wunder geschah: Nach wochenlangem Regen schien plötzlich die Sonne. 55 000 Besucher drängten sich tagtäglich auf dem Marsfeld, süchtig nach Sensationen, von denen es nicht wenige gab: Für einen Franc konnte man in Giffards »gefesselten Ballon« steigen. Sechzehn Personen bot die schwankende Gondel Platz. Eine Dampfmaschine mit zwanzig Pferdestärken zog die aussichtstrunkene Gesellschaft an einem Drahtseil auf die Erde zurück. Schwindelig, sich übergebend, wankten die Menschen in höchster Erregung aus der Gondel, sie hatten das Gefühl erlebt, zu fliegen.

Nicht ganz so hoch – aber doch aufregend genug – hievte der Edouxsche Aszensions-Apparat besonders Mutige auf das Dach des Industriepalastes, eine Art Fahrstuhl – die Treppe, so wurde lautstark prophezeit, habe im 19. Jahrhundert ausgedient, die Belle Etage werde künftig im vierten oder fünften Stockwerk liegen, mit Aszensionsapparat erreichbar. Weithin sichtbar und nachts seine Feuerzeichen in den Himmel schreibend, war der französische Leuchtturm zu besichtigen, der nach dem Ende der Ausstellung ab- und an den Klippen von Roche-Douvres in der Bretagne wieder aufgebaut werden sollte.

Der eigentliche Industriepalast, mit der Hauptfassade dem Pont d'Jena zugekehrt, überspannte in Form einer Ellipse – auf einem Gerippe aus Gußeisen bogenförmig eingedeckt mit Glas und gewalztem Zink – in gewaltiger Ausdehnung eine Gartenanlage mit Pflanzungen, Springbrunnen und eine Villa, in der Münzen und Gewichte verschiedener Nationen zur Schau gestellt wurden.

Man hätte meinen können, Mariettes ägyptischer Tempel und der orientalische Palast des Khediven wären von all den Wundern der Technik verdrängt worden, aber im Gegenteil: Zwischen den Zeugnissen aufsehenerregenden Fortschritts und in die Zukunft weisenden Erfindungen war, wie schon erwähnt, der altägyptische Tempel mit dem Grabschatz der Königin Ahotep und den Mumien die eigentliche Sensation. Der Technik begegnete man inzwischen schon allerorten, aber Ägypten und seine Vergangenheit waren noch immer unerreichbar, faszinierend und exotisch. Die Menschen standen Schlange.

Der Anziehungskraft der Exposition erlagen ausländische Potentaten, Staatsmänner und gekrönte Häupter, der Zar von Rußland und der König von Preußen. Dann, eines Tages, meldeten die Zeitungen: »Die späten Enkel werden davon reden: Der Sultan des Osmanischen Reiches kommt!« Nach den Gesetzen des Islam, so war zu lesen, dürfe der Sultan sein Reich eigentlich niemals verlassen – es sei denn als Eroberer an der Spitze einer siegreichen Armee. Wunderdinge erzählte man hinter vorgehaltener Hand über den Fürsten aus dem Orient. Unsagbar reich sollte er sein, Brillanten

Mariettes Mumien mußten auf der Weltausstellung mit diesem »Aszensions-Apparat«, dem ersten Lift, konkurrieren.

tragen von siebzig Karat, Frauen haben, für jeden Tag mehrere, Grausamkeit wurde ihm nachgesagt und faszinierende Häßlichkeit.

Die Weltausstellung hatte den Geschäftssinn der Pariser ins Unermeßliche gesteigert. Vermieteten sie bislang den müden Besuchern Stühle zum Preis von zwei Sous, so verkauften sie nun zum Empfang des Sultans ihre Fenster zum Mindestpreis von zwei Francs – vorausgesetzt natürlich, sie lagen am Weg, den die Kutsche nahm. Die Rue de Rivoli hinauf zu den Tuilerien hingen die Menschen aus den teuer erkauften Fenstern, sie standen auf selbstgezimmerten Gerüsten und Leitern und rauften sich um eine Gaslaterne. Überall Fahnen, der weiße Halbmond auf rotem Grund, aber auch die russischen und preußischen Farben; denn aus Courtoisie ließ man die Fahnen jener Länder hängen, deren Monarchen bereits zu Besuch gekommen waren.

Zu beiden Seiten der Straßen hielten Soldaten die schiebenden, drängenden Menschenmassen zurück. Zwei Stunden später als angekündigt, nahten sich endlich die Garde-Ulanen, gefolgt von einer farbenprächtigen Hundertgarde. Und dahinter kam er – wie enttäuschend – zweispännig schlicht in einer offenen Kutsche, rechts neben Kaiser Napoleon, Sultan Abdul Aziz, mittelgroß, bleichgesichtig mit schwarzem Vollbart, im dunklen Gehrock, den roten Fez auf dem Kopf. Ihnen gegenüber saßen Prinz Napoleon und der türkische Außenminister Fuad Pascha. In neun Hofwagen folgte ein Heer von Begleitern. Kaiserin Eugénie hieß den illustren Gast an der großen Haupttreppe der Tuilerien willkommen, dirigiert von vier himmelblau gekleideten Zeremonienmeistern, im Spalier acht rotlivrierter Kammerherren. Zum Elyséepalast, wo der Sultan Wohnung nahm – zuvor hatte hier Zar Alexander logiert –, ging der Zug durch den Tuilerien-Park über die Place de la Concorde und die Champs-Elysées.

Der *Moniteur* berichtete, im sogenannten silbernen Saal,

dessen Einrichtung noch von Napoleon I. stammte, habe man in der Mitte ein Marmorbecken samt Springbrunnen für die täglichen Waschungen installiert, die der islamische Glaube dem Sultan vorschreibe.

Das große Spektakulum, als Fest des Friedens angekündigt, fand tags darauf im Industriepalast auf dem Ausstellungsgelände statt. Zwanzigtausend Menschen, ausgewählt nach Rang oder persönlichem Verdienst, fieberten dem Eintreffen des Sultans entgegen. Er erschien zu den Klängen einer Friedenshymne, die ein Orchester von 800 Musikern intonierte. »Paix sur la terre!« erscholl aus den Kehlen von 600 Sängern, als sich vom gewölbten Glasdach der eisernen Halle die Flaggen der teilnehmenden Nationen entrollten.

Sultan Abdul Aziz betrat den Prachtbau Arm in Arm mit Kaiserin Eugénie, gefolgt von Kaiser Napoleon. Einfach wie am Vortag war die Kleidung des Sultans, ein schwarzer Oberrock mit engen Beinkleidern, roter Fez, an der linken Seite ein krummer Säbel in goldener Scheide. Abdul Aziz trug nicht einmal Handschuhe. Das weiße Schleppkleid der Kaiserin Eugénie aus Atlas und Samt war mit Perlenschnüren besetzt und glitzerte mit dem Perlen-Diadem im Haar um die Wette. Zur Feier des Anlasses hatte Eugénie das berühmte Collier des Kronschatzes mit dem »Regenten« angelegt. Napoleon selbst wetteiferte mit seinem orientalischen Gast in der Schlichtheit der Garderobe, der Kaiser trug einen einfachen dunklen Gehrock.

Diesem Dreigestirn folgten die Kronprinzen von England, Preußen, Italien und Sachsen, der türkische Thronfolger, Prinz Napoleon und Ismail Pascha. Danach Prinzen und Prinzessinnen, Hofdamen, Kammerherren und Diplomaten – unter ihnen Auguste Mariette und Ferdinand de Lesseps.

»Ich könnte mir vorstellen«, flüsterte Mariette seinem Nachbarn zu, »daß Ismail Pascha blaß vor Neid ist, wenn er diesen pompösen Aufzug betrachtet.«

»Zumindest wird er nicht ohne Wirkung bleiben. Der

Khedive hat sich ja für die Eröffnung des maritimen Kanals einiges vorgenommen und auf seiner Europareise fleißig Einladungen verteilt. Kaiser Napoleon hat schon zugesagt. Es würde mich nicht wundern, wenn Ismail Pascha versuchen würde, das heutige Spektakel noch in den Schatten zu stellen.«

Mariette war etwas skeptisch. »Ägypten ist nicht Paris«, raunte er, »aber Paris ist auch nicht Ägypten«, meinte Lesseps.

»Sie mögen recht haben«, meinte Mariette schließlich, »die Sache mit der Eröffnungsoper ist übrigens perfekt. Verdi wird sie komponieren.«

»Nach Ihrer Vorlage? – Gratuliere!«

»Du Locle wird meine Aida-Geschichte in eine Textvorlage umarbeiten.«

»Sie werden in die Musikgeschichte eingehen, mon cher!« Lesseps schmunzelte.

Mariette erwiderte: »Mir würde es genügen, wenn ich mir bei der Entdeckung der Geschichte Ägyptens einen Namen machte. Aber – unter dem Siegel der Verschwiegenheit – wissen Sie, was der Maestro fordert? – 150000 Goldfrancs. Der Khedive mußte die Summe bei der Pariser Rothschild-Bank hinterlegen. Und nach der Aufführung in Kairo gehen die Weltrechte an Verdi zurück!«

»Kompositeur müßte man sein!« sagte Lesseps leise.

Der Kaiser hielt eine immer wieder von tosendem Beifall und Bravorufen unterbrochene, emphatische Friedensrede, die mit den Schlußworten endete: »Die Vorsehung segnet stets diejenigen, die das Gute wollen.« Die stehende Ovation des vieltausendköpfigen Publikums weckte auch den Sultan wieder, der, wie einige argwöhnten, während der kaiserlichen Rede eingeschlafen war.

Bei der anschließenden Ordensverleihung wurde Ferdinand de Lesseps mit dem Kommandeurskreuz bedacht, Mariette war mit 46 Jahren für derlei Ehren wohl noch zu jung.

Aufsehen erregten drei Deutsche: Dem weißbärtigen Stahlfabrikanten Alfred Krupp aus Essen verlieh der Kaiser das Ritterkreuz, der Historienmaler Wilhelm von Kaulbach und der Genremaler Ludwig Knaus wurden mit dem Offizierskreuz der Ehrenlegion dekoriert.

»Wo ist eigentlich Ihr preußischer Freund Brugsch?« erkundigte sich der Kanal-Direktor.

»Oh, diese Preußen!« schimpfte Auguste Mariette, »alles war schon perfekt! Napoleon hätte Brugsch die französische Staatsbürgerschaft verliehen, er wäre Professor am Collège de France geworden. Aber dieser Lepsius machte alles wieder zunichte. Ein Preuße dürfe sein Vaterland nicht preisgeben. Besser ein hungernder Preuße als keiner. Armer Henri!«

VII.
Achmed, der König der Grabräuber

Vermeintliche Türen, schattenhafte Gestalten erwiesen sich beim Näherkommen als kantige Felsvorsprünge. 30 Meter mochte er hinter sich gebracht haben. Hier tief im Felsengebirge von Der el-Bahari erschien es ihm, als sei er seit Stunden unterwegs. Immer die Ungewißheit, die Angst, der Boden könnte sich öffnen, ihn verschlingen, die Wände könnten einstürzen, ihn begraben, ein gewaltiger Steinblock könnte aus der Decke stürzen, ihn zermalmen.

Achmed Abd er-Rassul aus Schech abd el-Kurna schien ein besonderer Liebling der Götter Ägyptens zu sein. Das Haus seiner Eltern in dem Dorf gegenüber von Luxor war mit einem ungewöhnlichen Kellergeschoß ausgestattet: Man hatte es über ein weiträumiges Grab aus der 21. Dynastie gebaut, das, so betonten die Abd er-Rassuls standhaft, zur Zeit des Neubaues bereits ausgeraubt war. Mag sein; Tatsache ist, daß die meisten Häuser von el-Kurna einen pompösen Keller mit kostbaren Reliefs und alten Malereien haben.

Achmed war der mittlere von drei Brüdern, die – zusammen – das ideale Grabräuber-Team darstellten: Mohammed, der Älteste, stand in Diensten des Konsuls Mustafa Aga Ayat in Luxor; Soliman, der Jüngste, verdingte sich als Hehler und Antiquitätenschmuggler; und Achmed verbrachte seine Zeit vor allem damit, mutterseelenallein durch das Tal der Könige zu streifen, jeden Felsspalt in Der el-Bahari zu inspizieren und unter dem antiken Bauschutt von Der el-Medina zu wühlen.

Letzteres betrachteten die Bewohner von Schech abd el-Kurna seit Generationen als ihr ureigenes Privileg, schließlich gab es sonst keinen vernünftigen Grund, dieses Dorf gerade hier in der Wüsteneinsamkeit zu errichten, und deshalb sahen sie es auch nicht gerne, wenn sich ein Gelehrter hierher verirrte. Und davon wurden es in letzter Zeit immer mehr.

Achmed Abd er-Rassul wußte genau, daß die Götter vor eine Entdeckung den Schweiß gesetzt hatten; er war sich aber auch im klaren, daß die größten Entdeckungen der Archäologie kein Forscher, sondern der Zufall gemacht hatte. Und noch einen dritten Grundsatz kannte er: Jeder Felsvorsprung, jeder Sandhaufen und jede Geröllhalde – und mochten sie noch so unscheinbar erscheinen – konnten der Zugang zu einer unermeßlichen Schatzkammer sein.

Es war daher kein Zufall, daß Achmed eines Morgens beschloß, die Klippen des Libyschen Gebirges zu erklimmen, an deren dem Nilufer zugewandten Abhang die Ruinen des Hatschepsut-Tempels liegen, während die Rückseite schroff zum Tal der Könige abfällt. Nur von der dem Tal der Könige zugewandten Seite waren diese Felsen zu erklimmen, und auch dann nur unter Lebensgefahr.

Achmed schürfte mit einem knorrigen Stock im Geröll. Steine lösten sich unter jedem Tritt, polterten laut in das totenstille Tal. Erschreckt flogen ein paar Geier auf, die heiligen Vögel der Schutzgöttin Nechbet. Oben angekommen, hielt er inne, blickte nach Osten zum Horizont, wo diesig, milchig-gelb die Sonne aufging. Langsam löste sich der fruchtbar-grüne Uferstreifen des Nils aus dem Dunst, Luxor tauchte auf mit seinen Traumvillen und Märchenschlössern, Treffpunkt der High-Society aus aller Welt zur Winterzeit.

Hier wurde Luxus zelebriert, Feste gefeiert wie in Tausendundeiner Nacht. Was dort an einem Abend verpraßt wurde, hätte ganz el-Kurna ein Jahr lang ernährt. Das Zentrum gesellschaftlichen Treibens war die Villa des Konsuls Mustafa Aga Ayat, wo Achmeds Bruder Mohammed als Diener beschäftigt war.

Ein Felsvorsprung erregte Achmeds Aufmerksamkeit; er hielt inne, überlegte. Es war weniger die Gefahr eines Absturzes, die ihn nachdenklich machte, als die Frage, ob auf dieser bedrohlichen Felsnase jemals ein Grab angelegt worden sein könnte. Achmed wurde klar, daß dies eigentlich unmöglich war – Grund genug, sich den Felsvorsprung genauer anzusehen.

Der Fels fiel 60 Meter senkrecht zum Tal ab. Ein falscher Schritt in dem brüchigen Gestein und – Achmed hielt erschrocken inne: Kein Zweifel, dort, eingerahmt von Felsbrocken, klaffte ein Loch im Fels, vielleicht zwei Meter breit. Vom Kamm des Gebirges war diese Höhle nicht einzusehen.

Bewohner von el-Kurna graben nach Mumien.

Vorsichtig ging Achmed zu dem Loch im Fels. Er blickte in einen unendlich tiefen Schlund. Als er einen Stein hinabwarf, klang der Aufschlag weit entfernt. Achmed wiederholte den Versuch, das Echo verriet einen größeren unterirdischen Raum. Bei Allah, was hatte er entdeckt?

Ein Pharaonengrab? – wohl kaum. Achmed wußte zwar, daß die Gelehrten noch nach einer ganzen Reihe von Pharaonengräbern suchten, darunter nach den Gräbern Thutmosis' III., dem der Königin Hatschepsut, dem des Haremhab und des Tut-ench-Amun; aber waren diese überhaupt hier bestattet worden? Diente das Tal der Könige *allen* Pharaonen der 18. bis 20. Dynastie als letzte Ruhestätte? Zudem lag die unheimliche Öffnung auf dem gefährlichen Felsvorsprung weitab hinter dem Tal der Könige. Ein Pharaonengrab, das schien so gut wie sicher, war dies nicht.

Was aber barg der geheimnisvolle Schacht? Vielleicht die letzte Ruhestätte eines exzentrischen Adligen, der hier für sich allein begraben sein wollte? Die Frage war nur: War er, Achmed, der erste, oder hatten andere das abgelegene Versteck schon vor ihm entdeckt? Würde es ihm so ergehen wie Giovanni Belzoni, der sich vor über 50 Jahren unter ungeheuerem Aufwand an Menschen und Material in das Grab Sethos' I. gewühlt hatte und dann eines Tages vor einem leeren Sarkophag stand?

Von einer inneren Unruhe gepackt, machte Achmed kehrt, kletterte aufgeregt die brüchige Felsnase hoch, tat einen unsicheren Blick zurück, ob der Grabeingang von hier wirklich nicht zu sehen war, und lief – nachdem er sich davon überzeugt hatte – zu dem schmalen Saumpfad hinab, der in einem weiten Bogen um die Felsgipfel herum nach el-Kurna führt.

Achmed versuchte, seine Erregung zu verbergen, als er im Dorf ankam. Eine Entdeckung, das wußte er, war um so wertvoller, je weniger Leute davon wußten. Also ging er scheinbar gelassen nach Hause. Soliman spürte jedoch sofort, daß irgend etwas Ungewöhnliches in ihm vorging.

Er sah den älteren Bruder fragend an, als wollte er sagen: Du hast doch was?

Achmed grinste verschmitzt und stieß mit dem Zeigefinger in die Luft: »Oben auf den Klippen!«

Soliman stutzte, dann fragte er ungeduldig: »Und?«

»Nichts«, sagte Achmed, »ein Loch im Fels, mindestens zehn Meter tief.« Soliman schien enttäuscht.

Auch er wußte natürlich, daß dies nicht der Eingang zu einem Pharaonengrab sein konnte. Die Gräber der Könige waren trotz unterschiedlicher Architektur allesamt nach dem gleichen Schema gebaut: Treppen führten zu drei hinter- oder verwinkelt zueinander liegenden Korridoren, an die sich die eigentliche Grabkammer anschloß.

Ein senkrechter Schacht hätte die Bestattungszeremonie, bei der sich die Priester mit der Mumie in die Sargkammer begaben, unmöglich gemacht. Doch wofür hatte man einen so tiefen Schacht angelegt? Gräber von Edelleuten, wie sie zu Hunderten in der Gegend gefunden wurden, hatten einen schlichten, vermauerten Zugang, hinter dem sich die Grabkammer auftat. Wer hatte also mit so hohem Aufwand, unter so außergewöhnlichen Umständen für die Ewigkeit vorgesorgt?

»Wir brauchen ein Seil, das mindestens 20 Meter lang ist, und ein paar Talglichter«, unterbrach Achmed die Gedanken seines Bruders. Nach eingehenden Beratungen kamen die beiden dann überein, sofort aufzubrechen.

Zwei Männer, mit Grabungswerkzeugen ausgerüstet, fielen nicht weiter auf in el-Kurna – das ganze Dorf ging dem Gewerbe der Grabräuberei nach. Deshalb konnten Achmed und Soliman die Felsklippen erreichen, ohne Aufsehen zu erregen.

Während Soliman die Hände schützend über die Augen hielt und angestrengt in den Schacht starrte, prüfte Achmed die in der Nähe herumliegenden Felsblöcke, ob einer von ihnen wohl genügend Halt böte, um das Hanfseil herumschlingen zu können, an dem sich Achmed in die Tiefe hinabgleiten lassen wollte – ein Unterfangen, das selbst für einen Mann wie Achmed, der nicht an die Geister der Verstorbenen glaubte, Gefahren barg.

Schlangen und Skorpione trieben in vielen Gräbern ihr Unwesen, und groß war auch die Angst der Grabräuber vor Giften und Fallen, die von den Priestern vor Jahrtausenden ausgelegt worden waren. Immer und immer wieder bezahlten Grabräuber ihr Treiben mit dem Leben.

In Sakarra, der Totenstadt von Memphis, 400 Kilometer nilabwärts, mußten Archäologen einst einen tonnenschweren Stein, der aus einem unterirdischen Gewölbe herabgestürzt war, hochwuchten. Erst dann war der Zugang frei zu einer kunstvollen Grabkammer, in der zwei menschliche Skelette lagen, keine Mumien – wohlgemerkt. Nach eingehenden Untersuchungen fanden die Archäologen heraus, daß zwei Grabräuber beim Betreten der unterirdischen Stätte einen Mechanismus ausgelöst hatten, der den Steinkoloß von der Decke fallen ließ. Die beiden waren elend umgekommen.

Mit solcherlei Schutzmaßnahmen vor Räubern statteten die altägyptischen Grabbauer viele Grüfte aus. Sie legten Fallgräben an, die nur mit Brücken zu überqueren waren – die nach der Bestattung der Könige abgebrochen wurden –, sie gruben Irrgänge, konstruierten Scheintüren und bauten Kammern, die wie Grabkammern aussahen – die eigentliche Grabkammer des Königs lag jedoch in entgegengesetzter Richtung.

All das komplizierte zwar die Arbeit der Einbrecher, verhindert wurde sie dadurch nicht. Die Gier nach Gold, die Aussicht, mit einer einzigen Entdeckung ein Leben lang ausgesorgt zu haben, setzte unglaubliche Energien frei, ließ tödliche Risiken vergessen. So auch bei den Brüdern Abd er-Rassul.

Achmed hatte das eine Ende des Seiles um einen Felsblock geknotet, das andere band er sich um die Brust, dann ließ er sich rücklings in die Felsröhre und kletterte vorsichtig, sich mit Armen und Beinen einspreizend, in das ungewisse Dunkel hinab.

Das ging langsam, unendlich langsam. Soliman, der das Tau durch seine Hände gleiten ließ, blickte vorsichtig um sich. Es war weniger die Angst vor einer Streife der Altertümerverwaltung, die ihn sichtlich nervös machte, als die Furcht, von anderen Dorfbewohnern entdeckt zu werden; denn das hätte Teilen der Beute bedeutet.

Die Aufpasser Mariettes waren zwar mit Flinten bewaffnet, doch die Bewohner von el-Kurna spielten mit ihnen Katz und Maus. Ihr Warnsystem funktionierte perfekt: Jedesmal wenn eine Streife, von Luxor kommend, im Fährboot den Nil überquerte – sie nahm nie einen anderen Weg –, setzte sich eine Stafette nach el-Kurna und weiter bis zum Tal der Könige in Bewegung; die Grabungs- und Suchtrupps stellten ihre Arbeit ein, rannten nach Hause und boten, wenn die Ordnungshüter ankamen, Ziegen melkend und Körbe flechtend, ein beschauliches Bild oberägyptischen Landlebens.

Die Zeit, in der Grabräuber mit dem Tode bestraft wurden, lag weit zurück. In pharaonischer Zeit gab es Grabräuber-Prozesse, deren Protokolle, auf Papyrusrollen geschrieben, im Wortlaut erhalten sind. So auch das klägliche Geständnis von acht Steinmetzen und Tempeldienern, die während der 20. Dynastie, etwa 1100 Jahre vor Christus, unter Peitschenhieben zu Protokoll gaben: Sie seien in die Pyramide des Königs eingedrungen, hätten den Sarkophag aufgebrochen und die Mumie des Pharaos herausgeholt. Der tote König sei über und über mit Amuletten und Schmuckstücken aus Gold bedeckt gewesen, und auch die Mumiensärge hätten außen und innen Gold- und Silberüberzüge getragen. Die Einbrecher hätten alles Gold und Silber abgerissen und später in acht Teile geteilt.

Der Prozeß endete mit einer achtfachen Hinrichtung.

Wie gesagt, der am Rande des Felsenschachtes stehende Achmed fürchtete weit weniger den Arm des Gesetzes als die Entdeckung durch eine rivalisierende Grabräuberbande. In solchen Fällen kam es nicht selten zu Schießereien, bei denen der Schwächere im Grab zurückblieb – als Leiche.

Achmed war indes auf der Schachtsohle angelangt. Zehn bis zwölf Meter tief mochte die senkrecht in den Fels führende Röhre sein. Es war stockdunkel. Er band das um die Brust geschlungene Hanfseil ab und zog aus seiner Unterkleidung, die nur aus einem zwischen den Beinen und um die Hüften geschlungenen Fetzen Stoff bestand, ein Talglicht. Im flackernden Kerzenschein versuchte er sich zu orientieren. Der Raum war eng, zwei Meter Durchmesser, nicht größer als der Einstieg.

Vorsichtig, als könnte er das Ganze zum Einsturz bringen, tastete Achmed die Felswände ab. Die eine Seite des Schachtes wies deutlich eine Mauerstruktur auf.

»Soliman!« schrie Achmed nach oben, wo ein kleiner Lichtpunkt zum Himmel wies, »zieh das Seil hoch und laß das Brecheisen herunter. Aber vorsichtig, hörst du!«

Soliman zog das Tau nach oben, band die eineinhalb Meter lange Brechstange, wichtigstes Requisit aller Grabräuber, am einen Ende des Eisens fest und ließ das Werkzeug behutsam in den Schacht hinab. Ein gefährliches Unterfangen: Die baumelnde Brechstange konnte leicht einen Stein aus dem brüchigen Fels schlagen, Achmed hatte kaum eine Chance, dem herabstürzenden Felsbrocken auszuweichen.

Aber es ging gut. Mit der bei zahllosen Versuchen erworbenen Routine ging Achmed ans Werk, lockerte behutsam den ersten Block, indem er die Brechstange immer wieder in dieselbe Mauerfuge rammte. War erst einmal ein Stein lokker, folgten die übrigen wie von selbst. Er arbeitete verbissen, die Luft wurde knapp. Was würde sich hinter dieser Mauer verbergen? Das Gold eines Pharaos oder nur das armselige Knochengerüst irgendeines bedeutungslosen Ägypters?

Das am Boden brennende Talglicht verbreitete ein so diffuses Licht, daß Achmed die Mauerfuge, die er mit größter Kraftanstrengung bearbeitete, gar nicht richtig sehen konnte; er fühlte nur, wenn das Brecheisen traf; ein Rammstoß nach dem anderen, gleichmäßig wie eine Maschine. Da – ein Rumpeln verriet: Er hatte es geschafft, der Mauerstein war locker.

Mit Bedacht, als nähme er eine Schmuckschatulle aus dem Safe, hob Achmed den Stein aus dem Gemäuer. Er äugte durch das schwarze Loch, erkannte nichts, nahm die Kerze, hielt sie davor, aber sosehr er seine Augen auch anstrengte – es war nichts zu sehen.

Also machte er sich daran, weitere Steine herauszubrechen. Es dauerte nun nicht mehr lange, und in der Wand klaffte ein Loch, gerade groß genug, um sich durchzwängen zu können. Achmed nahm das Talglicht, steckte es hindurch, ein Korridor wurde sichtbar, knapp eineinhalb Meter breit, aber nur etwa 80 Zentimeter hoch, er stieg hinein.

Der niedrige Gang, den Achmed auf allen vieren kriechend, die Kerze vor sich herschiebend, hinter sich brachte, war etwa sieben Meter lang, dann vergrößerte er sich nach oben und machte eine jähe Biegung nach links, um sich in der Dunkelheit zu verlieren.

Achmed konnte jetzt wieder aufrecht gehen. Behutsam setzte er einen Schritt vor den anderen, farbloser Staub wirbelte auf, drang in Nase und Augen, machte das Atmen noch schwerer. Achmed tappte, die Kerze weit von sich gestreckt, durch den endlos scheinenden Korridor. Er hielt eine Hand vor das Licht, um die vor ihm auftauchenden Schemen besser erkennen zu können.

Vermeintliche Türen, schattenhafte Gestalten erwiesen sich beim Näherkommen als kantige Felsvorsprünge. 30 Meter mochte er so hinter sich gebracht haben. Hier, tief im Felsengebirge von Der el-Bahari, erschien es ihm, als sei er seit Stunden unterwegs. Immer die Ungewißheit, die Angst, der

Boden könnte sich öffnen, ihn verschlingen, die Wände könnten einstürzen, ihn begraben, ein gewaltiger Steinblock könnte aus der Decke stürzen, ihn zermalmen.

Aber dann tauchten in seiner Phantasie Gold, Juwelen, kostbare Gefäße auf – wohin in aller Welt führte dieser endlose Gang, wohin? War er in eine Falle geraten, die pietätvolle Grabbauer vor Jahrtausenden angelegt hatten? Oder war dies der Weg zum größten Coup seines Lebens? Achmed hielt inne.

Bei Allah, da lehnte wenige Meter vor ihm, grauenhaft erhellt vom Flackerschein der Kerze, eine Gestalt an der Felswand. Verwirrt wischte sich Achmed über die Augen, hielt die Kerze hoch, daß die Schlagschatten der Gestalt sich verkürzten: Es war eine Mumie, die da an der Wand lehnte, eine senkrecht stehende Mumie in ihrer aus Holz geschlagenen Hülle.

Ihm blieb gar nicht die Zeit, die menschliche Hülle eingehend zu betrachten, denn dahinter im Schatten tauchte ein geöffneter Sarkophag auf. Er hielt sein Talglicht über den Rand und schrak zurück. Hier lag eine weitere menschliche Gestalt mit über der Brust gekreuzten Armen, kostbarer Schmuck umgab die zusammengeschrumpften Glieder, ein Schild auf der Brust trug für ihn unleserliche Hieroglyphen.

Achmed blickte auf, seine Augen bohrten sich in den dunklen Raum. Was er sah, ließ ihn in seiner Erregung an seinem Verstand zweifeln, er rang nach Luft. Nicht zwei Mumien waren da in der Dunkelheit zu erkennen, sondern zehn, zwanzig, dreißig, vielleicht mehr, manche in vollem Ornat, andere ihrer kostbaren Bekleidung beraubt, verzerrte Fratzen, edle Gesichter mit der Uräusschlange auf der Stirn, dem Symbol des Pharaos.

Das war für den Eindringling zuviel. Er, der die inzwischen ausgeraubten Pharaonengräber im Tal der Könige wie seine Hosentasche kannte, dem keine Höhle zu eng, kein Irrgang zu tief war – jetzt im Anblick der zigfachen Sterblichkeit, versagten seine Nerven. Achmed machte kehrt, hastete im Staub des Korridors zurück zum Einstiegsschacht, zwängte sich durch den niedrigen Kriechgang, bekam das herunterhängende Tau zu fassen. »Soliman!« schrie er, während er sich das Ende um die Brust band, »Soliman, zieh mich hoch!«

Völlig entkräftet, sich in die enge Felsröhre einspreizend und unterstützt vom Zugseil des Bruders kam Achmed dem immer greller werdenden Tageslicht näher. Er fiel wie ein Sack über den Rand des Schachtes und blieb, die Augen schließend, reglos liegen. »Soliman«, stammelte er immer wieder, »ich habe Gespenster gesehen, Gespenster!«

Der verstand seinen Bruder zuerst nicht; aber als er den einen Satz immer wieder hervorstieß, begriff er allmählich, daß er sich nicht verhört hatte. Er rannte so schnell er konnte den Felshang hinauf und blieb dort, den immer noch erschöpft am Boden liegenden Bruder beobachtend, in sicherer Entfernung sitzen.

Soliman wußte, daß Achmed sich keinen Scherz erlaubte, er wußte auch, daß er kein Hasenfuß war. Wenn Achmed vor Angst zitterte, dann mußte das einen schwerwiegenden Grund haben.

Achmed erhob sich. Auch durch heftiges Winken konnte er seinen Bruder nicht dazu bewegen, zurückzukommen. Schließlich rollte er das Seil auf und machte sich auf den Weg. Soliman kam ihm zögernd entgegen. Im Gehen erzählte Achmed, was er gesehen hatte. Soliman schüttelte nur mit dem Kopf.

Ob es Pharaonenmumien gewesen seien, die er dort unten gesehen habe? fragte der Jüngere.

Ja, antwortete der Bruder, er glaube schon, einige trugen die Königsschlange um die Stirn, nur Königen sei dieses Symbol der Macht erlaubt gewesen.

Aber gleich mehrere Könige in einem einzigen Grab?

Achmed zuckte mit den Schultern. Er wußte auch nicht,

was er davon halten sollte. Mehrere Könige in *einem* Grab, das hatte es bisher nicht gegeben. Mariette hatte schon zahlreiche Massengräber entdeckt, aber die Toten, die darin lagen, waren meist nicht einmal mumifiziert worden, von Schmuck und kostbaren Grabbeigaben keine Spur. Was hatte es mit diesem pharaonischen Massengrab für eine Bewandtnis?

Wäre Mariette oder ein anderer Forscher auf diesen Fund gestoßen, sie hätten das Rätsel schnell gelöst; denn aus Papyrus-Funden kannten sie die sonderbaren Umstände – nur das Versteck kannten sie nicht.

Vor mehr als 3000 Jahren regierte in dem Land am Nil der Pharao Ramses III., ein schwacher König. Er mußte sich gegen ständige Angriffe fremder Völker wehren, im eigenen Land machten sich Zerfallserscheinungen bemerkbar, Kriminaldelikte häuften sich. Durch das Tal der Könige, wo die Felsengräber der Pharaonen im Fels versteckt waren, zogen Räuberbanden. Ein Grab um das andere wurde ausgeraubt. Selbst Wachpatrouillen konnten dies nicht verhindern, sie wurden kaltblütig ermordet. Die Priester des Amun, einst mächtig als Hüter des Lebens nach dem Tod, hatten ihre Autorität eingebüßt.

Um die Mumien der Pharaonen vor Leichenfledderei zu bewahren, faßten die Priester des Amun irgendwann während der Regierung Ramses' III. (1184–1153 v. Chr.) einen unglaublichen Plan. Sie erkauften sich gegen teures Geld die Verschwiegenheit einer Handvoll Arbeiter. Diese müssen fürstlich entlohnt worden sein – vermutlich erhielten sie ein Salär auf Lebenszeit –, denn der Verrat dieses Planes hätte jedem der Beteiligten ein Vermögen eingebracht. Vielleicht waren es aber auch besonders pietätvolle Grabarbeiter, denen die Aussicht auf Entlohnung im Jenseits die Zunge lähmte.

Diese Mannschaft legte jedenfalls in jahrelanger, heimlicher Arbeit jenes Versteck an, das Achmed Abd er-Rassul erst über 3000 Jahre später entdecken sollte. Es ist bis heute ein Rätsel, wie ein derart umfangreiches Projekt geheim bleiben konnte. Dafür gibt es nur eine Vermutung: Das Versteck lag etwas außerhalb des Tales der Könige, und die umherstreifenden Grabräuberbanden lenkten ihr Hauptaugenmerk auf dieses Wüstental, von dem bekannt war, daß dort die Pharaonen der 18. bis 20. Dynastie ihre letzte Ruhestätte gefunden hatten. Zwar gab es hier, westlich des Nils, in der Wüste, zahllose Gräber; aber die meisten stammten von irgendwelchen Privatleuten aus alter Zeit, und ihre Ausstattung war im Vergleich zu einem Königsgrab ärmlich.

Überlegungen dieser Art müssen wohl die Priester des Amun beschäftigt haben, als sie an dieser unberührten Felsnase jenen elfeinhalb Meter tiefen Schacht, zwei Meter im Durchmesser, senkrecht in den Fels treiben ließen. Von der Sohle führte ein Kriechgang, 1,4 Meter breit, 80 Zentimeter hoch, 7,4 Meter geradeaus, machte eine Linksbiegung und ging 60 Meter weiter in den Fels, um sich dort zu einem großen Raum zu erweitern.

Allein die Bauarbeiten dürften Jahre gedauert haben, und es nahm noch einmal viele Jahre in Anspruch, bis das geheimgehaltene Projekt unter der Erde seiner Bestimmung übergeben werden konnte. Dabei spielte sich ein in der Geschichte der Menschheit einmaliger Vorgang ab.

Fromme Priester zogen des Nachts im Fackelschein durch das Tal der Könige, brachen ein Pharaonengrab nach dem anderen auf. Ältere Grüfte waren bereits vergessen; dann mußten die Amun-Priester wie die Grabräuber die Felsen abklopfen, Tonnen von Geröll wegschaufeln lassen, nach den Eingängen suchen und dies alles stets heimlich, unbemerkt.

Sie holten die Särge aus den Grabkammern oder – wenn diese zu groß oder zu schwer waren – die Mumien aus den Sarkophagen und trugen die vor Jahrzehnten und Jahrhunderten gestorbenen Könige durch die Dunkelheit, die steilen Felsklippen empor zu dem Felsenschacht. Dort ließen sie die

Mumien an Seilen hinab in das Verlies, wo sie vor dem Zugriff ruchloser Grabschänder sicher sein sollten.

Das Unglaubliche geschah: Ein Königsgrab nach dem anderen wurde von der geheimen Truppe der Amun-Priester in einer Nacht-und-Nebel-Aktion geöffnet, die toten Könige wurden samt den wertvollsten religiösen Grabbeigaben in das Labyrinth oberhalb von Der el-Bahari gebracht. Die Priester, denen einzig und allein das ungestörte Fortleben im Jenseits am Herzen lag, achteten nicht auf Namen und Bedeutung der einzelnen Pharaonen. Jeder hatte, so meinten sie, seine ewige Ruhe verdient. So kam es, daß schließlich 40 Könige in dem Versteck lagen, unbedeutende, aber auch geschichtsträchtige wie Thutmosis III., Sethos I. und sein Sohn Ramses II.

Der Raum, der für die Lagerung der Pharaonenmumien aus dem Fels gehauen war, erwies sich schon bald als zu klein. Die Priester nahmen deshalb die letzten aus ihren Särgen und lehnten sie senkrecht an die Wand. Jedem der toten Könige aber hängten sie zur Wahrung seiner Identität ein Namensschild um den Hals.

Die Tatsache, daß damals keineswegs alle im Tal der Könige bestatteten Pharaonen gefunden und in das Mumienversteck gebracht wurden, beruht wohl kaum auf Nachlässigkeit der Priester; schließlich standen ihnen ja die Königslisten zur Verfügung. Sie wußten also genau, welche Namen fehlten. Die heiligen Männer Amuns glaubten viel eher, ein Königsgrab, das von ihnen selbst nach jahrelanger Suche nicht gefunden worden war, würde auch von sporadisch durch das Tal ziehenden Grabräubertrupps nicht entdeckt werden.

Also verschlossen sie, nach Einbringung des letzten Königs, den Zugang zu dem Versteck mit einer Mauer und türmten am Einstieg des Schachtes Felsbrocken auf. Sie taten dies mit solcher Sorgfalt, daß die Stelle 3000 Jahre verborgen blieb – bis Achmed Abd er-Rassul kam.

Der freilich wußte nicht, was er überhaupt entdeckt hatte. Achmed konnte sich keinen Reim darauf machen, warum in ein und demselben Grab mehrere Könige bestattet worden sein sollten, er wußte auch nicht, welche Könige er entdeckt hatte, er wußte nur eins: Der Schmuck der Mumien war ein Vermögen wert. Soviel, daß er, Mohammed und Soliman nie mehr im Leben arbeiten mußten.

Tatsächlich war der Wert der Entdeckung um ein Vielfaches höher, als Achmed vermutete. Die 40 in dem Felslabyrinth oberhalb von Der el-Bahari ruhenden Königsmumien stellten den bisher bedeutsamsten Mumienfund in der ägyptischen Geschichte dar. Mit Geld war diese Entdeckung überhaupt nicht zu bezahlen.

Immerhin war Achmed ein mit allen Wassern gewaschener Grabräuber. In dieser erregenden Situation lautete sein oberstes Gebot Schweigen. Nur Mohammed, der ältere Bruder, wurde eingeweiht.

Mohammed wollte es nicht glauben, was Achmed und Soliman ihm erzählten – ein Grab mit mehreren Königsmumien? Und ausgerechnet dieses sollte jahrtausendelang von Banditen verschont geblieben sein?

Zu dritt suchten sie mehrmals die Stelle auf, an der sich der Schacht im Fels öffnete. Keiner von ihnen wagte zunächst erneut den Abstieg. Immer wieder berieten sie, was zu tun sei. Zunächst waren sie sich darüber einig, daß niemandem das Geheimnis verraten werden sollte.

Man dürfe, so meinte Achmed, weder die Mumien, noch deren Schmuck als Ganzes verkaufen, vielmehr müsse man die Schmuckstücke der Pharaonen durcheinander und einzeln an den Mann bringen. Er ahnte nicht, daß gerade dieser besonders raffiniert erscheinende Plan zehn Jahre später den Coup auffliegen lassen würde.

Es dauerte nicht lange, und die drei stritten sich wegen des Vertriebsweges. Achmed hatte den Abstieg ein zweites Mal gewagt und den Mumien wahllos Schmuckstücke abgerissen.

Was er von diesem ersten Beutezug aus der Tiefe mitbrachte, erschien Mohammed so phantastisch, daß er zu bedenken gab, ob die lokalen Antiquitätenhehler von Luxor überhaupt genug Geld hätten, eines dieser Stücke zu bezahlen. Es sei schließlich unsinnig, die kostbaren Schmuckstücke für ein paar Pfunde zu verschleudern. Das leuchtete ein.

Nur wenige machten sich Gedanken, auf welche Weise die Ayats zu einer der reichsten Familien von Luxor aufsteigen konnten, warum der jüngere Sohn in einem vornehmen englischen Internat erzogen wurde, wer die Feste finanzierte, bei denen seine Villa am westlichen Nilufer, nahe dem Totentempel Ramses' II., in einen Palast aus Tausendundeiner Nacht verwandelt wurde. Von seinem Beamtengehalt als Aga, was in etwa einem Landrat entsprach, und seinem Salär als Wahlkonsul war dies alles jedoch nicht zu bestreiten. Aber der Aga verfügte über Verbindungen, die andere nicht hatten, und so kam es, daß selbst ehrenwerte honorige Herrschaften seine Gunst suchten und auf seinen Festen tanzten.

Der Mann, der bei solchen Veranstaltungen die Wasserpfeifen reichte, war Mohammed Abd er-Rassul. Er musterte jeden einzelnen Gast: Wer von den Anwesenden könnte sich wohl für Pharaonenschmuck interessieren? Wer war bereit, die wohl teuerste Schmuckkollektion der Welt zu erwerben?

Mohammed taxierte sie alle. Einheimische schieden aus. Keiner von ihnen hatte ein Interesse daran, das Geld schon gar nicht. Kaufleute kannte er nicht, er wußte nicht, an wen er geriet. Es war zum Verzweifeln. Da saßen die Abd er-Rassuls auf dem größten archäologischen Schatz, der je gefunden wurde, sie waren steinreiche Leute; aber ihr Vermögen zu Geld machen, das konnten sie nicht. Tagelang, nächtelang diskutierten die drei Brüder, was zu tun sei. Sie konstruierten komplizierte Vertriebswege, verwarfen sie wieder als zu riskant, schließlich kamen sie zu dem Ergebnis: Es war unumgänglich, den Aga einzuschalten, er hatte Erfahrung im Antiquitätenhandel und Beziehungen.

Der Antiquitätenhehler hielt die Erzählungen der Brüder Abd er-Rassul zunächst für übertrieben. Wenn nur die Hälfte davon wahr wäre, meinte er, hätten sie allesamt ausgesorgt bis an ihr Lebensende. Darauf schickte Mohammed seinen Bruder Achmed zu dem Schacht oberhalb von Der el-Bahari mit dem Auftrag, Beweisstücke zu holen.

Achmed verdrängte seine Angst, riß den Mumien Amulette von der Brust, Ringe von den Fingern und nahm auch Papyrusinschriften mit.

Tags darauf gingen Mohammed und Achmed den staubigen Wüstenweg entlang zum Hause des Aga. Jeder trug ein Stoffbündel unter dem Arm, so wie die Fellachen noch heute ihre Habe transportieren. Mustafa Ayat traute seinen Augen nicht, als die beiden ihre Bündel öffneten.

»Bei Allah«, rief er, »so etwas habe ich mein ganzes Leben noch nicht gesehen!«

Sorgsam prüfte dann der Aga jedes einzelne Stück, Schmuck, Salbgefäße und einen Papyrus. Dieser erregte sein besonderes Interesse.

»Nun gut«, sagte Mustafa, »wir teilen den Erlös: Vier Fünftel für mich, ein Fünftel für euch.« Und noch ehe einer der beiden Brüder einen Einwand machen konnte, fügte er hinzu: »Das ist immer noch mehr, als ihr überhaupt ausgeben könnt.«

Die Brüder sahen sich ratlos an. Widerspruch war zwecklos. Der Aga kannte ihr Geheimnis, was sollten sie tun?

So unverschämt der Teilungsmodus des Aga auch war, er hatte recht, die Funde von Der el-Bahari würden den Abd er-Rassuls Unsummen einbringen, und das Problem bestand eigentlich darin, wie sie den plötzlichen Reichtum vor ihrer Umwelt rechtfertigen wollten?

»Was hier vor uns liegt«, sagte der Aga, »dürfte für ein Jahr reichen, solange bleibt der Schatz in der Höhle unangetastet, verstanden?« Das leuchtete ein. Ein ungeschriebenes Gesetz unter Grabräubern.

VIII.
Der Suezkanal

Unbeabsichtigt hatte der Suezkanal den Altertumsforschern Schützenhilfe geleistet: Denn während der gigantischen Bauarbeiten, die Millionen verschlangen, fiel der Aufwand, den Mariette betrieb, kaum auf. Gewiß, er war verschwenderisch hoch; aber im Vergleich zu dem Kanal-Unternehmen verschwindend gering.

Am Fuß der großen Pyramide von Giseh warteten Pferde und Kutschen, Esel und Dromedare, buntgezäumt. Das unvergängliche Monument des Cheops warf seinen langen Abendschatten in den graugelben Wüstensand. Da endlich tauchte im Süden die erwartete Reiterschar auf. Der Pulk hetzte, das gewaltige Ziel vor Augen, aufgeregt lärmend durch die Wüste, und die verwegenen Reiter, mit wehenden Bärten, glichen eher einem Stamm wilder Wüstensöhne als einer kaiserlichen Abordnung.

Der erste, der den sanft abfallenden Hügel heraufpreschte und mit einem Klaps auf die Hinterbacken vom Pferd sprang, war Franz Joseph, Kaiser von Österreich, König von Ungarn. Ihm folgte Gyula Graf Andrassy, der ungarische Ministerpräsident, klein und verwegen dreinblickend mit schwarzem Lockenkopf und Spitzbart, und dahinter, mit seinem zweigeteilten Bart ein getreues Ebenbild seines Kaisers, Admiral Wilhelm Tegetthoff. Erst nachdem auch allerlei Gefolge vom Pferd gesprungen war, traf der letzte Reiter ein: Heinrich Brugsch.

»No, da sind 'S ja, Herr Professor!« sagte der Kaiser mit

wohlwollendem Schmunzeln, während er seine Barttracht in Ordnung zu bringen versuchte. Brugsch sagte bewundernd: »Kolossal, Majestät, wirklich kolossal Ihre Reitkünste – wenn ich mir die Bemerkung erlauben darf. Mir standen, offen gesagt, die Haare zu Berge, wie Majestät mit dem Gaul über die Brunnenschächte setzten.«

»Aber gehn 'S«, antwortete der Kaiser, »das ist doch keine Kunst. Der Graf Andrassy, der ist ein guter Reiter! Der ist auf dem Sattel zur Welt gekommen. Ich bin im Umgang mit Pferden nur mittelmäßig.«

Brugsch bat den Kaiser und seine Begleiter zu einem Buffet, das die Köche des Khediven vor der Cheopspyramide aufgebaut hatten. Franz Joseph war als einer der ersten zur bevorstehenden Einweihung des Suezkanals in Ägypten eingetroffen, und Ismail Pascha hatte den hohen Gast im Gesira-Palast am westlichen Nilufer in Kairo einquartiert, Mariettes Museum gegenüber. Heinrich Brugsch wurde dem Kaiser, der ohne seine sprachkundige Gattin Sissi angereist war, als eine Art gehobener Fremdenführer zugeteilt.

Brugsch hatte inzwischen zum drittenmal Anlauf genommen, in Ägypten Fuß zu fassen, diesmal als ägyptischer Beamter, genauer als Direktor einer neugegründeten europäisch-orientalischen Hochschule. Jetzt stand er im Sold des Vizekönigs.

Im Gegensatz zu der Professur in Paris, war an diese Stellung nicht die Aufgabe der preußischen Nationalität geknüpft, im Gegenteil, preußisches Unterrichtswesen durfte auf diese Weise seinen Ruf auch im Orient festigen. Und auch der preußische König ließ Brugsch bereitwillig ziehen.

Heinrich Brugsch hatte wieder geheiratet. Antonie hieß die Auserwählte, und sie zeigte mehr Verständnis für das abenteuerliche Leben am Nil. Die Brugschs bewohnten nicht weit entfernt von Mariette einen alten Mamelukkenpalast, dessen Räume den zwölf Studenten als Hörsäle dienten. Wie es sich für einen orientalischen Palast gehörte, hatte der von einer hohen weißen Mauer und einem Park mit fruchttragenden Dattelpalmen, Maulbeerbäumen und Zypressen umgebene Gebäudekomplex auch einen – jetzt unbenutzten – Harem mit vergitterten Fenstern. In einer Ecke des Gartens drehte ein Wasserbüffel von früh bis abend mit verbundenen Augen seine Runden, um das knarrende Wasserrad für die Bewässerung der tropischen Pracht, aber auch des häuslichen Gemüses sicherzustellen, das Antonie mit großer Hingabe aufzog. Brugsch führte zum erstenmal ein sorgloses Leben. Antonie war erstaunlich schnell mit den Fledermäusen und Ratten im Haus und mit Schlangen im Garten fertig geworden, und Emil, der jüngere Bruder, war bei Mariette untergekommen, wobei der Altertümerverwaltung vor allem seine Kenntnisse als Fotograf zu Nutzen kamen.

»Ich darf mir die Frage erlauben«, sagte Brugsch an den österreichischen Kaiser gewandt, »wie Ihrer Majestät die Pyramiden gefallen.«

Franz Joseph, in der linken Hand ein Hühnerbein, mit der Rechten ein Stück Fladenbrot knetend, antwortete: »Wissen 'S was, mein lieber Professor, ich bin paff, ganz einfach paff. Man kann nur staunen, immer nur staunen – überwältigend.« Der Kaiser blickte bewundernd zur Spitze des mächtigen Bauwerkes auf.

»Die Aussicht von dort oben werden Majestät Ihr Leben nicht vergessen. Wenn ich mir die Bemerkung erlauben darf – wir sollten den Aufstieg baldigst angehen, sonst geraten wir beim Abstieg in die Dunkelheit, dann sind wir die Lackierten.«

»Die Lackierten!« Franz Joseph schüttelte sich vor Lachen über das Wort. »Dann sind wir die Lackierten! – Also brechen wir auf!«

Für gewöhnlich wurden Touristen auf die Cheopspyramide transportiert, indem zwei Beduinen den Bergsteiger an den Händen von Stufe zu Stufe hochzogen, während ein dritter von hinten anschob. Kaiser Franz Joseph lehnte eine solche Unterstützung jedoch ab, er sei ein guter Bergsteiger und bei der Gamsjagd in Tirol immer einer der ersten. Nach der Hälfte des Weges machten Majestät dann aber schlapp, und Brugsch mußte seine ganze Überredungsgabe aufwenden, um den Kaiser mit dem Hinweis auf die einmalige Aussicht doch noch nach oben zu bringen. Schnaufend gelangten sie endlich auf das kleine, zehn mal zehn Meter große Plateau, und Franz Joseph konnte sich etwas erholen.

Graf Andrassy versuchte die langanhaltende Stille durch einen Scherz aufzulockern, er blickte in die Tiefe und sagte in Anlehnung an Napoleons berühmten Satz: »Sire, vierzig Kutschen sehen Euch an, am Fuß dieser Pyramide.« Wie Spielzeug standen, die eingetroffenen Wagen dort unten aufgereiht, unwirklich fern, obwohl jedes Klirren des Zaumzeuges, jedes Knarren eines Rades an ihr Ohr drang.

»Sagen 'S, Herr Professor«, erkundigte sich der Kaiser, »wann lebte eigentlich dieser König Cheops?«

»Er war der zweite König der vierten Dynastie«, antwortete Brugsch, »das wissen wir; aber wann er gelebt und regiert hat, wann er gestorben ist . . .« – Brugsch hob die Schultern – »darüber gehen die Meinungen weit auseinander. Zwischen den Daten von Auguste Mariette und Professor Lepsius liegen mehr als tausend Jahre, der eine meint, im fünften Jahrtausend, der andere im vierten Jahrtausend vor Christus.«

»Und dieses Bauwerk diente König Cheops wirklich nur als Grab?«

»Jawohl, Majestät. Zumindest hat man bisher keine Hinweise auf eine andere Verwendung gefunden. Von der Grabkammer im Innern führen Luftschächte zum Himmel, aber da der König bereits tot war, als man ihn hierher brachte, hatten sie wohl nur symbolische Bedeutung für den Flug der Seele ins Jenseits.«

»Interessant«, sagte der Kaiser, »und der Sarg des Pharao?«

»War leer, wie alle Königssarkophage, die wir bisher entdeckt haben . . .«

Franz Joseph blickte über die Sanddünen am Fuß der Pyramide zur Sphinx, die zur Hälfte aus dem Sand ragte, und weiter zu der fernen Reihe von Pyramiden, die sich nach Memphis hin in sandigem Gelbocker auflösten. Im Osten leuchtete das dunkle Grün der Niloase aus dem Sandmeer, und schnurgerade lief die neue Pyramidenstraße zur Stadt hin, der ganze Stolz des Paschas, in drei Monaten in der Wüste angelegt für die Gäste aus aller Welt, die zur Einweihung des maritimen Kanals von Suez erwartet wurden.

Seit den Zeiten Kleopatras, der letzten Pharaonin, hatte das Land am Nil solch eine Festlichkeit nicht mehr erlebt. Ismail Pascha hatte alle Vorbereitungen für ein Fest treffen lassen, wie es die Welt noch nicht gesehen hatte. Der offizielle Festakt sollte am 16. November 1869 stattfinden. Doch schon Wochen zuvor gab es Pannen, nichts als Pannen.

Das Opernhaus in Kairo wurde zwar gerade noch fertig, aber die von Ismail Pascha bei Verdi in Auftrag gegebene Oper *Aida* blieb unvollendet, so daß der Maestro das Haus mit *Rigoletto* eröffnete. Die *Aida*-Premiere konnte erst zwei Jahre später erfolgen. Wenige Tage vor der Einweihung entdeckte man in der Nähe von Schaluf einen fünf Meter großen Felsbrocken im Kanalbett. Bei der Sprengung stürzten die Uferböschungen ein. In Port Said, wo das Eröffnungszeremoniell geplant war, brach am 15. November ein Feuer aus, griff auf die Lagerhallen mit den für die Einweihung bestimmten Feuerwerkskörpern über und sprengte beinahe die ganze Stadt in die Luft. Am Tag vor dem Festakt wurde eine für die Ehrengäste errichtete Plattform überflutet, und am selben Abend lief eine ägyptische Fregatte 30 Kilometer südlich von Port Said im Kanal auf Grund. Nur mit größtem Aufwand gelang es dennoch, die feierliche Eröffnung über die Bühne zu bringen.

Gegen elf Uhr, am Vormittag des 16. November 1869,

tauchte am Horizont vor Port Said die Yacht »*L'Aigle*« der Kaiserin Eugénie von Frankreich auf. Die im Hafen ankernden Schiffe zogen ihre Flaggen auf, von den Fregatten wurde Salut geschossen, und der Vizekönig nahm auf seinem Thron in dem mittleren der drei am Kai errichteten, von Fahnen umsäumten umd mit dem Halbmond gekrönten Pavillons Platz. Die kaiserliche Yacht kam aus Alexandria, wo sie Ferdinand de Lesseps und seine beiden Söhne an Bord genommen hatte. Lesseps war ein Cousin der Kaiserin.

Eugénie reiste allein, ihr Gemahl Napoleon III. fühlte sich gesundheitlich und politisch nicht in der Lage, sein Land zu verlassen. Das war auch der Hauptgrund, warum der österreichische Kaiser Franz Joseph, der weite Reisen haßte, sich auf den Weg in den Orient gemacht hatte. Ansonsten, so der Ministerrat, wäre die Rolle des Kavaliers der Kaiserin dem

14. November 1865: Die feierliche Einweihung des Suezkanals.

anwesenden preußischen Kronprinzen Friedrich Wilhelm zugefallen, und Preußen hätte so vor aller Welt seine Ebenbürtigkeit mit Frankreich demonstrieren können.

Kaiserin Eugénie stand, eingerahmt von 50 Marinesoldaten, wie eine Galionsfigur im Bug ihres Schiffes. Sie trug ein langes, enganliegendes, hellrotes Samtkleid, das Haar hochgesteckt und mit einer juwelenbesetzten Tiara gekrönt. Der französischen Yacht folgte das österreichische Dampfschiff »Greif« mit Kaiser Franz Joseph an Bord, in seiner Begleitung Graf Andrassy und Ministerpräsident Friedrich Ferdinand von Beust. Farbenfroh in einen gelben Rock und graue Hosen gekleidet, beantwortete der österreichisch-ungarische Kaiser Franz Joseph die Hochrufe vom Kai mit huldvollem Winken.

Protokollgemäß sollte der »Greif« der preußischen Yacht »Grille« mit dem Kronprinzen Friedrich Wilhelm und seiner Gemahlin folgen; aber zwei österreichische Begleitschiffe machten den Preußen den Rang streitig. Dem preußischen Kronprinzen schlossen sich Prinz und Prinzessin der Niederlande und der britische Botschafter in Konstantinopel, Sir Henry Elliot, auf ihren Schiffen an.

Die Ehrengäste hatten inzwischen in den Pavillons am Kai Platz genommen: Staatsoberhäupter, Minister und Diplomaten, aber auch Künstler und Wissenschaftler waren aus ganz Europa angereist. Emile Zola, Théophile Gautier, Henrik Ibsen waren ebenso erschienen wie Giuseppe Verdi, Richard Lepsius, Auguste Mariette und Heinrich Brugsch. Ismail Pascha war es gelungen, die gesamte Weltpresse für die Kanaleinweihung zu interessieren. Zum erstenmal fand ein bedeutsames Ereignis ein weltweites Echo, erstmalig standen den Journalisten Hotels, Wagen, Eisenbahnen und Dampfschiffe kostenlos zur Verfügung, eine Geste, die bald Schule machen sollte.

Bunte Zelte mit kalten Buffets, unter denen sich die Tische bogen, exotische Früchte und Champagner standen für die vieltausendköpfige Gästeschar bereit. Da das gewiß nicht geringe Personal des vizeköniglichen Hofes nicht für die Bedienung der verwöhnten Gesellschaft ausreichte, hatte man – gegen gutes Geld, versteht sich – alle verfügbaren Europäer in Alexandria und Kairo kurzerhand in Livree oder Frack gesteckt und als Garçons nach Port Said, Ismailia und Suez abkommandiert. Brugsch begegnete einem Schuster aus Potsdam, der die Gläser der Gäste mit Champagner füllte, als hätte er nie etwas anderes getan.

Kanonen schossen Salut, ein frischer Wind knatterte in Tausenden von Fahnen, rote Teppiche markierten den Weg vom Hafenkai zu den Pavillons. Der Khedive ging der Kaiserin entgegen. Sie begrüßte ihn überschwenglich: »In meinem ganzen Leben habe ich so etwas noch nicht gesehen, ein zauberhafter Empfang!«

Als endlich alle Majestäten Platz genommen hatten, als Fanfarenstöße und Hurrarufe verhallt waren, gaben islamische, jüdische, katholische und evangelische Würdenträger dem Kanal ihre Weihe, Ismail Pascha und Ferdinand de Lesseps sprachen hehre Worte, und zahlreiche Damen versuchten Tränen der Erregung unter breitkrempigen Hüten zu verbergen.

200 Millionen waren ursprünglich für die Bauarbeiten veranschlagt gewesen. 454 Millionen Francs hatte das Jahrtausendbauwerk dann schließlich verschlungen. Dabei entsprachen die Ausmaße nicht einmal den projektierten Werten. Bei einer Breite von 22 Metern wies die Kanalsohle nur in der Mitte jene acht Meter Tiefe auf, die für eine Begegnung von Schiffen mit großem Tiefgang nötig waren; aus Kostengründen hatte Lesseps sogar auf die vorgesehenen Ausweichstellen verzichtet. Hundert Meter Breite waren vonnöten, damit sich zwei Schiffe begegnen konnten, auf 40 Kilometer maß der Kanal jedoch nur 60 Meter.

An diese Unzulänglichkeiten und die um mehr als das

Doppelte überschrittenen Kosten dachte an diesem 16. November niemand. Der 64jährige Lesseps wurde wie ein Wohltäter der Menschheit gefeiert. Das technische Wunderwerk, die Fahrrinne von 161 Kilometern Länge durch Wüstensand und Salzseen, machte den französischen Ingenieur zum ungekrönten König des Landes. Ein weißes Gebäude mit Kuppeln und Säulen, das er an der Einfahrt in Port Said für sich und die Kanalgesellschaft errichtet hatte, glich eher einem Märchenschloß als der Niederlassung eines kommerziellen Unternehmens.

Auguste Mariette hatte die künftige Bedeutung dieses Mannes früh erkannt und einen klugen Schachzug getan, als er Ferdinand de Lesseps zum Gründungsmitglied der Altertümerverwaltung ernannte. Repräsentierte doch der inzwischen weltberühmte Franzose den neuen, technischen Zeitgeist und nahm damit Kritikern seiner aufwendigen Ausgrabungen, die vielfach als nutzlos bezeichnet wurden, von vornherein den Wind aus den Segeln.

Unbeabsichtigt hatte der Suezkanal den Altertumsforschern Schützenhilfe geleistet: Denn während der gigantischen Bauarbeiten, die Millionen verschlangen, fiel der Aufwand, den Mariette betrieb, kaum auf. Gewiß, er war verschwenderisch hoch; aber im Vergleich zu dem Kanal-Unternehmen verschwindend gering. Nun aber, da alle Großen dieser Welt den Weg nach Ägypten gefunden hatten, rückten auch die mit den Altertümern befaßten Wissenschaft und Forschung in das öffentliche Interesse. Genau sieben Jahrzehnte waren vergangen, seit Napoleon das Land der Pharaonen wieder ins Bewußtsein gerückt hatte, jetzt aber wurde das schlichte Interesse zur Manie.

Angeregt durch Zeitungs- und Reiseberichte setzte ein Run auf die ägyptische Kultur ein. Wem Erbe und Status es erlaubten, der verbrachte den Winter in Luxor oder Heluan. Mariette, Brugsch und Lepsius waren die Männer der Stunde. Sogar gekrönte Häupter rissen sich darum, von einem dieser Männer durch die Ausgrabungsstätten des Nillandes geleitet zu werden. Ägypten-Literatur stand hoch im Kurs. In Berlin schrieb der 27jährige Ägyptologe Georg Ebers – er hatte noch nie die Pyramiden zu Gesicht bekommen, einen schwülstigen Roman mit dem Titel *Eine ägyptische Königstochter* und erntete damit Weltruhm.

Die Majestäten hatten die Nacht auf ihren komfortablen Schiffen verbracht und wurden von Böllerschüssen geweckt. Punkt acht Uhr – die schrägstehende Herbstsonne vergoldete die Szenerie – setzte sich eine kilometerlange Schiffsprozession zur ersten Durchfahrt durch den Suezkanal in Bewegung, an der Spitze die »Aigle« mit Kaiserin Eugénie, gefolgt von der Yacht »Mahroussa« des Khediven Ismail, insgesamt 60 bunt beflaggte Schiffe. Zur gleichen Zeit nahm 161 Kilometer weiter südlich, in Suez am Roten Meer, ein Konvoi ägyptischer Yachten und Handelsschiffe Kurs in Richtung Norden.

Auf den Dämmen links und rechts des Kanals flatterten die Flaggen der Länder, die Delegationen zu den Festlichkeiten entsandt hatten. Die Menschen in ihren bunten Gewändern winkten, liefen mit den Schiffen viele Kilometer mit. Kamelreiter standen staunend auf den Uferbefestigungen, manche glaubten an ein Wunder, andere machten ihrem Unwillen Luft über die Wasserstraße, die schnurgerade durch die Wüste führte und nur an wenigen Stellen auf Fährschiffen überquert werden konnte. Die gewaltigen Baggerschiffe mit ihren turmhohen schrägen Förderbändern, denen die Schiffe noch allenthalben begegneten, ließen trotz Flaggenschmuck und bunten Tüchern keinen Zweifel aufkommen, daß hier noch bis zum letzten Augenblick gearbeitet worden war, ja, daß die Arbeiten noch weitergingen.

Die Nacht hatte sich bereits über die Wüste gesenkt, als die festlich beleuchteten Schiffe den Timsah-See und die Hafenstadt Ismailia erreichten. Zehntausend glitzernde Laternen tauchten das Hafenbecken und die breite Prachtstraße, die zu dem eigens für die Einweihung errichteten Palast führte, in märchenhaften Lichterschein.

Der Zauber aus Tausendundeiner Nacht – hier wurde er Wirklichkeit. Ismail Pascha wollte das größte Fest feiern, das die Welt je gesehen hatte, und nicht einmal der Verwöhnteste unter den anwesenden Potentaten zweifelte einen Augenblick, daß dem Vizekönig dies auch gelungen war. Geblendet vom Prunk und Glanz des marmornen Palastes, in dem auf kostbaren Teppichen Tische mit kulinarischen Köstlichkeiten aus aller Welt die Gäste einluden, stellten nur wenige die Frage nach den Kosten, ob nicht der Aufwand die Möglichkeiten des ägyptischen Herrschers überstieg.

Das Bankett, zu dem der Khedive offiziell 800 Persönlichkeiten geladen hatte, reichte in seiner verschwenderischen Üppigkeit auch für die mehreren tausend Gäste, die sich dann in Ismails noblem Palast einfanden. Österreichs Kaiser Franz Joseph erschien als Tischherr der französischen Kaiserin Eugénie und gab damit zu allerlei Spekulationen Anlaß. Die Österreicher machten alle Anstrengungen, die Kaiserin vor dem preußischen Kronprinzen abzuschirmen, und sie selbst mieden, obgleich bisweilen in Tuchfühlung, jedes Gespräch mit den Preußen. Als Kaiser Franz Joseph, dem Menschenansammlungen ein Greuel waren, sich mit den Worten »Außi möcht' ich!« entschuldigte, gesellte sich die Fürstin Metternich zur französischen Kaiserin und erbot sich, mit ihr in einem Festzelt vor dem Palast dem Bienentanz zuzusehen, der, wie Kritiker meinten, für weibliche Augen weniger geeignet schien – weil die Tänzerinnen beinahe nackt waren und es sich dabei um ein in aller Deutlichkeit dargestelltes Liebesspiel handelte.

Brugsch und Mariette beobachteten das Gehabe der gekrönten Häupter eher amüsiert. »Ich hoffe nur«, meinte der Franzose lächelnd, »man verbietet uns beiden demnächst nicht, daß wir uns miteinander unterhalten!«

Heinrich Brugsch bewegte den Kopf hin und her, als wollte er sagen: In diesen spannungsgeladenen Zeiten kann man dies nie wissen. Wundern würde es mich nicht! Aber er sagte nichts, sprach Krebsschwänzen und glacierten Entenbrüstchen zu und meinte nach einer Weile kauend: »Kochen könnt Ihr Franzosen, das muß Euch der Neid lassen!«

»Kein Wunder!« erwiderte Auguste Mariette, »der Khedive hat ja auch die besten Köche Frankreichs nach Ägypten geholt. Zu Hause regt Napoleon unterdessen die Herstellung von Kunstbutter aus Rindertalg an. Margarine soll das ekelhafte Zeug heißen, in Paris wird eine Fabrik gebaut. Rindertalg, Henri, kannst du dir das vorstellen?«

Der Preuße, gewiß kein Mann von überfeinerter Lebensart, verzog angewidert die Mundwinkel, nippte an seinem Champagnerglas und meinte belustigt: »Ihr eßt doch sogar Schnecken, warum nicht auch Rindertalgbutter?«

»Wenn die Preußen nur halb soviel vom Essen verstehen würden wie vom Militär!« spottete Mariette zurück. Und beide lachten.

Das Fest strebte seinem Höhepunkt zu. Verschleierte Mädchen tanzten zu Flötenmusik durch das illustre Publikum. Lesseps und der Khedive nahmen an den einzelnen Tischen die Ovationen der geladenen Gäste entgegen, prosteten ihnen zu, schüttelten Hände und sonnten sich in diesem historischen Augenblick.

»Ich mache mir Sorgen um die Zukunft des Landes«, raunte Mariette seinem Freund Brugsch zu, »der Baumwoll-Boom ist zu Ende, die Landwirtschaft liegt brach, 700 000 Tiere sollen einer Seuche zum Opfer gefallen sein, womit will Ismail Pascha das alles bezahlen?«

Brugsch nickte. »Dabei glauben all die Leute hier, der Khedive sei der reichste Mann der Welt!«

»Ismail?« erwiderte Mariette. »Der hat mehr Schulden, als wir uns das überhaupt vorstellen können. Ich möchte nicht in seiner Haut stecken.«

»Du meinst, er ist pleite?«

Mariette hob die Schultern. »Fest steht, wenn Ismail Pascha Bankrott macht, dann bedeutet das das Ende der Altertumswissenschaft.«

»Aber der Kanal wird doch Geld einbringen . . .«

»Nicht den Ägyptern, Henri. Ägypten hat der Kanal nur Schulden gebracht – und eine Überfremdung durch französisches Kapital. Der Kanal gehört nicht dem Khediven und schon gar nicht den Ägyptern, er ist einzig und allein Besitz der Kanalgesellschaft. Und es würde mich nicht wundern, wenn er schon bald zum Zankapfel der Weltpolitik werden würde . . .«

Während er sprach, verkrampften sich seine Hände. Mariette faßte zum Hals, er stöhnte, als bekäme er keine Luft mehr, Schaum trat ihm vor den Mund, dann sank er lautlos in die Arme seines Freundes Brugsch. »Einen Arzt!« rief dieser. »Ist denn kein Arzt hier anwesend?«

Die ausgelassenen Gäste ignorierten den Vorfall taktvoll, sie glaubten, der Unglückliche habe wohl dem Alkohol zuviel zugesprochen. Heinrich Brugsch bettete den Leblosen hastig auf drei zusammengeschobene Stühle, klopfte ihm hilflos auf beide Wangen und rief immer wieder: »Auguste, Auguste, hörst du mich, ich bin es, Henri, hörst du mich . . .«

IX.
Mariettes Tod

»Wir müssen hier raus!« rief Heinrich Brugsch, der nun bemerkte, wie immer neue, höhere Wellen in das Haus fluteten. Mariette zeigte keine Regung, starrte geistesabwesend vor sich hin, als habe er sich damit abgefunden, hier inmitten seiner Welt zu sterben.

»Ich habe Sie kommen lassen, mein lieber Brugsch, weil ich in einer Notlage bin. Das ganze Land ist in einer Notlage!« Ismail Pascha ging, die Hände auf dem Rücken verschränkt, unruhig auf und ab. Der Audienzsaal im goldglitzernden Abdin-Palast machte freilich weniger den Eindruck allseitiger Bedürftigkeit, im Gegenteil, die protzige Einrichtung und der Aufwand an Dienern und anderem Personal hatte sogar zugenommen. Ein Zeremonienmeister mit dem wohlklingenden Namen Tonino Salomone inszenierte die Auftritte des prunksüchtigen Khediven bis ins kleinste Detail, der Professor durfte in einem der samtroten Sessel Platz nehmen.

»Ich wüßte nicht, wie ich Majestät von Nutzen sein könnte«, bedauerte Heinrich Brugsch. Aber der ließ ihn gar nicht ausreden und kam sogleich zur Sache: »Die Kunstschätze, welche Sie und Mariette seit zwanzig Jahren ausgegraben haben, stellen doch einen beachtlichen Wert dar. Wie man hört, leben ganze Dörfer meines Landes vom Schwarzhandel.«

»Das ist leider wahr«, bestätigte Brugsch.

Der Pascha fuhr fort: »Warum, bei Allah, verkaufe ich die Kunstschätze nicht selbst? Sie gehören doch mir, mir und niemand anderem!«

»Sie gehören dem ganzen Land!« unterbrach der Professor. »Und sie sind für Ägypten von höchster Bedeutung. Sie können diese Schätze nicht einfach verkaufen!«

»Aber ich brauche Geld, Professor, viel Geld. Ich nehme eine Anleihe nach der anderen auf. Goschen, Oppenheim und Bischofsheim geben sich bei mir die Klinke in die Hand. Sie bewundern meine uralten Goldschätze – wertlos, alles wertlos, solange ich sie nicht verkaufen kann.«

»Mariette würde es nicht überleben«, sagte Brugsch, »er ist schwerkrank, all das ist sein Lebenswerk!«

Der Khedive blieb unnachgiebig: »Deswegen habe ich Sie ja rufen lassen. Sie sind sein Freund, Sie haben den größten Einfluß auf ihn. Sie müssen es ihm beibringen!«

Der Auftrag traf Brugsch wie ein Schlag ins Gesicht. Das war das Ende ihrer Forschungsarbeit! Aber der Professor brachte keinen Ton hervor, er wurde vom Vizekönig bezahlt, wollte er seine Stellung nicht riskieren, so mußte er gehorchen.

Ismail Pascha, der die Betroffenheit des Preußen sah, fragte: »Welchen Nutzen hat diese Altertumswissenschaft überhaupt? Gut, ich verstehe, daß die ägyptische Geschichte, die Götterlehre und sonstige Dinge diesem und jenem besonderes Vergnügen bereiten, aber für die Praxis ist diese Wissenschaft doch nutzlos und tot. Ja«, fügte er hinzu, »wenn man dadurch erfahren könnte, an welchen Stellen sich vergrabene Schätze befinden oder woher die alten Ägypter das viele Gold geholt haben, das wäre etwas anderes! Ich habe euch Europäern bisher viel zuviel Glauben geschenkt. Wenn einer kam und sagte, eine Eisenbahn ist gut für dein Land, dann ließ ich ihn Geleise bauen, sagte einer, du mußt die Geschichte deines Landes kennen, dann ließ ich ihn die Erde aufwühlen. Hier« – er deutete auf einen Bund Spargel, der neben ihm auf einem Tischchen lag –, »dieser Spargel zeigt mir, daß ich zu meinen Ägyptern oft ungerecht war und immer nur Europäisches gelten ließ.«

Auf Brugschs fragenden Blick erzählte der Khedive, er habe dem französischen Hofgärtner seinen Unmut ausgedrückt, weil er trotz hoher Ausgaben für die vizeköniglichen Plantagen Ende Februar noch nicht einmal Spargel ernten könne, während er im rauhen Europa längst zu haben sei. Der Hofgärtner habe daraufhin geantwortet, auch er könne im Februar mit frischem Spargel aufwarten, wenn er nur ein Glashaus hätte. Also habe er für 80 000 Francs ein Glashaus gebaut. Erregt sprang der Pascha auf: »Aber dieser Spargel stammt nicht aus dem Glashaus, ein arabischer Gärtnergehilfe brachte ihn mir. Ich fragte ihn, wie er diesen ausgezeichneten Spargel um diese Zeit gezüchtet habe, und er erklärte, er habe die Beete bei Kälte mit Palmzweigen abgedeckt und bei Sonnenschein der Wärme preisgegeben. Sehen Sie, Professor, so habe ich es immer gemacht, und das war falsch.«

Heinrich Brugsch hörte das Beispiel des Vizekönigs nur mit halbem Ohr. Er hatte erkannt, daß er Ismail Pascha nur mit List von seinem Vorhaben abbringen konnte, die Altertümer zu verkaufen. »Und wenn ich Euch mit Hilfe der Altertumswissenschaft den Weg zu den Goldminen der alten Ägypter weisen könnte?« fragte er unvermittelt.

Der Pascha sah den Gast verblüfft an. Er wußte nicht so recht, ob es dem Professor ernst war. »Es gibt kein Gold in Ägypten«, sagte er abweisend.

»Die alten Papyri behaupten das Gegenteil!« antwortete Brugsch. »Gesetzt den Fall, Ihr würdet auf Goldlager stoßen, würdet Ihr dann die Kunstschätze unangetastet lassen?«

Der Khedive blieb zunächst noch ungläubig. Schließlich streckte er dem Professor aber doch die Hand entgegen: »Mein Wort darauf, Brugsch. Übergeben Sie General Stone eine kurze Denkschrift, die alle Daten enthält. Stone wird eine Expedition ausrüsten.«

Brigadegeneral Charles P. Stone genoß das Vertrauen des Khediven. Er war Amerikaner, stammte aus Connecticut, hatte eine Ausbildung der Militärakademie West Point im Staate New York erhalten und im Bürgerkrieg eine zwielichtige Rolle gespielt. Für die Zwecke des Vizekönigs, den Aufbau einer schlagkräftigen ägyptischen Armee, war Stone genau der richtige Mann. Seine Ausbildung als Ingenieur und Topograph schien ihn für das Goldsucherunternehmen zusätzlich zu prädestinieren.

Bei seinen nächtelangen Studien, die er über Papyrusrollen und Inschriften verbrachte, hatte Heinrich Brugsch wiederholt Hinweise auf ein Goldtal entdeckt. Natürlich wurde dabei kein Ortsname genannt, aber Wegstrecken, Entfernungen und Ortsbeschreibungen siedelten das Goldtal irgendwo zwischen Nil und dem Roten Meer an. Brugsch überprüfte in fieberhafter Arbeit noch einmal alle auf das Goldtal bezugnehmenden Textstellen – schließlich ging es um einen hohen Einsatz. Um den kranken Mariette nicht zu beunruhigen, erzählte er ihm nichts von seinem Gespräch mit dem Vizekönig.

Tags darauf überreichte der Professor dem General eine Liste mit der Übersetzung aller altägyptischen Hinweise auf das Gebiet. Er selbst, so schrieb Brugsch, halte es für unwahrscheinlich, daß das Goldtal zwischen Kena und der ptolemäischen Hafenstadt Koser liege. Dort gebe es zwar eine Reihe Wüstentäler, in denen die alten Ägypter unter anderem auch Granit abgebaut hatten, aber wohl kaum Gold. Er vermutete die Goldminen weit eher im Wadi Hammamat.

»Sie müssen allerdings Bergleute mitnehmen!« sagte Brugsch zu dem General. »Ich meine Fachleute, die auch Bodenuntersuchungen machen können; denn Sie dürfen nicht erwarten, daß irgendwo in der Wüste die Tore von Goldbergwerken offenstehen.«

Charles P. Stone, groß, drahtig, entschlossen, reagierte beleidigt: »Wenn es Goldvorkommen in dieser Gegend gibt, dann werde ich sie finden, verlassen Sie sich darauf, Mister Brugsch. Das einzige Problem, mit dem wir zu kämpfen haben werden, ist das Trinkwasser. Zwischen Kena und dem Roten Meer gibt es nicht einen Brunnen. Ich benötige eine eigene Kamelkarawane mit Wasser.«

»Na, dann viel Glück, General!« sagte Brugsch. Er hatte den Satz kaum ausgesprochen, da wurde ihm bewußt, daß *er* es eigentlich war, der dieses Glück dringend nötig hatte. Er war nicht der erste, der den Hinweisen auf die Goldminen der Pharaonen nachging. Vierzig Jahre vor ihm hatte der Minister für öffentliche Aufgaben Linant de Bellefonds, damals noch Ingenieur und Kartenzeichner in Diensten Mohammed Alis, die Wüste zum Roten Meer durchkämmt, hatte Karten und Skizzen angefertigt, war aber ohne die erhoffte Goldausbeute zurückgekehrt. Jetzt verfolgte der alte Mann das Unternehmen mit besonderem Interesse.

In dieser Nacht konnte Brugsch keinen Schlaf finden. Hatte er wirklich alle Hinweise ausgewertet? Durfte er überhaupt Stones Expedition allein ziehen lassen?

Mariette saß verkrampft in einem Lehnstuhl, als sein Freund Heinrich Brugsch eintrat. Es bereitete ihm sichtlich Mühe, den Arm zur Begrüßung zu heben. »Es geht mir schon wieder gut«, sagte der Franzose, aber Brugsch sah sofort, daß dies nicht stimmte. Sein Gesicht war gerötet, die Augen eingefallen, er wirkte müde.

»Was sagen die Ärzte?« fragte der Preuße.

»Was sollen sie schon sagen?« spottete Mariette. »Die Zuckerkrankheit ist ein schleichendes Gift, das einen langsam ausdörrt. Ich schütte Unmengen Tee in mich hinein und habe ständig Durst, die Waden schmerzen teuflisch, jede Bewegung ist eine Anstrengung, und manchmal sehe ich alles wie durch einen Schleier.«

Brugsch faßte die Hand des Freundes. »Keine Bange, Auguste, das wird schon wieder. Du mußt dich nur schonen.«

Mariette versuchte zu lachen. »Das einzig Gute an dieser verfluchten Krankheit ist, daß mein Bauch abnimmt.«

Brugsch gab sich Mühe, das Lachen des Freundes zu erwidern; doch dieses Lachen war nicht mehr der lautstarke Ausbruch von Vitalität, der so ansteckend wirken konnte, es war ein mühsames, erzwungenes Lachen, das betroffen machte.

Um Mariettes Lehnstuhl herum lagen Stöße von Papier verstreut, Aufzeichnungen und Berichte von den verschiedenen Ausgrabungen. »Ein guter Mann, dein Bruder Emil«, begann er unvermittelt. »Er reist von einer Ausgrabung zur anderen, um mir Bericht zu erstatten. Ich bin sehr zufrieden mit ihm, er hat die Leute fest im Griff.«

Heinrich nickte, er hob einzelne Blätter hoch und las, wo überall gegraben wurde: Memphis, Beni Suef, Abydos, Mitraline, Tuna, Esna, Edfu, Medinet Habu, Der el-Bahari, Tal der Könige. Das Tal! Wehmütig strich er über das Blatt Papier. Damals, vor zwanzig Jahren, als er abwechselnd in einem Felsengrab und im Tempel von Karnak wohnte, damals war er sich noch seiner Sache sicher, er würde eines Tages die ganz große Entdeckung machen, das unversehrte Grab eines Pharaos finden; aber das Glück war nicht auf seiner Seite gewesen. Ein Schreibstubengelehrter war er geworden, Professor zwar mit gesichertem Einkommen, doch seine Illusionen waren verflossen.

Mariette, der seinen Freund beobachtete, fragte: »Glaubst du eigentlich noch immer, daß im Tal der Könige noch weitere Gräber verborgen sind?«

Heinrich sah Auguste lang an; dann nickte er stumm.

»Ehrlich gesagt«, meinte Mariette, »ich lasse nur deshalb weiterforschen, weil du so fest davon überzeugt bist, dort auch noch andere Pharaonen zu finden. Ich selbst glaube längst nicht mehr daran. Hier« – er zog ein Blatt nach dem anderen von dem Stoß vor ihm – »alles Fehlanzeige, jede Woche ein Mißerfolg, nichts, nichts, gar nichts.«

»Du solltest«, begann Brugsch umständlich, »vielleicht deine Arbeiten etwas einschränken. Ich meine, es geht dir nicht besonders gut, du kannst nicht mehr alle Grabungen kontrollieren, außerdem verschlingen die Arbeiten Unsummen Geldes, und der Vizekönig könnte eines Tages der Altertümerverwaltung überdrüssig werden.«

Da aber wurde der Franzose wütend, lautstark und mit heftigen Armbewegungen, wie in seinen besten Tagen, schrie er: Was er glaube, ob er denn eine Mumie vor sich habe? Er fühle sich immer noch kräftig genug, um es mit jedem aufzunehmen - sogar mit dem Khediven. »Soll er doch seinen Lebensaufwand reduzieren, der alte Ismail, weniger Feste, weniger Frauen, weniger Paläste! Das hier« - und dabei trommelte er mit der Faust auf seine Papiere - »das ist unser aller Vergangenheit, wir haben ein Recht darauf, und dafür kämpfe ich, bis ich umfalle, Henri, verstehst du?«

Brugsch versuchte den tobenden Freund zu beruhigen, betonte, daß seine Arbeit anerkannt sei und von niemandem in Zweifel gezogen werden könne. Er erkannte jedoch, daß vorläufig nicht daran zu denken war, Mariette in die Pläne des Vizekönigs einzuweihen. Wenn General Stone doch erfolgreich wäre!

Brugschs Bruder Emil kam zur Türe herein.

»Ich habe Gutes über dich gehört«, sagte Heinrich. Emil, beinahe verlegen, antwortete, leider bringe er heute schlechte Nachricht. Ali, der Vorarbeiter der Grabungen in Sakkara, habe es abgelehnt, die Arbeiten fortzusetzen, sie seien kaum noch erfolgversprechend. Mariettes gerötetes Gesicht färbte sich noch einen Ton dunkler, er erhob sich mühsam aus seinem Stuhl, stemmte den linken Arm in die Hüfte und fuchtelte mit der Rechten wild in der Luft herum: »Der Kerl soll mich kennenlernen. Ich werde ihn lehren, wer hier Entscheidungen trifft. Emil, mein Pferd!«

Gemeinsam redeten die beiden Brüder auf Mariette ein, er solle auf seine Gesundheit achten und sich zurückhalten. Heinrich Brugsch erbot sich, selbst nach Sakkara zu fahren und den Vorarbeiter zur Raison zu bringen; aber alle Beschwichtigungsversuche waren zwecklos. Mariette, der soeben noch bemitleidenswert in seinem Lehnstuhl gesessen hatte, schwang sich auf sein Pferd und preschte, gefolgt von dem jungen Brugsch, davon.

Der Khedive Ismail nahm indes eine Anleihe nach der anderen auf. Längst baute er keine neuen pompösen Paläste mehr, ihm ging es nur darum, die Zinsen seiner Schuldenlast begleichen zu können. Zwei Milliarden Mark betrugen inzwischen die Schulden des Khediven, sie waren mit ein Grund dafür, daß der türkische Sultan Ägypten 1873 in weitgehende Selbständigkeit entließ, zumindest im finanziellen Bereich. Daraus entwickelte sich ein ägyptischer Nationalismus, der von Frankreich und England aufmerksam beobachtet wurde. Hatte der britische Premierminister Palmerston anfangs noch alle Hebel in Bewegung gesetzt, um das Kanalprojekt zu torpedieren, so fand Großbritanniens Außenminister, der Earl of Clarendon, nach der Eröffnung der neuen Wasserstraße jetzt nur noch Komplimente für das Jahrtausendwerk.

Trotz seiner Intelligenz und Bildung war Ismail Pascha naiv. Er bemerkte nicht die Unterwanderung seiner Armee durch englische Militärs. Auch die Machenschaften seines Finanzministers Ismail Saddyk blieben ihm lange Zeit verborgen, und als er sie entdeckte, hatte ihn dieser bereits um ein Vermögen gebracht, sich einen pompösen Palast erschwindelt und Steuergelder auf ein geheimes Bankkonto in London transferiert. Ismail Saddyk hielt in den Moscheen Kairos Hetzreden gegen den Khediven, warf ihm vor, Ägypten an die Europäer verkauft zu haben, und wirtschaftete gleichzeitig weiter in die eigene Tasche.

Der Zorn Ismail Paschas traf ihn zu spät: Er ließ ihn verhaften, fesseln und zu Schiff nach Edfu in Oberägypten transportieren. Dort lud man ihn auf ein Kamel und erklärte ihm, er würde nach Dongola in die Verbannung geschickt. Der abgesetzte Finanzminister, ein Alkoholiker, verweigerte daraufhin jede Nahrungsaufnahme und wünschte nur noch Cognac zu trinken. »Reicht mir eine Flasche«, rief er, »bevor ich verdurste!« Die Bitte wurde gewährt. Er nahm die Flasche Cognac, trank sie in einem Zug aus und fiel tot von seinem Kamel.

Ismail Pascha riß sogar den Marmorboden seines Palastes heraus, um an die veruntreuten Steuergelder heranzukommen – vergebens. Auch sein Londoner Bankkonto wurde nie entdeckt, und der Vizekönig von Ägypten war wieder um eine Hoffnung ärmer.

Gläubiger und Bankiers in Europa wurden unruhig, weil Ismail seinen Zinsverpflichtungen nicht mehr nachkommen konnte. Das war die große Stunde des britischen Premierministers Benjamin Disraeli. Der konservative Regierungschef schickte am 17. November 1875 seinem Konsul in Kairo ein Telegramm folgenden Inhalts: Die britische Regierung erklärt sich bereit, die Suezkanal-Aktien des Vizekönigs für einen angemessenen Preis zu übernehmen und erwartet eine entsprechende Forderung. Sechs Tage später traf in London die Antwort des ägyptischen Vizekönigs ein: Vier Millionen britische Pfund. Das Angebot sollte 48 Stunden Gültigkeit haben.

Premier Disraeli hatte wohl selbst nicht so recht an den Erfolg dieses diplomatischen Coups gedacht, er befand sich in einer Zwickmühle. Das Parlament war bereits in den Ferien, woher sollte er innerhalb kürzester Zeit diese Riesensumme nehmen?

In ganz England gab es überhaupt nur einen Mann, der – glaubhaft – einen Scheck in dieser Höhe ohne mehrfache Gegenzeichnung unterschreiben konnte: Lionel Rothschild, der Leiter des gleichnamigen Londoner Bankhauses, ein Freund Disraelis. Der Premierminister schickte aus Gründen der Diskretion seinen Privatsekretär in die Villa des Bankiers. Rothschild saß beim Mittagessen, als ihm der dringende Besuch angekündigt wurde, er erhob sich, begrüßte den Sekretär des Premiers und fragte, noch ehe dieser sein Problem vorbringen konnte: »Wieviel?«

Verblüfft antwortete der Sekretär: »Vier Millionen Pfund.«

»Und welche Sicherheit?«

»Die britische Regierung.«

Lionel Rothschild zückte sein Scheckbuch und sagte mit einem Lächeln: »Da haben Sie das Geld.«

Im Haus des Mustafa Aga Ayat in Luxor herrschte ausgelassene Stimmung. Der britische Konsul gab eine Phantasia zu Ehren von Charles Gordon. Er war gerade zusammen mit seinen beiden amerikanischen Begleitern Major Campbell und Colonel Chaillé-Long von einer Sudan-Expedition zurückgekehrt. Zu dem Fest hatte der Aga alle Europäer eingeladen, die sich gerade in der Gegend aufhielten.

Die Männer saßen um einen Teppich herum auf dem Boden, tranken warmen Rakischnaps, sogen an ihren Wasserpfeifen und lachten Tränen über die Verrenkungen einer kleinen, nackten Frau. Die Pygmäin war äußerst wohlgenährt, aber nur knapp einen Meter groß und beinahe ebenso breit. Wann immer der Klang einer Flöte erscholl, verbog sie ihre pummeligen Glieder zu unbeschreiblichen Verrenkungen, rollte wild mit den Augen und brachte ihre schwabbelnden Brüste zum Rotieren. Colonel Chaillé-Long hatte das seltene Wesen im Sudan gekauft, nicht ohne sie zu fragen, ob sie mit ihm kommen wolle. »Ja«, hatte sie gemeint, »wenn du mich nicht aufißt!«

Der Amerikaner klatschte in die Hände und feuerte die Tänzerin an: »Tanz, Ticki-Ticki, tanz!«

Die Umsitzenden fielen in den Klatschrhythmus ein: »Tanz, Ticki-Ticki, tanz!«, und die Pygmäenfrau verrenkte sich und trampelte bis zur Erschöpfung.

»Ich habe ihr einen Sack gekauft zum Anziehen«, lachte der Colonel gluckernd, »aber was soll ich machen, sie zieht ihn nicht an, lieber geht sie nackt und trägt ihr Kleid unter dem Arm. Ich kann doch nicht mit einer nackten Frau durch Kairo gehen.«

Die Gäste grölten vor Vergnügen, schlugen sich auf die abgewinkelten Schenkel und spülten die Hitze des Abends mit gelbgrünem, klebrigem Fruchtsaft hinunter.

Die eigenwilligste Erscheinung unter den Gästen des Mustafa Aga Ayat war eine bildhübsche Dame. Sie war Engländerin, hieß Amelia Edwards und galt als Enfant terrible unter den Forschungsreisenden der damaligen Zeit. Die Tochter eines britischen Offiziers, der noch unter Wellington gedient hatte, war Journalistin, was zu dieser Zeit ungewöhnlich genug war. Noch ungewöhnlicher freilich erschien, daß sie sich in Männerkleider zwängte und mutterseelenallein riskante Reisen unternahm, die sie in Büchern und Zeitschriftenartikeln ausführlich beschrieb.

Von Ägypten war die schöne Amelia so fasziniert, daß sie sich fürs erste einmal dort niederließ, Hieroglyphen und ägyptische Geschichte büffelte und sich schließlich die Erforschung des Nillandes zum Ziel setzte.

»Wir hatten schon einmal eine Europäerin hier in Luxor«, meinte Mustafa, »sie wohnte im *Maison de France* auf den Tempelsäulen und war beliebter als alle Reisenden vor ihr. Sie hieß Lady Duff-Gordon, war mit unserem Charles Gordon aber nicht verwandt. Eines Tages war sie verschwunden. Später hörte ich, sie sei auf einem Schiff in Kairo gestorben, sie war schwer lungenkrank. Eine schöne Frau, diese Lady Gordon . . .«

Man lächelte betroffen; dann geleitete der Aga seine Gäste in einen Vorraum, der zur – wohl mehr symbolischen – Reinigung der Gäste diente. Zwei Diener, barfuß, mit einem Turban auf dem Kopf, gossen den Geladenen aus einer Kupferkanne parfümiertes Wasser über die Hände und boten bunte Handtücher an, die gleichzeitig als Servietten dienen sollten. Im eigentlichen Speiseraum stand nichts weiter als ein bunt und grell beleuchteter runder Tisch mit zierlichen Stühlchen. Amelia hielt vergeblich nach Geschirr und Eßbesteck Ausschau, dafür standen für jeden Gast zwei Gläser bereit.

»Heute abend«, sagte Mustafa, »sind wir alle Araber. Wir trinken Nilwasser und essen mit den Fingern.«

Der erste Gang des Essens bestand aus einer weißen Suppe, die in einer riesigen Schüssel in die Mitte des Tisches gestellt wurde. Jeder bekam dazu einen großen Holzlöffel.

Mit den weiteren Speisen, Reisgerichten, Fisch und Fleisch, verhielt es sich nicht viel anders. Die Diener setzten große Platten in die Mitte des Tisches, den Gästen blieb nichts anderes übrig, als mit ihren Fingern hineinzugreifen und sich handvollgroße Portionen herauszugreifen. Ein Kanten Brot, der jedem einzelnen zugeteilt wurde, diente als eine Art Servierbrett oder Teller, auf dem jeder seine Portion ablegte, um sie von hier dem Mund zuzuführen.

Das war schon schwierig genug. Als die Diener jedoch einen knusprig braungebratenen Truthahn hereintrugen und ihn wortlos in die Mitte des Tisches stellten, da blickten Amelia und die anderen Gäste doch ein wenig hilflos drein. Der Aga sah es, krempelte den rechten Ärmel hoch, packte den großen Vogel, zerriß ihn mit gekonnten Griffen in kleine Teile und reichte diese seinen Gästen.

Nach dem Dessert – es wurden Götterspeise, Milchreis, Reispudding und eingelegte Aprikosen angeboten – bat Mustafa seine Gäste in ein Nebengemach, wo wohlproportionierte Negerinnen die Anwesenden mit ihrem Tanz unterhielten. Sie zogen zu den Klängen von Geigen, Darrabouka und Tambourin alle Register ihres Könnens. Dazu wurden Wasserpfeifen gereicht und schwarzer süßer Kaffee.

Amelia hatte in einer Ecknische Platz genommen, der Aga nahm dies zum Anlaß, die Engländerin darauf hinzuweisen, daß auf jenem Diwan schon der Prince of Wales gesessen habe. An diesem Abend war die Gesellschaft nicht ganz so erlaucht. Links und rechts von Amelia Edwards thronten der Direktor des Telegrafenamtes von Luxor, der Provinzgouverneur, der preußische Konsul mit seinem Sohn und ein paar in kostbare Seidenroben gekleidete Kaufleute. In einer Ecke hatten sich der Amerikaner Edwin Smith und der Deutsche Georg Ebers niedergelassen. Sie waren Nachbarn; denn beide wohnten auf der anderen Seite des Nils in einem wohnlich eingerichteten Felsengrab hoch über Schech abd el-Kurna. Sie sprachen leise, aber man konnte hören, daß es um Geld ging und um eine Papyrusrolle.

Der Mann, der die Wasserpfeife reichte, war Mohammed Abd er-Rassul. Er musterte jeden einzelnen Gast und überlegte dabei, wer von den Anwesenden sich wohl für Pharaonenschmuck interessierte und bereit wäre, die wohl teuerste Schmuckkollektion der Welt zu erwerben?

Die beiden Männer in der Ecke schieden aus. Smith handelte selbst mit Ausgrabungsobjekten und zahlte nur Spottpreise für die Funde. Der Deutsche schien Archäologe zu sein – dieser Mann war sogar gefährlich! Die Einheimischen kamen ohnehin nicht infrage, weil sie das Geld nicht aufbringen konnten. Die Kaufleute kannte er nicht, er wußte nicht, an wen er geriet. Und die schöne Engländerin?

Sie war sicher die Sachkundigste, kaufte im ganzen Land Funde zusammen, grub selbst, forschte, machte Aufzeichnungen. Mohammed überlegte. Diese Frau würde sich nie mit dem Besitz der heißen Ware zufriedengeben. Sie würde Nachforschungen anstellen, die Altertümerverwaltung einschalten, vielleicht sogar die Polizei, ein Risiko. Mohammed gab auf.

»Tut mir leid, Mister Ebers«, sagte der Amerikaner, »für 5000 Dollar kann ich Ihnen die Schriftrolle nicht verkaufen – 10000, und keinen Cent weniger!«

»10000 Dollar!« entrüstete sich der Deutsche. »Das ist ein Vermögen!«

»Ja«, antwortete Smith, »aber welch ein Papier. Jedes Museum der Welt wird Sie darum beneiden. Im übrigen habe ich nicht viel weniger gezahlt, als ich das Stück vor 15 Jahren erworben habe.« Als der Amerikaner das ungläubige Lächeln seines Gegenübers bemerkte, fügte er hinzu: »Nun ja, nicht ganz soviel, schließlich haben sich die Zeiten geändert. Als ich hierherkam, konnte man noch mit einem britischen Pfund einen Monat auskommen, aber heute? – Ich würde den Papyrus auch nie im Leben verkaufen, wenn ich nicht in finanziellen Schwierigkeiten steckte.«

»8000 Dollar!« sagte Ebers. »Mein letztes Wort.«

Smith tat so, als müßte er heftig mit sich kämpfen, er schlug die Hände vors Gesicht und blies den Atem gegen die Handflächen. Dann sagte er mit einem tiefen Seufzer: »Also gut, Sie sollen ihn haben, Mister Ebers.«

Sowohl Smith als auch Ebers wußten natürlich um die Bedeutung der 20 Meter langen, dreieinhalb Jahrtausende alten Papyrusrolle mit hieratischen Schriftzeichen. Obwohl kein studierter Archäologe, hatte sich der Amerikaner in jahrelangen, mühsamen Studien altägyptische Schriftkenntnisse angelernt.

Der vollbärtige Georg Ebers hingegen war ein Mann vom Fach, ein Spätberufener zwar, der sich zunächst der Juristerei verschrieben, aber dann den Weg zur Ägyptologie gefunden und bei Lepsius in Berlin studiert hatte. »Der tolle Ebers«, nannte man ihn, obwohl er eigentlich, gehbehindert und von kränklicher Verfassung, nicht gerade den Eindruck eines Mannes machte, der Bäume auszureißen in der Lage war. Aber, so sagte er, Nachgeborene – so bezeichnete er sich, weil er zwei Wochen nach dem Tod seines Vaters zur Welt gekommen war –, Nachgeborene sind Glückskinder. Begeistert von der Kultur Ägyptens hatte er als junger Mann ein paar Bücher geschrieben, mühselige Romane im Geschmack der Zeit, die ihm von den Verlegern aus der Hand gerissen und gewinnbringend in 16 Sprachen übersetzt wurden – ungewöhnlich für einen Ägyptologen. Jetzt, mit vierzig, war er Professor für Ägyptologie an der Universität Leipzig. Und dies war seine erste Ägyptenreise.

»Ich wünsche Ihnen viel Glück, Professor!« sagte Smith, und er meinte es gewiß ehrlich. Denn auch er hatte sich bereits an der Übersetzung der 108 Absätze von jeweils 20 Zeilen versucht, mehr oder weniger vergeblich freilich. Diese Übersetzung, das wußte der Amerikaner, war ein Lebenswerk, und dafür war er zu alt.

Ebers hingegen hatte bei der Begutachtung der Schriftrolle den einleitenden Satz entschlüsselt: »Hier beginnt das Buch über die Herstellung von Medizin für alle Teile des menschlichen Körpers ...« Ein medizinisches Lehrbuch der alten Ägypter also. Er versprach sich viel von dem äußerst mühsam zu entschlüsselnden Inhalt, doch daß dieser 20 Meter lange Papyrus ihn später einmal weltberühmt machen sollte, das ahnte nicht einmal er.

Während die beiden Männer das Geschäft mit einem Hän-

Verschüttet: der Tempel von Kom Ombo.

dedruck besiegelten, meinte der Amerikaner: »Ich hoffe, es kränkt Sie nicht, wenn ich Ihnen sage, daß ich noch einen zweiten medizinischen Papyrus in meinem Besitz habe.« Ebers stutzte. »Er ist«, beteuerte Smith, »zwar nur viereinhalb Meter lang, aber, soweit ich ihn bisher entziffert habe, ein chirurgisches Lehrbuch aus frühester Zeit.«

Natürlich war Georg Ebers nicht gerade begeistert, aber sollte er sich ärgern? Seine Rolle war der bedeutendste medizinische Papyrus, den es gab, und er sollte fortan seinen Namen tragen: der Papyrus Ebers.

Musik, Tanz und Unterhaltung der fröhlichen Gesellschaft wurden jäh gestört durch militärische Kommandos, die von draußen in das Haus drangen. Ticki-Ticki versteckte sich ängstlich, soweit das bei ihrer Leibesfülle möglich war, hinter ihrem Colonel, die anderen starrten erwartungsvoll auf den Eingang, in dem die hünenhafte Figur eines Armee-Offiziers erschien. Er legte die Hand an die Mütze und grüßte militärisch knapp: »Entschuldigen Sie, meine Herrschaften, ich bin General Stone, man sagte mir, ich würde hier den Mudir von Kena finden!«

Der Provinzgouverneur erhob sich vom Teppich: »General!«

Der General salutierte abermals, nahm seine Mütze ab und wischte sich den Schweiß vom Gesicht. Erst jetzt fiel auf, welch erschöpften Eindruck er machte. »Wir sind die ganze Nacht marschiert«, sagte er an den Mudir gewandt, »wir kommen aus dem Wadi Hammamat. Meine Männer brauchen Verpflegung, vor allem etwas zu trinken und ein Nachtquartier!«

»Ich werde mich sofort darum kümmern!« sagte der Mudir. Amelia Edwards reichte dem General ein Glas, das er dankend annahm und gierig hinunterstürzte. »Wie viele Männer haben Sie mitgebracht?« erkundigte sich der Gouverneur. »Dreißig!« antwortete Stone. »Die andere Hälfte haben wir mit allen Vorräten zur Bewachung im Wadi zurückgelassen. Wir müssen morgen eine Expedition mit Nachschub losschicken ...«

»Bewachung?« fragte Amelia Edwards verwundert. »Was in aller Welt wollen Sie im Wüstental von Hammamat bewachen?«

Über Stones Gesicht huschte ein triumphierendes Lächeln; dann antwortete er: »Die Goldminen. Wir haben die Goldminen der alten Ägypter gefunden. Ein Professor aus Deutschland hat ihre Lage aus den alten Schriften herausgelesen.« Er griff in die Tasche und fingerte einen Stein hervor: »Hier, sehen Sie!«

Den handtellergroßen, schwarzen Stein durchzog, deutlich erkennbar, eine helle Goldader. Sie versetzte die Anwesenden in andächtiges Staunen. Ebers schüttelte immer wieder den Kopf und murmelte: »Ein Tausendsassa, dieser Brugsch, ein Tausendsassa!«

Der General wurde mit Fragen bestürmt, aber der Aga gab zu bedenken, man könne die armen Soldaten nicht draußen stehen lassen. Er gab dem Diener Befehl, sie hereinzuholen, Raki und Reis reichten auch für sie noch.

Es habe überhaupt keine Schwierigkeiten bereitet, drei verschiedene Bergwerke zu entdecken, berichtete Stone, die Beschreibungen des Professors seien äußerst präzise gewesen. Allerdings seien die artesischen Brunnen, die er auf dem Weg in das Wadi erwähnt habe, zwar vorhanden gewesen, aber wohl schon vor Jahrhunderten verschüttet worden. Seine Männer hätten einen aufgegraben und seien in einigen Metern Tiefe tatsächlich auf feuchten Sand gestoßen.

Georg Ebers kannte als einziger den Hintergrund, vor dem diese Expedition stattgefunden hatte. Er wußte um das Risiko, das ein Scheitern des Unternehmens bedeutet hätte, und die Freude stand ihm ins Gesicht geschrieben: Die ägyptische Altertumswissenschaft war fürs erste gerettet.

Während Stones Soldaten, ausgemergelt von sieben Tagen Hitze und Trockenheit, den Speisen und Getränken des Aga

Ayat zusprachen, spielten erneut die Musikanten, und die Mädchen tanzten. General Stone bat den Leiter des Telegrafenamtes, sofort folgende Depesche an den Khediven aufzunehmen: »General Stone beehrt sich, Seiner königlichen Hoheit Mitteilung zu machen, daß die Goldbergwerke im Wadi Hammamat gefunden sind.«

Ebers kritzelte etwas in sein Notizbuch, er riß ein Blatt heraus und reichte es dem Telegrafenbeamten: »Wenn Sie dieses Telegramm ebenfalls aufnehmen könnten, es ist für Professor Brugsch bestimmt.« Auf dem Zettel standen zwei Zeilen: »Goldbergwerke gefunden – Ägyptologie gerettet.«

Als der Nil über die Ufer trat, tanzten die Menschen auf den Straßen. Das taten sie jedes Jahr; denn die im Juni einsetzende Nilflut, Folge der Regenfälle im Äthiopischen Hochland, war für die Bewässerung ihrer Felder von größter Bedeutung, und schon die alten Ägypter setzten nach der Höhe des Wasserstandes die Steuern fest. Doch der Sommer des Jahres 1878 übertraf alle Erwartungen. Schmutzigbraune Wassermassen wälzten sich unaufhaltsam ansteigend nach Norden, spülten Dämme und Wehre weg, überfluteten Felder und Siedlungen und drangen tief in das Landesinnere auf Gebiete vor, die seit Menschengedenken nicht von der Nilflut erreicht worden waren. Das Tanzen der Menschen verebbte zu stummem Gebet. Wollte der Nil das Land mit sich fortreißen?

Die Behörden in Kairo hatten alle Flutwarnungen aus Oberägypten ignoriert, der Beamtenapparat des Khediven war durch die Zuspitzung der wirtschaftlichen und politischen Verhältnisse ohnehin blockiert. Seit Monaten wurden keine Gehälter mehr bezahlt, das Chaos trieb seinem Höhepunkt entgegen, wer kümmerte sich in dieser Situation um die Ankündigung einer Nilflut.

Tagelang leckten die braunen Wasser an den Uferböschungen in der Stadt, als die ersten Wogen über die Promenaden schwappten, wurden die Brücken gesperrt – eine reine Vorsichtsmaßnahme, wie es hieß. Der Höchstpegel sei überschritten, man warte stündlich auf das Fallen des Wasserstandes, es bestehe kein Grund zur Besorgnis. Doch dann, in der folgenden Nacht, gegen elf Uhr, wälzte sich eine neue, noch höhere Flutwelle auf Kairo zu. Die Stadt schlief.

Auguste Mariette saß im Arbeitszimmer seines Hauses an der Nilländе und studierte die laufenden Grabungsberichte. Es ging ihm nicht besonders gut; er hatte mit zunehmenden Lähmungserscheinungen in den Beinen zu kämpfen, aber, so meinte er, wer auf die Sechzig zugehe, dürfe sich über derlei Beschwerden nicht beklagen.

Um Mariette herum herrschte eine beispiellose Unordnung. Kisten und Kästchen mit Scherben und Kleinfunden türmten sich auf Stapeln von Büchern, Stößen von Papier, Karten, Aufzeichnungen und Rechnungen. Obwohl der Franzose von einer Wirtschafterin, einem Hausdiener und einem Kutscher bedient wurde, ließ er nicht zu, daß in diesem Raum auch nur ein Blatt verrückt oder ein Staubkorn beseitigt wurde. Dies war sein Reich, seine Welt; hier arbeitete er meist im Kerzenschein bis lange nach Mitternacht, notierte Entdeckungen und Funde, verfaßte neue Anweisungen und erledigte den gesamten verwaltungstechnischen Aufwand, den die Altertümerverwaltung mit sich brachte.

Immer bedrohlicher wurde das Rauschen der Nilflut, immer näher kam das Schlagen der Wellen, immer heftiger hörte man das Gurgeln und Zischen. Nur mit Mühe gelang es ihm, sich auf seine Arbeit zu konzentrieren. Mariette war so in seine Berichte vertieft, daß er das schmale Rinnsal, das sich über die Türschwelle einen Weg in das Innere suchte, zwar wahrnahm, aber nicht mit wachem Verstand registrierte. Erst, als das Wasser einen Stoß Grabungsaufzeichnungen erreichte und von dem trockenen Papier in Sekunden aufgesogen wurde, schrak Mariette aus seinen Gedanken hoch: die Nilflut!

Mariette sprang auf, fiel zurück in seinen Sessel, zog sich mit den Armen hoch, versuchte auf die Beine zu kommen, zu stehen – vergebens. Seine Beine gehorchten nicht, sie widersetzten sich den Befehlen seines Gehirns. Auguste! sagte er zu sich, du mußt aufstehen. Er stützte sich auf den Armlehnen ab, versuchte es noch einmal und blieb dann auf halbem Weg stecken.

Was ist mit meinen Beinen los? Warum gehorchen sie mir nicht? Warum nicht? dachte er fieberhaft. Er zog sich mit den Armen über den Schreibtisch, schob die Kerze vor sich her und blickte, hilflos auf dem Bauch liegend, im Zimmer umher.

Von allen Seiten drückte jetzt das Wasser in den Raum, es quoll sprudelnd unter der Türe hindurch, modernder Geruch machte sich breit. Karten und Blätter, die gestapelt auf dem Boden herumlagen, wölbten sich, wenn sie das Wasser benetzte, bäumten sich auf, als wollten sie sich gegen die Fluten wehren.

Der hilflose Forscher klammerte sich an den Rand seiner Schreibtischplatte. Sein Licht begann bedrohlich zu flackern. »Hilfe!« schrie Mariette, »Hilfe!« Dabei wußte er ganz genau, daß ihn niemand hören konnte. Den Diener hatte er nach Hause geschickt, die beiden anderen Bediensteten lebten ohnehin außerhalb des Hauses.

Wenn Mariette über den Rand des Schreibtisches starrte, sah er, wie das Wasser ganz langsam, aber stetig an dem Möbelstück hochstieg, und er überlegte sich, wie lange es wohl dauern würde, bis es ihn erreicht habe. Da begann der große Mann zu weinen. Es waren Tränen der Verzweiflung, die Mariette aus den Augen flossen.

Inzwischen stand das Wasser schon knietief, Papierstapel stürzten ein, Blätter schwammen wie Schiffchen umher, Kisten wurden überflutet. Wollte dieser gottverdammte Nilstrom sein Lebenswerk vernichten? Die Aufzeichnungen von 28 Jahren wissenschaftlicher Arbeit?

Mit einem lauten Knall sprang die Türe auf. Mariette drehte sich um, glaubte, daß Hilfe nahte; doch nur eine große Woge schwappte zur Tür herein, klatschte gegen den Schreibtisch, und ein paar stinkende Spritzer durchnäßten ihn bis auf die Haut. Jetzt begann Mariette um sein Leben zu fürchten. Soll ich denn hier auf meinem Schreibtisch ersaufen? schoß es durch sein Gehirn. Er stützte sich auf, kam auf dem Tisch zu sitzen, seine Beine baumelten im Wasser.

Das große Regal an der Wand, in dem Tausende von Aufzeichnungen archiviert lagen, begann im Rhythmus der Wellen zu schwanken, neigte sich bedrohlich nach vorn, knarzte. Was in Sakkara, Abydos, in Beni Suef, Mendes und Bubastis ausgegraben und gefunden worden war, hier lag es aufgezeichnet und wartete auf Auswertung. Das alles durfte nicht vernichtet werden! Mariette fixierte das tanzende Gestell mit den Augen, als wollte er es hypnotisieren: Bleib stehen, hörst du! Die Beschwörungen blieben ungehört. Ein Ächzen, Knacken, ein Bersten – Akten, Bücher, Papier und Kästen stürzten in sich zusammen, klatschten schäumend in das schwankende Wasser, das jetzt die Schreibtischplatte erreicht hatte.

Da hörte er eine Stimme. Sie klang suchend, flehend: »Mariette! Mariette!« – Es war Brugsch. Seine Stimme hallte gespensterhaft durch das Museum. »Mariette! Mariette!« Brugsch watete durch das Museum, brachte, manchmal bis zum Bauch im Wasser stehend, kleinere Objekte, die vom Wasser vernichtet zu werden drohten, in Sicherheit, und konnte um alles in der Welt nicht verstehen, wo Mariette geblieben war.

»Henri!« schrie der Hilflose auf seinem Schreibtisch. »Hier bin ich«, er lauschte in das Rauschen der Nilflut. »Henri!« Aber es kam keine Antwort. Heinrich Brugsch versuchte mit höchster Anstrengung zu retten, was noch zu retten war. Plötzlich hielt er inne. Ihm war es, als riefe jemand seinen Namen. Kein Zweifel, das war Auguste! Brugsch kämpfte sich zur Türe durch, lauschte. Das Rufen kam aus Mariettes Wohnhaus. Auf einmal war ihm klar: Mariette brachte seine wissenschaftlichen Aufzeichnungen in Sicherheit, natürlich, wie konnte er das vergessen! Sein Lebenswerk!

Ein Blick durch die Türe ließ Brugsch erschauern. Mariette lag auf dem Schreibtisch und schlug halb wahnsinnig mit den Händen in das schmutzigbraune Wasser. Er registrierte Brugschs Anwesenheit zwar, aber er reagierte nicht darauf.

»Auguste!« rief Brugsch voll Angst. »Was ist mit dir?« – Er arbeitete sich zu dem Hilflosen vor, packte ihn bei der Schulter. »Was ist mit dir, Auguste?«

Tränen rannen über das Gesicht des kranken Mannes, das in diesem Augenblick das Gesicht eines Greises zu sein schien. »Auguste!« Eine hilflose Geste verriet Brugsch, was geschehen war. Mariette sagte kein Wort, er deutete nur auf seine steifen Beine und sah um sich, wo all das, was er in einem halben Leben wie ein Besessener zusammengetragen hatte, der Vernichtung anheimfiel.

»Wir müssen hier raus!« rief Heinrich Brugsch, der nun bemerkte, wie immer höhere Wellen in das Haus fluteten. Mariette zeigte keine Regung, starrte geistesabwesend vor sich hin, als habe er sich damit abgefunden, hier inmitten seiner Welt zu sterben.

Da packte der schmächtige Preuße seinen Freund an beiden Händen, zog ihn wie einen schweren Sack auf den Rükken und trug und schleifte ihn durch das brodelnde, kreisende, gurgelnde Wasser. Er kannte Schwellen und Stufen des Hauses, tastete sich vorsichtig vor, die schwere Last drohte ihm jeden Augenblick zu entgleiten. Mit kurzem Blick nahm Brugsch wahr, daß die Rettungsarbeiten, die er im Museum geleistet hatte, sinnlos gewesen waren, der Wasserspiegel hatte längst alles überflutet.

Auf halbem Weg kam dem Preußen sein Bruder Emil entgegen. Im Wasser stehend hakten sie den willenlosen Mariette an den Armen unter und brachten ihn so hinter dem Museumsgarten in Sicherheit.

»Ist er verletzt?« fragte Emil. Heinrich schüttelte den Kopf: »Ich glaube, seine Beine sind wieder gelähmt. Versuche deine Beine zu bewegen!« rief er und kam ganz nahe an das Gesicht Mariettes heran. Aber der Angesprochene gab keine Regung von sich, er atmete schwer, sagte aber nichts.

»Es muß ein Schock für ihn sein!« sagte Heinrich Brugsch. »Sein Lebenswerk in der Nilflut versinken zu sehen. Solche Lähmungserscheinungen können durch so etwas ausgelöst werden.«

»Aber sein Ruhm ist nicht im Wasser versunken«, meinte Emil.

»Ruhm!« sagte Heinrich verächtlich. »Er hat das alles nicht um des Ruhmes willen getan, er tat es um der Sache willen, verstehst du. Und für die Altertumswissenschaft waren die Aufzeichnungen wichtiger als sein Ruhm.« Emil nickte. Sie trugen Mariette zu Brugschs Haus, wickelten ihn in Wolldecken und flößten ihm Rakischnaps ein.

Auf einmal richtete Mariette sich auf, mußte husten und murmelte dann bitter: »Ich danke Euch, aber Ihr hättet mich lieber mit all meinem Zeug ersaufen lassen sollen.«

Die wiederentdeckten Goldbergwerke brachten in der Tat beachtenswerte Mengen des kostbaren Metalls ans Tageslicht, doch angesichts des Staatsbankrotts waren diese Erlöse nur ein Tropfen auf den heißen Stein. Von der Pariser Rothschild-Bank war dem Khediven eine letzte Anleihe von neun Millionen ägyptischer Pfund auf den Privatbesitz des Paschas gewährt worden. Nicht einmal die Aufnahme eines Briten und eines Franzosen ins Kabinett – ihre Länder teilten sich die Schuldenlast – konnte das Ruder noch herumreißen. Es schien nur noch eine Frage von Tagen, bis Ismail und seine Regierung aufgaben.

Am 26. Juli 1879 trafen in Kairo zwei ungewöhnliche Telegramme ein. Absender war der türkische Sultan in Konstantinopel. Allein die Adressen genügten, um dem Vasallen die neue Situation unmißverständlich klarzumachen. Das eine Telegramm war gerichtet »An den Ex-Khediven Ismail Pascha«, das andere trug die Anschrift »An Seine königliche Hoheit, den Khediven von Ägypten Taufik Pascha«.

Der 26jährige Prinz Taufik war ein Sohn Ismail Paschas. Vater und Sohn hatten Tränen in den Augen, als sie sich im Abdin-Palast in die Arme fielen. »Sei gegrüßt, mein König!« sagte der Vater. »Möge dir mehr Erfolg beschieden sein als deinem Vater!«

Vier Tage später bestieg der abgesetzte Vizekönig in Alexandria seine Yacht »Mahroussa«. Der Kapitän hatte Order, nicht innerhalb des Ottomanischen Reiches an Land zu gehen. Deshalb nahm die »Mahroussa« Kurs auf Neapel, wo König Umberto den Gast aus Ägypten willkommen hieß und ihm den Palast »La Favorita« zur Verfügung stellte. Umbertos Vater Victor Emanuele II. hatte sich einst beim Vizekönig eine größere Summe Geld geborgt, aber nie zurückgezahlt; jetzt konnte Umberto sich revanchieren. Das Wort »Ägypten« war fortan aus dem Wortschatz des Ex-Khediven gestrichen und es durfte in seinem Palast auch nicht gebraucht werden.

Mit der Absetzung des Vizekönigs waren die Probleme des Landes freilich nicht gelöst. Taufik, der älteste von sieben Söhnen Ismails, war jedoch eine leichter zu führende Marionette in den Händen der Großmächte. Seit 1876 wurden wichtige Entscheidungen von den beiden ausländischen Ministern im Kabinett getroffen: Der Engländer Sir Rivers Wilson leitete das Finanzressort, der Franzose M. de Blignières war für öffentliche Ausgaben zuständig.

Blignières ließ eines Tages Mariette ins Ministerium rufen: »Mein lieber Mariette«, begann er ohne Umschweife, »Sie wissen um den desolaten Zustand der ägyptischen Staatsfinanzen, und deshalb sehen wir uns zu unserem größten Bedauern gezwungen, die Sparmaßnahmen auch auf das Gebiet der Altertumswissenschaft auszudehnen. Ihre Ausgrabungen und Ihre Behörde haben Hunderttausende verschlungen und damit zum Staatsbankrott beigetragen.«

»Soll das heißen«, unterbrach ihn Mariette, »daß Sie die Verwaltung der Altertümer aufzulösen gedenken?«

Der Minister hob verlegen die Schultern: »Nicht direkt – nur Grabungen können Sie keine mehr vornehmen. Wir können uns derart sinnlose Ausgaben einfach nicht mehr leisten.«

»Sinnlose Ausgaben«, wiederholte Auguste Mariette, »sinnlose Ausgaben, ich verstehe.« Noch vor ein paar Jahren hätte Mariette zu toben begonnen, den Minister mit üblen Flüchen beschimpft und vielleicht irgendeinen Ausweg aus der Misere gefunden; aber Mariette wirkte kraftlos, beinahe hilflos.

»Es steht Ihnen natürlich frei, Ihren privaten Forschungen nachzugehen«, meinte der Minister entschuldigend. »Wir werden Ihnen, in Anerkennung Ihrer Verdienste, auch eine kleine Unterstützung aussetzen, aber für große Grabungsprojekte dürfen Sie nicht mehr mit uns rechnen.«

Eine kleine Unterstützung. Nichts konnte einen Mann wie Mariette härter treffen, mehr demütigen als diese Worte. Grußlos hatte er sich umgedreht und war gegangen.

Zur gleichen Zeit hatte Heinrich Brugsch eine Audienz bei Finanzminister Rivers Wilson. Der Brite teilte ihm in arrogantem Ton mit, daß die deutsche Hochschule ab sofort aufgelöst sei, er selbst, Brugsch, sei dem Finanzministerium als Beamter zugeordnet. Darauf entgegnete der preußische Professor, er möge vielleicht ein passabler Altertumswissenschaftler sein, denn damit habe er sich ein Leben lang beschäftigt, aber zum Finanzbeamten habe er einfach nicht das Zeug.

»Was sind Sie eigentlich?« fragte Wilson mürrisch.

»Ein getreuer Untertan Seiner Majestät des Kaisers von Deutschland.«

»Nein, ich meine, was Sie gelernt haben, wozu Sie tauglich sind im Dienste der Regierung?«

»Ich bin Gelehrter und in meiner Heimat Universitätsprofessor.«

»Können wir hier nicht gebrauchen«, kam die Antwort Wilsons, »Leute mit Ihren Kenntnissen gibt es zu Hunderten in England.«

Brugsch spürte einen Stich im Herzen. Er ging nach Hause und reichte seinen Abschied ein.

Durch das Tal der Könige hallten die Schläge von Steinhämmern und Äxten. Wie Spinnen seilten sie sich von den Felsklippen in die brüchigen Gesteinswände ab, bearbeiteten jeden Felsvorsprung, klopften jede Spalte ab und inspizierten jedes Loch. Eine französische Expedition, ausgerüstet mit bestem technischem Material, unterstützt mit reichlichen Geldern, untersuchte jeden Winkel des Tales, um diesem faszinierenden Ort das letzte Geheimnis zu entreißen. Wo aber lag dieses Geheimnis? Wo waren die übrigen Pharaonen begraben?

Leiter der Expedition war Gaston Maspero, jener Maspero, der vor dreizehn Jahren Mariette auf der Pariser Weltausstellung um eine Hieroglypheninschrift angebettelt hatte. Er hatte sie tatsächlich in einer einzigen Nacht übersetzt und damit die besten Empfehlungen des Direktors der Altertümerverwaltung erhalten. Sieben Jahre später war der junge Gelehrte bereits Professor für Philologie und Archäologie am Collège de France, und es schien keine Frage, daß der glatzköpfige Maspero mit dem breiten Gesicht und der viel zu kleinen Brille einmal Nachfolger Mariettes werden würde.

Wie Heinrich Brugsch war auch Maspero überzeugt, daß im Tal der Könige noch weitere Pharaonengräber existierten, nur wo, das wußte er nicht. Es gab keinen geeigneten Hinweis, nur vage Vermutungen und dann eben jene kostbaren Grabbeigaben, die seit einer Reihe von Jahren auf dem internationalen Antiquitätenmarkt auftauchten, Schmuckstücke und Gebrauchsgegenstände von Königen der 18. bis 20. Dynastie. Irgendwoher mußten sie doch kommen!

Nach wochenlangen, vergeblichen Sondierungsarbeiten änderte Maspero sein Vorhaben, er gab die Suche nach neuen Entdeckungen auf und beschäftigte sich mit dem Vorhandenen. Der junge Professor skizzierte mit seinen Assistenten alle Darstellungen und Inschriften in den Königsgräbern, damit sie einem größeren Kreis von Forschern zugänglich gemacht werden konnten. Ihm war bewußt geworden, dem Geheimnis, das das Tal umgab, war nicht mit Hacken und Brechstangen beizukommen, dieses Geheimnis konnte nur jahrelange Forschungsarbeit am Schreibtisch lösen – oder der Zufall.

»Kommen Sie schnell, Mariette hat einen Blutsturz erlitten!« Mariettes Diener stand aufgeregt in der Türe. Heinrich und Emil Brugsch sprangen auf und eilten zu seinem Haus an der Nillände, das noch immer deutliche Spuren des Hochwassers trug.

»Ihr habt wohl gedacht, es ist schon soweit?« Mariette empfing die beiden im Bett sitzend mit ironischen Worten, wie es seine Art war. Aber sein Gesicht wirkte eingefallen, die Stimme klang matt, anders als sonst sprach er langsam, beinahe zögernd.

Mariette war nicht allein. Zwei Scheichs aus der Gegend von Sakkara, die Heinrich Brugsch noch von den ersten Grabungen im Serapis-Tempel her kannte, saßen an seinem Krankenbett. »Sie graben für mich in Sakkara«, sagte Mariette, »sie tun es freiwillig und ohne Entlohnung. Sie haben den Zugang von drei kleinen Pyramiden gefunden und eine Menge hieroglyphischer Inschriften.«

Heinrich Brugsch sah die Scheichs fragend an: »Inhalt?«

»Ausgeraubt, Effendi!« beteuerten die Araber.

»Könntet Ihr beide Euch die Entdeckung einmal näher ansehen?« Mariettes Stimme klang bittend, beinahe flehentlich, und keiner der beiden Männer wagte es, dem Freund diese Bitte abzuschlagen.

Die Brugsch-Brüder nahmen am nächsten Morgen die Eisenbahn nach Bedreschëin, bestiegen zwei Esel und gelangten nach zwei Stunden zu dem Pyramidenfeld im Westen des Dorfes Sakkara. Sie wurden erwartet.

Zusammen mit den Wüstenscheichs zwängten sie sich in den tiefliegenden Eingang der westlichen Pyramide, sorgfältig auf die über ihnen hängenden Steinblöcke achtend, die jeden Augenblick bei der leisesten Berührung herabstürzen und sie mit ihrem tonnenschweren Gewicht zermalmen konnten. Der finstere Gang, den sie stellenweise auf allen vieren kriechend zurücklegten, endete nach ein paar Ecken in einer Grabkammer, die von oben bis unten mit Hieroglyphen beschriftet war.

Heinrich deutete auf einen Königsring: »Das ist Phiops«, sagte er leise, als könnte er die Grabesruhe des Pharao stören, »ein König der sechsten Dynastie, am Ende des Alten Reiches.«

»Ein wichtiger Pharao?« erkundigte sich Emil. Sein Bruder zeigte auf die Inschriften: »Wenn wir sie entschlüsselt haben, werden wir mehr wissen.«

An einer Seite der Kammer stand ein rotgesprenkelter Granitsarkophag, der beschriftete Deckel war zurückgeschoben, und daneben, auf dem Boden, lag eine Mumie.

»Das ist Phiops!« sagte Heinrich Brugsch ergriffen. Die beiden knieten nieder und blickten in das Gesicht eines im Jünglingsalter gestorbenen Königs. Grabräuber hatten die Mumienbinden von seinem Leib gerissen, alle Schmuckstücke und Amulette geraubt, aber sonst war die Mumie unbeschädigt.

»Ich hätte gewünscht, daß Mariette diesen Augenblick miterleben kann«, sagte Heinrich Brugsch traurig.

»Warum nehmen wir die Mumie nicht einfach mit?« meinte Emil. »Wir bringen sie ihm ans Krankenbett.«

Heinrich zögerte. »Warum nicht«, sagte er schließlich, »er wird sich sicher freuen.«

Die Brüder holten einen schlichten, halb zerfallenen Holzsarg, der bei Grabungen an anderer Stelle entdeckt worden war, legten die Mumie des Königs Phiops hinein und schoben den kostbaren Fund durch das Gängelabyrinth ins Freie. Dann schwang sich Emil auf seinen Esel und legte den Königssarg quer über die Schenkel.

Das sperrige Gepäck müsse in den Gepäckwagen, meinte der Bahnhofsvorsteher und ließ sich auch nicht umstimmen, als die Brugsch-Brüder ankündigten, sie wollten Billetts erster Klasse kaufen. Um den drohenden Menschenauflauf auf dem Wüstenbahnhof zu vermeiden, nahmen die beiden dritter Klasse samt Reisegepäck und bestiegen, weil sie sich von Pharao Phiops nicht trennen wollten, selbst ebenfalls den Gepäckwagen.

Die Eisenbahn holperte in der flirrenden Hitze des Nachmittags in Richtung Kairo, doch eine halbe Stunde vor der Endstation kreischten die Bremsen, Räder polterten über die Schwellen, ein eisernes Krachen und Klirren: die Lokomotive war aus den Geleisen gesprungen – keine Besonderheit auf dieser Strecke.

Aufgeregt rannten Kondukteure, Heizer und Zugführer hin und her und vermittelten den Eindruck, daß in den nächsten 24 Stunden an ein Weiterkommen nicht zu denken war. Deshalb packten die Brugsch-Brüder ihren Holzsarg und machten sich, der eine vorne, der andere hinten, auf den Weg nach Kairo. Die Sonne stand schräg, und der Bahndamm reflektierte die Glut wie der Rost eines Backofens. König Phiops wurde von Minute zu Minute schwerer, das heißt, der Pharao wog gar nicht soviel, der hölzerne Sarg machte den größeren Teil des Gewichtes aus. Die Männer setzten die schwere, unhandliche Last ab, wischten sich den Schweiß von der Stirn und faßten den Entschluß, die Mumie aus dem Sarg zu nehmen und ohne den schweren Kasten nach Kairo zu transportieren. Heinrich faßte den Pharao am Kopfende, Emil an den Beinen – so trotteten sie schlapp vor sich hin.

»Heinrich!« rief der hinter seinem Bruder herlaufende Emil noch. »Heinrich, bleib stehen!« Aber zu spät: Die Mumie des Königs brach in der Mitte auseinander und verbreitete eine weiße Staubwolke über dem Bahndamm.

Da standen sie nun, jeder einen halben Pharao in den Händen, starrten sich erschrocken an, wußten nicht, ob die Situation zum Lachen oder zum Heulen war. Nur sehen durfte sie niemand! Deshalb nahm jeder seinen halben Pharao, und mit beschleunigtem Gang strebten sie der Bahnstation am Stadtrand von Kairo zu. Dort bestiegen sie eine Droschke zur Stadt.

Der Mautbeamte an der eisernen Brücke Kasr en-Nil erkundigte sich mit mißtrauischem Blick auf die Mumienhälften, was die Reisenden zu verzollen hätten.

»Gar nichts«, sagte Heinrich, »mafisch!«

»Und das da?« erkundigte sich der Zöllner.

»Pökelfleisch«, sagte Heinrich Brugsch und drückte ihm ein Geldstück in die Hand.

Der Beamte legte die Hand an die Mütze: »Jallah«, ab!

Mariettes Zustand hatte sich rapide verschlechtert. Er sprach mit leiser, heiserer Stimme, als die Brugsch-Brüder von ihrer erfolgreichen Entdeckung in Sakkara berichteten. »Also gibt es doch beschriftete Königspyramiden«, sagte Mariette schwach. »Henri, ich glaube, es gibt noch viel zu entdecken!«

Der Freund nickte und begann umständlich zu erklären, daß sie eine Überraschung bereithielten, sie hätten nämlich nicht nur das Grab des Pharao Phiops gefunden, sondern auch seine Mumie.

Mit aller Kraft, die er noch aufbringen konnte, richtete Mariette sich auf und sah die beiden fragend an.

»Wir wollten die Mumie nicht unbewacht zurücklassen«, sagte Heinrich entschuldigend, »wir haben sie mitgebracht. Willst du sie sehen?«

Ohne eine Antwort abzuwarten, gingen die beiden hinaus und kamen stolz, ein jeder mit einer Pharao-Hälfte zurück, Mariette riß die Augen weit auf, rang nach Luft und sank bewußtlos in seine Kissen zurück. Zwei Tage später war Auguste Mariette tot. Man schrieb den 17. Januar 1880.

X.
Stimmen aus dem zweiten Jahrtausend

Er könne alles haben, sagte der Fellache, sogar eine komplette Mumie, aber die habe natürlich ihren Preis. Ob er der Chef des Unternehmens sei, wollte Brugsch wissen, und wie viele Mitwisser es gäbe. Der Araber winkte ab, nein, da brauche er sich keine Gedanken zu machen – er, Achmed, sei der Chef des Unternehmens, und nur noch drei Leute wüßten von dem Fund. Emil Brugsch war auf der richtigen Fährte.

»Dieses Land«, sagte Gaston Maspero, während er an der Reling stand und die Landschaft Oberägyptens an sich vorüberziehen ließ, »kann man nur lieben oder hassen. Eine Zwischenlösung gibt es nicht.« Gemächlich tuckerte der alte Raddampfer nilaufwärts, weiße Ibisvögel hingen wie Lampions über dem Flußschiff. Der Mann zu seiner Rechten hielt geblendet von der schrägstehenden Sonne die flache Hand vor die Augen und fragte, den Blick zum Ufer gewandt, zurück: »Sie meinen wegen der politischen Verhältnisse? Sonst sehe ich keinen Grund, dieses Land zu hassen?« – Maspero schwieg.

Nicht nur äußerlich waren die beiden Männer grundverschieden: Gaston Maspero klein, aber kräftig, unscheinbar, jungenhaft; daß er Professor für Ägyptologie war, sah man dem 34jährigen Spitzbart nicht an. Der andere, Charles Edwin Wilbour, ein paar Jahre älter, Amerikaner, ein Hüne von

Gestalt, mit buschigem Bart, eine auffällige Erscheinung, verwegen. Die beiden kannten sich seit sieben Jahren. Wilbour hatte bei Maspero in Paris studiert, der Ältere beim Jüngeren; aber dafür hatte Wilbour auch schon eine Karriere als Journalist und Geschäftsmann hinter sich, als er, ein respektables Vermögen im Hintergrund, beschloß, ein neues Leben anzufangen. Sein Aufstieg vom kleinen Gerichtsreporter zum Verleger wurde mit der New Yorker Unterwelt in Verbindung gebracht; die Wahrheit kam jedoch nie ans Tageslicht.

Wie nicht anders zu erwarten, hatte Gaston Maspero die Nachfolge von Auguste Mariette angetreten, kein leichtes Erbe, denn die Mittel waren knapp, überall im Land herrschte Aufruhr. Nur der Optimismus seiner Jugend ließ Maspero nicht verzweifeln.

Sein Assistent, Emil Brugsch, trat hinzu und kündigte den beiden Herren an, man befinde sich wenige Meilen vor Luxor und werde in etwa einer Stunde anlegen. Maspero liebte die Deutschen nicht sonderlich, schließlich hatten sie seinen Landsleuten bei Sedan die größte Schmach angetan und ausgerechnet in Versailles Wilhelm I. zum deutschen Kaiser proklamiert. Unter diesen Umständen mußte man schon auf einen Deutschen angewiesen sein, um ihn zu schätzen. Und genauso war es.

Emil Brugsch, dessen Bruder Heinrich, seit Mariettes Tod die graue Eminenz der Ägyptologie, sich indigniert nach Berlin zurückgezogen hatte, galt inzwischen als erfahrener Altertumsforscher. Der Hilfskurator des Kairoer Museums war bei den Ausgräbern, die seiner Kontrolle unterstanden, ebenso angesehen wie bei manchen Hehlern, für die er schon einmal ein Auge zudrückte, wenn es sich nicht gerade um kapitale Funde handelte. Er selbst besserte aber auch bisweilen sein Gehalt durch die Veräußerung von Ausstellungsstücken aus dem Museum auf.

»Wir werden das Schiff nicht verlassen«, meinte Maspero

an Wilbour gewandt, »die Leute sollen keinen Verdacht schöpfen. Brugsch schafft das ganz allein.« Der Deutsche nickte.

»Wie lange geht das nun schon mit den rätselhaften Funden?« fragte Wilbour, und Maspero meinte, genau könne er das auch nicht sagen, sicher sei nur, daß ihm ein englischer General schon vor Jahren einen Königs-Papyrus aus der 21. Dynastie gezeigt habe, den dieser in Luxor für hundert Pfund erworben hatte. Ein Jahr später sei dann eine zweite Schriftrolle aus dieser Zeit aufgetaucht, und Mariette habe über Mittelsmänner zwei weitere Königspapyri erworben – dabei habe man bisher kein einziges Pharaonengrab aus dieser Zeit entdeckt.

»Und wie wollen Sie dieses Geheimnis lüften, Mister Brugsch?« fragte Charles Wilbour skeptisch.

»Brugsch ist der einzige Mann, der mir helfen kann«, sagte Maspero. »Er muß herausfinden, wer hinter diesem Antiquitätenschwindel steckt!«

»Sie glauben doch nicht etwa, daß ich selbst etwas mit der Sache zu tun habe«, erwiderte der Deutsche abwehrend.

»Der kleine Brugsch«, wie man ihn zur Unterscheidung von seinem Bruder Heinrich nannte, war tatsächlich nicht in diesen Fall verwickelt. Das aber erleichterte ihm seine Aufgabe keineswegs. Er war eher verärgert darüber, daß er am Coup nicht mitverdiente.

Bisher hatte es Emil Brugsch immer verstanden, im Hintergrund zu bleiben, wenn es um Antiquitätenhehlerei ging. Dies erwies sich jetzt als Vorteil; denn als er in Luxor ankam und sich im gleichnamigen Hotel einquartierte, brauchte er nicht einmal einen falschen Namen anzugeben, da ihn kein Mensch hier kannte.

Das Hotel, ein alter Kasten im morbiden Zuckerbäckerbarock des 19. Jahrhunderts, galt als Edelabsteige für Adelige und Abenteurer, gehobene Gauner und wohlsituierte Globetrotter. Doch die Hoffnung, man würde dem kleinen

Brugsch gleich ein ganzes Pharaonengrab zum Kauf anbieten, trog. In den ersten zwei Wochen passierte gar nichts.

Also mußte Brugsch die Initiative ergreifen. Er trieb sich in den Kaffeehäusern des Basars herum, trank mit den Einheimischen Tee und bezahlte dabei stets demonstrativ mit großen Scheinen. Gelegentlich ließ er durchblicken, daß er sich für Antiquitäten interessiere. Die Stücke, die ihm jedoch angeboten wurden, gab Brugsch nach eingehender Betrachtung lächelnd zurück: »Nein, danke!«

Er erkannte die von den Bewohnern von Luxor damals wie heute mit Geschick fabrizierten Imitationen auf Anhieb. Das imponierte den Dealern durchaus, die ungewöhnliche Sachkenntnis des Fremden sprach sich herum.

Eines Tages wurde der kleine Brugsch im Basar am Ärmel gezupft: »Look, Mister!« Ein alter Fellache, der einen ziemlich heruntergekommenen Eindruck machte, hielt eine kleine Figur in der Hand. Figürchen dieser Art, sogenannte Dienerfiguren, wurden den Königen zu Hunderten mit ins Grab gegeben; sie sollten dem verstorbenen Herrscher im Jenseits bestimmte Arbeiten abnehmen.

Brugsch betrachtete das Fundobjekt mit Interesse, vermied es jedoch, irgendeine Reaktion zu zeigen. Keine Frage, das Stück war echt und stammte aus einem Königsgrab. Was er dafür haben wolle, fragte Brugsch. »Fünf Pfund«, antwortete der Alte. »Ich gebe dir zwei«, sagte Brugsch. Der andere winkte ab. Er müsse erst bei seinem Auftraggeber rückfragen.

Ob er mehrere solcher Stücke habe, wollte Brugsch wissen.

Der Alte nickte.

Brugsch zog ein paar Geldscheine aus der Tasche und hielt sie dem Fellachen vor das Gesicht; er sei bereit, auch mehr zu bezahlen, wenn es gute Stücke seien. Für den Abend vereinbarten beide ein Treffen am selben Ort.

Die Methode des jungen Deutschen blieb nicht ohne Wirkung. Als Brugsch zum vereinbarten Zeitpunkt im Basar erschien, berührte ihn erneut jemand an der Schulter. Er hatte den Mann nie gesehen; der aber lächelte und radebrechte auf englisch, er könne herbeischaffen, was immer der Fremde wünsche. Und zum Beweis zog er mehrere kleine Gegenstände aus den Falten seines Gewandes, Figürchen, Amulette und kleine Gefäße.

Das Gezeigte verschlug Brugsch diesmal die Sprache. Was der Ägypter da aus seinen Taschen fingerte, war ein Vermögen wert. Noch erregender aber erschien, daß jedes Stück den Namensring eines anderen Pharaos trug, daß also offensichtlich nicht *ein* Königsgrab, sondern eine ganze Galerie von Pharaonengräbern entdeckt worden war.

Ob er noch mehr wolle, fragte der Araber. Brugsch mühte sich, ein möglichst gelangweiltes Gesicht zu machen: Ja, wenn er noch bessere Stücke anzubieten habe. Er könne alles haben, sagte der Fellache, sogar eine komplette Mumie, aber die habe natürlich ihren Preis. Ob er der Chef des Unternehmens sei, wollte Brugsch nun wissen, und wie viele Mitwisser es gebe. Der Araber winkte ab, nein, da brauche er sich keine Gedanken zu machen – er, Achmed, sei der Chef des Unternehmens, und nur noch drei Leute wüßten von dem Fund. Emil Brugsch war auf der richtigen Fährte.

Er wagte nicht, den Fellachen noch mehr auszuhorchen, er versprach vielmehr, am nächsten Tag zur gleichen Stunde am selben Ort zu sein. Bis dahin solle Achmed klären, was eine Königsmumie koste, man wolle weiterverhandeln. Und damit schnappte die Falle zu.

Denn als Emil Brugsch tags darauf mit Achmed zusammentraf, tauchten aus dem Basar zwei Polizisten auf und nahmen den Fellachen fest. Der gelobte zwar beim Leben seiner drei feisten Frauen, er wisse nichts über die Herkunft der Funde, ein Unbekannter habe sie ihm für wenig Geld angeboten und jedermann in el-Kurna könne seine Ehrlichkeit bezeugen.

Aber obwohl ihm nichts nachgewiesen werden konnte, wurde Achmed Abd er-Rassul in Untersuchungshaft genommen. Brugsch stellte inzwischen in dem Grabräuberdorf el-Kurna Nachforschungen an. Doch eine Krähe hackt der anderen kein Auge aus: Alle Befragten stellten Achmed das beste Leumundszeugnis aus, er sei ein redlicher, gottesfürchtiger Mann und vor allem ehrlich. Brugschs Nachforschungen brachten jedoch einen zweiten Namen ins Spiel: Mustafa Aga Ayat. Von ihm seien schon des öfteren für sündhaft teures Geld besondere Fundstücke angeboten worden.

Natürlich wies der Aga die Anschuldigungen weit von sich. Er, ein ehrenwerter Mann, als Antiquitätenhehler? Da der Konsul diplomatische Immunität genoß, konnte er nicht belangt werden. Und auch Achmed gab sein Geheimnis nicht preis, selbst, als man ihn nach zweimonatiger Haft mit Stockschlägen malträtierte.

Schließlich kam es vor dem Provinzgericht in Kena zu einer Gerichtsverhandlung gegen Achmed er-Rassul aus el-Kurna. Der Richter Daud Pascha, der seine Vernehmungen bisweilen auch in der Badewanne vornahm, bot eine Reihe von Zeugen auf, doch anstatt ihn zu belasten, priesen sie alle die Vorzüge des Beschuldigten. Achmed wurde mangels Beweisen freigesprochen. Brugsch war enttäuscht, doch gab er nicht auf.

Verbissen verfolgte er die Brüder Abd er-Rassul auf Schritt und Tritt, um sie nervös zu machen. Und tatsächlich fühlten sich die drei bald verunsichert.

Achmed wagte sich nicht mehr in die Nähe des Pharaonenverstecks. Als die letzten Ersparnisse zur Neige gingen, kam es zum offenen Streit. Achmed forderte, sie müßten durchhalten, schließlich könne die Altertümerverwaltung sie nicht bis an ihr Lebensende beschatten. Mohammed hingegen plädierte dafür, ihr Geheimnis freiwillig preiszugeben, was – wie Richter Daud versprochen hatte – sich strafmildernd auswirken würde.

Tags darauf, es war genau vier Wochen nach dem Ende des Prozesses, kam Soliman Abd er-Rassul zum Richter Daud gerannt: »Mudir, ich gestehe alles!«

»Was gestehst du?« fragte der Richter.

»Ich war es, und Achmed und Mohammed!«

Erst jetzt wurde dem Richter klar, worum es sich bei diesem Geständnis handelte.

Mit viel Geduld versuchte Daud Pascha aus Soliman herauszuholen, was eigentlich geschehen war; denn der sprudelte in seiner Aufregung nur zusammenhanglose Satzfetzen heraus: »Vor zehn Jahren, Achmed ... ein Grab ... aber nicht nur eine Königsmumie, gleich drei Dutzend ... Konsul Mustafa Aga Ayat hat alles verkauft ... seit zehn Jahren ...«

Richter Daud, dessen Unbestechlichkeit in der ganzen Provinz gefürchtet war, schmunzelte bei der Beichte des jungen Soliman – er glaubte wohl nicht so recht an das ganze Ausmaß der Entdeckung. In der Aufregung schien der junge Abd er-Rassul wohl zu übertreiben. Schließlich ließ er Emil Brugsch rufen, der sich noch immer in Luxor aufhielt. Auch Achmed wurde herbeizitiert, und nun legte auch er ein Geständnis ab: Ja, seit genau zehn Jahren sei er, immer wenn das Geld zur Neige ging, in den Schacht eingestiegen, habe Kostbarkeiten nach oben gebracht und dem Aga Ayat zum Verkauf übergeben. Nur der Aga und sie, die drei Brüder, hätten von der Sache gewußt.

Brugsch konnte seine Aufregung kaum verbergen. Gleichzeitig befielen den Museumskonservator aber auch Zweifel. Ein derartiger Fund wäre einmalig.

Am 5. Juli 1881, zehn Jahre nach seiner großen Entdekkung, führte Achmed Abd er-Rassul den kleinen Brugsch hinauf auf die Klippen von Der el-Bahari zu jenem Felsvorsprung, wo ein tiefes Loch im Boden klaffte.

Zuerst seilte Achmed sich ab, dann Brugsch. Unten angelangt, entzündete Achmed eine Kerze und kroch in dem niedrigen Gang voraus, Brugsch hinterher. Die Luft war zum

Ersticken. Angst befiel den Deutschen. Da, ein plötzliches Rauschen in der bedrückenden Stille. Die Kerze verlosch. Brugsch spürte einen klatschenden Schlag im Gesicht.

»Eine Fledermaus, Mister!« flüsterte Achmed und zündete die Kerze wieder an.

Der Gang nahm kein Ende. Brugsch stolperte über Steine und Geröll, das von der Decke gefallen war. Der Schweiß trat ihm aus allen Poren. Auf einmal lösten sich Schemen aus der Dunkelheit. Mumien waren an die Wand gelehnt, dahinter Sarkophage mit geöffnetem Deckel, alles Könige des Neuen Reiches. Ahmose lag da, der Begründer der 18. Dynastie, der erste Amenophis, Thutmosis III., der große Eroberer, Ramses II., der Gewaltige, insgesamt 40 Mumien, die präparierten Leichen der mächtigsten Herrscher des alten Ägypten.

Brugsch wankte, stemmte sich gegen die Felswand, seine Beine knickten ein, nach Luft ringend setzte er sich in den zentimeterdicken Staub, schlug die Hände vor das Gesicht, schüttelte sich, als wolle er einen Alptraum loswerden; es dauerte Minuten, bis er die Beherrschung wiedergefunden hatte. Am ganzen Körper zitternd, machte er sich mit Achmed an den Aufstieg.

Doch Emil Brugsch wäre nicht der kleine Brugsch gewesen, hätte er nicht schnell seine Fassung wiedergewonnen. Schon am nächsten Morgen rückte er mit einer Truppe von 16 Mann an und begann, die Mumien zu bergen. Aus Kairo forderte er ein Schiff an.

Aber nun geschah etwas Unerwartetes: Als der Dampfer mit den toten Königen in Luxor ablegte, begannen am Ufer die Weiber zu kreischen, die Männer schossen mit ihren Gewehren Salut – wie ein Lauffeuer hatte sich die Entdeckung herumgesprochen. Achmed Abd er-Rassul wurde wie ein Held gefeiert, die Grabräuber von el-Kurna hatten einen ungekrönten König.

Achmed Abd er-Rassul wurde nie vor Gericht gestellt. Im

Gegenteil, Gaston Maspero machte ihn in Anerkennung für seine Verdienste um die Entdeckung der Mumienhöhle zum Aufseher der Totenstadt. Der Direktor der Altertümerverwaltung dachte, es sei besser, einen solchen Mann in seinen eigenen Diensten zu beschäftigen, und so verdiente Achmed seinen Lebensunterhalt fortan, indem er Grabräubereien im Tal der Könige zu verhindern suchte. Jedenfalls glaubte Maspero dies.

»Sechs Piaster, Sir!« forderte der kleine Eseltreiber im Hafen von Alexandria.

Der feiste maltesische Kaufmann stieg umständlich von dem Grautier, das ihn befördert hatte, kramte in der Tasche nach einem Geldstück, warf dem Jungen eine Fünf-Piaster-Münze zu, drehte sich um und wollte gehen.

»No, no, Sir!« rannte der Eseltreiber dem Malteser hinterher. »Sechs Piaster!« Er zeigte mit dem Daumen der rechten und mit den Fingern seiner linken Hand: sechs!

»Hundesohn!« brüllte der Dicke den Jungen an. »Verschwinde, oder ich werde dir Beine machen.«

Der Junge ließ nicht locker, zog seinen Esel hinter sich her und wich nicht von der Seite des Mannes. »Sechs Piaster!« Der dicke Kaufmann ging schneller, der kleine Eseltreiber folgte ihm auf den Fersen. »Sechs Piaster, Sir!«

Der Malteser suchte auf der Hafenpromenade dem schreienden Jungen mit dem Esel zu entkommen. Schon wurden einige Passanten aufmerksam. Der Eseltreiber ergriff den Ausländer an einem Zipfel seines Gewandes. Da plötzlich drehte sich der Malteser wütend um, in seiner Rechten blitzte ein Messer. Gebannt starrte der Junge auf die Waffe, der Schreck hinderte ihn, den Mann loszulassen und wegzulaufen. Der Alte stieß zu. Ein kleiner, zaghafter Schrei, und der Eseltreiber sank zu Boden. Aus seiner Seite quoll helles Blut. Im Staub der Straße wurde eine rote Lache sichtbar.

Von allen Seiten eilten nun die Menschen herbei, bildeten einen Kreis um das sterbende Häufchen Elend. Es war, als warteten sie auf den Tod. Ein junger Araber beugte sich zu dem Jungen hinab, schob einen Arm unter seinen Kopf und strich ihm mit der anderen Hand die wuscheligen Haare aus der Stirne. Da klappte der Kopf des kleinen Eseltreibers zur Seite – er war tot.

Schreien, Rufen, wilde Gesten in die Richtung, in die der Christenhund geflohen sei. Auf einmal hatten alle irgendeine Waffe in der Hand, Messer, Knüppel, Stangen, eisernes Werkzeug. »Dorthin ist er gelaufen!« – »Wie sah er aus?« – »Dick!« – »Nein, dünn.« – »Auf jeden Fall ein Europäer!« – »Ein Europäer. Schlagt die Europäer tot. Schlagt alle Europäer tot!«

Dem planlos durch die Straßen hastenden Mob schlossen sich immer neue Trupps von haßerfüllten Ägyptern an. Fensterscheiben gingen zu Bruch, Kaufläden wurden geplündert, Menschen niedergetrampelt, erstochen, erschlagen. Die Hauptstadt Alexandria befand sich im Aufruhr. Es wurde Abend, bis die ersten Ordnungskräfte eingriffen; doch bis dahin waren bereits 53 Menschen, meist Europäer, verblutet. Als sich die Nacht über Alexandria senkte, machte sich eine gespenstische Ruhe breit, eine Ruhe, von der ein jeder wußte, daß sie trog. Die Lunte glimmte an einem Pulverfaß.

Die Tumulte am 11. Juni 1882 waren in der Tat nur der Auftakt zu einem düsteren Kapitel der neueren Geschichte Ägyptens. Eng damit verbunden ist der Name des aus Zagazig im östlichen Nildelta stammenden Fellachensohnes Achmed Arabi. Der Offizier in der ägyptischen Armee war zum Führer einer nationalen Bewegung und schließlich zum übermächtigen Kriegsminister geworden. Hochaufgeschossen, aber schwerfällig und mit langsamen Bewegungen zog der zum Pascha avancierte Achmed Arabi sowohl gegen die türkische Oberhoheit als auch gegen die anglo-französische Bevormundung Ägyptens zu Felde. »Wir sind keine Sklaven!«

polemisierte er gegen jeden fremden Einfluß. »Und wir wollen auch nicht als solche behandelt werden.«

Besorgt um ihre finanziellen Investitionen beobachteten die europäischen Mächte argwöhnisch das Treiben Arabi Paschas. Der Nationalistenführer verstand es jedoch geschickt, seine Anhänger zu mobilisieren. Die Lage spitzte sich immer mehr zu. Kaum ein Tag verging ohne neue Ausschreitungen. Der britische Konsul in Alexandria wurde bei Straßenkämpfen in der Hauptstadt verletzt. Während Frankreich sich aus dem Konflikt zurückzog, stellten die Briten Arabi Pascha ein Ultimatum: Wenn er sich nicht innerhalb von 24 Stunden aus der Zitadelle über dem Hafen zurückziehe, würden sie das Feuer eröffnen.

Mit der Spannung wuchs die Angst der Bevölkerung. Wenn Arabi Pascha nachgab, würde man die nationale Bewegung zerschlagen, ehe sie etwas für Ägypten erreicht hatte.

Das Ultimatum verstrich unbeachtet. Alle Schiffe hatten

Der Hafen von Alexandria im 19. Jahrhundert.

den Hafen verlassen. Die Nacht war gespenstisch still, der Morgen graute, als ein schwerer Donnerschlag die Stadt erschütterte. Die britische Flotte lag drohend im Dunst vor der Küste, die Kanonen auf Alexandria gerichtet. Ein Geschütz nach dem anderen feuerte seine todbringende Ladung in die Stadt. Mannshohe Löcher wurden in die Hauswände gerissen, ein großes Gebäude stand sofort in Flammen, das Feuer griff auf weitere Häuser über. Die ausgedörrten Palmen auf der Hafenpromenade loderten wie riesige Fackeln; dazwischen schreiende, flüchtende Menschen, schwerbeladene Handkarren, vereinzelte Schüsse.

Die ägyptische Armee kämpfte erbittert und verzweifelt. Am Ende des ersten Kriegstages waren 2000 Ägypter gefallen und alle Befestigungsanlagen in Schutt und Asche gelegt. Arabi zog sich mit seiner Armee in die Wüste bei Kafs el Dawar zurück und schlug in einem Zelt des Khediven sein neues Hauptquartier auf. Einen nachfolgenden britischen Angriff wehrte er erfolgreich ab.

Militärische Berater bestürmten Arabi Pascha, den Suezkanal zu blockieren, da die Engländer vermutlich von See her angreifen würden. Doch Ferdinand de Lesseps hatte dem Nationalistenführer versichert, die Kanalgesellschaft sei und bleibe neutral. Arabi Pascha glaubte ihm.

In der Nacht zum 13. September drang der englische General Wolseley dann jedoch mit seiner Flotte durch den Suezkanal vor, ging mit seinen Truppen unbemerkt an Land und stieß bei Tell el-Kebir auf die ägyptische Armee. Die Schlacht dauerte 35 Minuten, Arabi Paschas Soldaten flohen in alle Himmelsrichtungen, er selbst wurde gefangengenommen und nach Ceylon in die Verbannung geschickt, Ägypten von britischen Truppen besetzt. Offiziell wurde Ägypten ein britisch-ägyptisches Kondominium.

Taufik Pascha blieb zwar weiterhin ägyptischer Vizekönig, und auch das Kabinett behielt seine Funktion, aber der eigentliche Herrscher Ägyptens war der britische Generalkonsul Lord Cromer. Er reorganisierte zwar das hoffnungslos verfilzte Beamtentum und führte eine effektive Verwaltung ein; die Art, wie er die britischen Interessen vertrat, blieb jedoch fragwürdig.

Hatten bisher Franzosen und Deutsche das alte Ägypten und seine Erforschung als ihre Domäne betrachtet, so schien nun ein neues Zeitalter anzubrechen, und auch im Niltal sprach man auf einmal englisch und amerikanisch.

Der Winter-Trip nach Ägypten wurde nun zur gesellschaftlichen Verpflichtung für einen britischen Lord. Man logierte im Shepard's an der Nilpromenade, einer Mischarchitektur aus Côte d'Azur-Hotel und Pharaonen-Palast, ließ sich zum Fünfuhrtee auf der Hotelterrasse sehen und tat der Bildung genüge, indem man einen Dampfer von Thomas Cook & Söhne bestieg und zu den Klängen der Bordkapelle nilaufwärts schipperte, um das Tal der Könige zu besichtigen, in dem immer neue, aufregendere Entdeckungen gemacht wurden.

London. Die langen Gänge im Britischen Museum wirkten bei Nacht noch unheimlicher als bei Tageslicht. Im Lampenschein, der lange, tanzende Schatten verbreitete, schien die riesige Ramses-Statue, die einst Belzoni nach England gebracht hatte, zu leben, den lächelnden Mund zu öffnen und zu sprechen. Die Figuren der Reliefs lösten sich von ihrem steinernen Untergrund und begannen zu wandern. Nur die Mumien, die pietätlos herumlagen, dämmerten vor sich hin.

In diesen geheimnisumwitterten Hallen trafen sich an einem kühlen März-Abend zwei Dutzend ehrwürdige Herren und eine etwa 50jährige Dame. Ihr Name: Amelia Edwards. Die erfolgreiche Schriftstellerin, der die Verleger die Manuskripte aus den Händen rissen, trug das blonde Haar streng zurückgekämmt im Nacken gebunden. Ihr Ledermantel mit breitem Pelzkragen entsprach dem letzten Chic der Mode. Die Ärzte, Bankiers und Ägyptologen der hier versammelten

Männergesellschaft begegneten ihr mit erkennbarem Respekt.

Schwaden von Zigarrenqualm zogen durch den diffus beleuchteten Konferenzraum, als Miß Edwards sich mit einem kraftvollen »Meine Herren!« Ruhe verschaffte. »Der Zweck unserer Zusammenkunft ist bekannt, und ich brauche, glaube ich, nicht viele Worte zu machen. Die Kultur des alten Ägypten ist für uns alle zu bedeutungsvoll, als daß wir sie Grabräubern, Dilettanten und der Zerstörung überlassen sollten!«

Die Männer in der Runde, unter ihnen alle namhaften Altertumsforscher Englands, nickten zustimmend. Einer der jüdischen Bankiers gab zu bedenken, ob man nicht mit der von den Franzosen in Beschlag genommenen Altertümerverwaltung in Konflikt gerate, wenn nun auf einmal Engländer sich um die Kunstschätze kümmerten.

»Wir wollen weder Monsieur Maspero und seiner Altertümerverwaltung noch den Ägyptern irgend etwas wegnehmen!« warf Sir Erasmus Wilson ein. »Masperos Mittel sind äußerst beschränkt, und im übrigen ist ihm die Unterstützung durch eine englische Stiftung höchst willkommen.« Sir Erasmus war ein prominenter Chirurg und Universitätsprofessor. Mit 72 Jahren hatte er im Jahr zuvor zum erstenmal geheiratet. Seiner jungen Frau und dem alten Ägypten gehörte die ganze Leidenschaft seines Alters. So hatte er die für damalige Verhältnisse ungeheure Summe von 10000 Pfund aufgebracht und einen ägyptischen Obelisken zu Schiff nach London bringen lassen. Für die Stiftung hatte er eine größere Summe in Aussicht gestellt.

Auch die jüdischen Bankiers zeigten sich bereitwillig, machten ihre Zahlungen jedoch von der Erforschung biblischer Stätten in Ägypten abhängig. Reginald Stuard Poole, Archäologe und Leiter der Münzenabteilung im Britischen Museum, sah darin eine willkommene Gelegenheit, endlich auch das Nildelta wissenschaftlich zu erforschen. In diesem von Mücken verseuchten Gebiet hatten bisher nur einige wenige Grabungen unter Mariette und Lepsius stattgefunden.

Wallis Budge, ein Museumsassistent, meldete sich freiwillig, wurde aber zurückgewiesen, weil man ihm eine Aufgabe in Mesopotamien übertragen wollte. Budge war damit einverstanden. Auch Flinders Petrie, ein junger Forscher aus Charlton, erklärte sich spontan bereit, im Delta nach der biblischen Stadt Ramses zu graben. Er sei unverheiratet und könne, wenn es gewünscht werde, sich schon morgen auf den Weg machen. Die alten Herren quittierten den Tatendrang des 29jährigen beifällig.

Doch sie hatten einen anderen Mann im Auge, den Bibelwissenschaftler und Ägyptologen Edouard Naville. Dieser war eigentlich Schweizer, er stammte aus Genf, hatte aber bei Lepsius in Berlin studiert und sich am King's College vor allem mit der Entschlüsselung alter Texte in London einen Namen gemacht. Schließlich einigte man sich, Petrie und Naville loszuschicken und sie an verschiedenen Orten des Deltas graben zu lassen.

Jetzt brauchte das Unternehmen nur noch einen Namen, aber der war schnell gefunden: Egypt Exploration Fund – Stiftung zur Erforschung Ägyptens. Sir Erasmus Wilson übernahm die Präsidentschaft, als Sekretäre des Unternehmens fungierten Amelia Edwards und Reginald Poole.

»In Zukunft«, sagte Pool zu Miß Edwards, während die Pferdedroschke durch das nächtliche London rumpelte, »in Zukunft werden die großen Entdeckungen stets mit dem Namen Englands verbunden sein!« Miß Edwards lachte: »Mein lieber Reginald, nehmen Sie lieber den Mund nicht zu voll. Bis jetzt ist England auf dem Gebiet der ägyptischen Altertumswissenschaft noch immer ein unterentwickeltes Land. Die Universitäten unseres Weltreichs haben noch nicht einmal einen Lehrstuhl für dieses Fach!«

Pool nickte: »Das ist leider wahr.«

Amelia Edwards wischte mit der Hand über die beschlagenen Scheiben: »Aber ich glaube, ich habe da jemanden im Auge . . .«

Am Nachmittag, gegen 17 Uhr, wenn die Eisenbahn aus Oberägypten einlief, glich der Bahnhof von Kairo einem Hexenkessel. Kofferträger, Eseltreiber, Zeitungs- und Nüsseverkäufer stritten mit bunt uniformierten Bahnbeamten und verschleierten Frauen um einen der vorderen Plätze am Bahnsteig. Wurde dann endlich der Rauch der Lokomotive sichtbar, war die tausendköpfige Menge nicht mehr zu halten, sie rannte dem feurigen Ungetüm entgegen und gab der quietschenden, ächzenden Eisenbahn auf den letzten hundert Metern das Geleit. Obwohl sich dieser Vorgang tagtäglich wiederholte, war er jeden Tag wieder von besonderem Reiz.

Kaum hatte der Zug angehalten, da stürzten die Wartenden zu den Coupés erster Klasse, gleich hinter der Lokomotive, denen festlich gekleidete Menschen entstiegen, Damen in breitkrempigen Hüten, Herren im Gehrock, Geschäftsleute und ausländische Touristen. Sie brachten Geld in die Stadt. Wer aus den hinteren Wagen der dritten und vierten Klasse kletterte, genoß nicht die geringste Aufmerksamkeit, und so fiel der Mann in weißer Kalabija mit rotem Fez auf dem Kopf nicht weiter auf, als er dem Ausgang zustrebte, ein Fellache aus der Provinz.

Als er jedoch in Höhe der Lokomotive das Ende des Bahnsteigs erreicht hatte, prallte er mit einem Kofferträger zusammen, der es besonders eilig hatte. Der Fellache stolperte, rappelte sich wieder hoch, aber dabei rutschte aus den Falten seines weiten Gewandes ein tönerner Gegenstand, so groß wie ein Dachziegel, und zerschellte auf den schwarz-weißen Steinfliesen der Bahnhofshalle.

Sofort bildete sich ein Kreis neugierig gaffender Menschen um den angstvoll dreinblickenden Fellachen, der verlegen auf die Scherben zu seinen Füßen starrte. Das größte der graubraunen Bruchstücke trug unkenntliche Schriftzeichen, und auf einmal rief eine Stimme aus der Menge: »Kadim! Das ist ja antik!«

Der Mann aus der Provinz fühlte sich ertappt, in die Enge getrieben, er stieß einen alten Mann um, hetzte davon und tauchte irgendwo in der Menge unter. Zwei Ordnungshüter sperrten den Fundort ab, beschlagnahmten die Scherben und erstellten ein Protokoll. Eine Lawine kam ins Rollen.

Klein, gedrungen, mit listigen Äuglein hinter der schmalen Nickelbrille, saß er in der Halle des Hotels Luxor, musterte jeden Vorbeikommenden kritisch, lächelte den Damen freundlich zu und blies den Rauch seiner Zigarre genußvoll in die Luft. Wallis Budge galt, zumindest bei den einfachen Leuten, als der beliebteste Altertumsforscher in ganz Ägypten. Bei den Behörden dagegen genoß er einen fragwürdigen Ruf, und jedesmal, wenn der Museumsassistent aus London in Alexandria an Land ging, schlugen die Zollbehörden Alarm, sehr zum Vergnügen des Forschers aus Cornwall.

Budges Beliebtheit bei den Ägyptern kam daher, daß er nie Fragen stellte, wenn man ihm irgendwelche Ausgrabungsgegenstände oder Papyri anbot. Außerdem zahlte er faire Preise. Das hatte sich herumgesprochen.

Doch diesmal, das merkte der clevere Engländer sofort, stimmte etwas nicht. Mit gespielter Teilnahmslosigkeit musterte er die Gäste in der turbulenten Hotelhalle, die nicht nur als Rezeption und Aufenthaltsraum, sondern auch als Reisebüro für ausländische Touristen diente.

Zwei Männer paßten nicht in das Ambiente dieses Hotels, zwei Ägypter in europäischer Kleidung, die sich halb hinter den Säulen versteckt hielten. Der eine tarnte sich zusätzlich mit einer englischen Zeitung, der andere blickte unaufhörlich in eine der Spiegeltüren und ließ Budge nicht aus den Augen. Wallis Budge überlegte: Sollten sie ihn heute nacht beobachtet haben, als er im Boot über den Nil setzte und auf einem Esel zum Tal der Könige geritten war? Das war unmöglich!

Budge hatte in der Nacht einen zwanzig Meter langen Papyrus von einem unbekannten Mann erworben. Soweit er beim Kerzenschein in dem Höhlenversteck erkennen konnte, enthielt er für einen königlichen Schreiber namens Ani Gebete und Hinweise für den Weg ins Jenseits, das sogenannte Totenbuch.

Der Kupferschmied! Budge überlegte. Bei einem Kupferschmied im Basar von Luxor hatte er eine Blechbüchse in Auftrag gegeben und im voraus bezahlt. Hatte sich der Mann Gedanken gemacht, was er wohl in dieser großen Büchse transportieren wolle? – Nervös sprang er auf, ging in der Hotelhalle auf und ab, da stieß ihn ein Araber in schwarzer Kalabija an. »Mister!« sagte er, während er sich beiseite drehte. »Das Haus von Bey Mohammed wird beobachtet, er kann nicht kommen. Aber wenn Sie wollen, sollen Sie ihn nach Einbruch der Dunkelheit aufsuchen und den Hintereingang benutzen.« Der Araber verschwand grußlos, und der Engländer zog sich auf sein Zimmer zurück.

Ein Blick aus dem Fenster bestätigte Wallis Budge, daß er sich nicht getäuscht hatte: Die beiden Männer, die zuvor betont teilnahmslos in der Hotelhalle gewartet hatten, hielten nun sein erleuchtetes Zimmerfenster im Auge. Budge stellte den Docht seiner Lampe noch einmal besonders hoch, schlich dann die Treppe hinab und verließ das Hotel Luxor durch einen Hinterausgang.

Mohammed Muhassib begrüßte den Engländer wie einen langjährigen guten Freund – dabei sahen sich die beiden zum allererstenmal. Mohammed, einst als Hausdiener bei Lady Duff Gordon, galt nun als beste Adresse unter den Antiquitätenhehlern. Sein Konkurrent Mustafa Aga Ayat war alt und gebrechlich geworden.

Der Hausherr klatschte in die Hände, ein Diener trug Melokhia auf, das ägyptische Nationalgericht. Mohammed schlürfte die Suppe mit hörbarem Genuß. Wallis Budge unterbrach das schmatzende Geräusch und erkundigte sich nach den Gründen für die ungewöhnlich strengen Bewachungsmaßnahmen.

Mohammed lächelte: »Wenn Sie glauben, daß das alles nur wegen Ihnen stattfindet, dann muß ich Sie leider enttäuschen, Sir. Die Altertümerverwaltung macht beinahe jede Woche irgendwo eine Razzia auf vermeintliche Antiquitätenhändler, läßt Leute verhaften und muß sie meist am nächsten Tag wieder freilassen, weil man ihnen nichts nachweisen kann. Diese Woche sind eben wir dran. Das soll Sie nicht weiter stören, Sir.«

Mohammed schien noch kaltblütiger zu sein als er selbst. Budge ließ sich das mit Reis und Melokhia-Blättern gekochte Gänsefleisch schmecken, als ein ausgemergelter Fellache unangemeldet den Raum betrat. Er wechselte mit Mohammed ein paar Sätze auf Arabisch, und der Hausherr erzählte ihm, der Alte komme mit ein paar Fundstücken, die er gerne begutachten lassen, eventuell auch verkaufen würde.

»Aber wie ist er denn überhaupt hereingekommen?« fragte der Engländer verwundert.

Da verzog sich Mohammeds breites Gesicht zu einem Grinsen. Er hielt die geöffneten Handflächen vor die Brust und sagte: »Allah hat gemacht Melokhia nicht nur für dich und mich, Allah hat gemacht Melokhia für alle. Aufpasser essen Melokhia in der Küche.«

Budge unterbrach jäh sein Gelächter, als ihm der Fellache ein Tontäfelchen unter die Nase hielt. »Kadim?« fragte der Alte. »Ist das antik? Oder jadid – neu?«

Der britische Gelehrte, der eine Reise nach Mesopotamien nur aufgrund eines Tips in Ägypten unterbrochen hatte, erkannte sofort, daß es sich um babylonische Keilschrift handelte. Aussehen, Form, Farbe und Struktur waren durchaus mit bekannten Stücken zu vergleichen – und das sprach für die Echtheit des Täfelchens – was dagegen sprach, war eigentlich nur die Tatsache, daß sich Budge am Ufer des Nils befand und nicht irgendwo zwischen Euphrat und Tigris.

Kopfschüttelnd versuchte er sich in die Keilschriftzeichen einzulesen, da zeigte ihm der Besucher noch ein zweites und drittes Täfelchen, insgesamt waren es schließlich sechs an der Zahl. Budge staunte. Also entsprach die Nachricht, die man ihm bei dem Zwischenaufenthalt in Alexandria zugespielt hatte, der Wahrheit. Ein kleiner Junge hatte ihm beim Verlassen des Schiffes einen Brief in die Hand gedrückt, der in fehlerhaftem Englisch die Aufforderung enthielt, nach Luxor zu reisen. Dort würde ihn eine bedeutsame Entdeckung erwarten. Wallis Budge, der Museumsbeamte aus London, war für derlei geheimnisvolle Botschaften durchaus empfänglich. Auf diese Art und Weise hatte er für sein Museum bereits Schätze von höchstem Rang erworben.

Je mehr Budge die Täfelchen in seinen Händen herumdrehte, verglich und betrachtete, je mehr er dabei zu der Überzeugung kam, daß er dreitausendjährige Keilschrift-Dokumente vor sich hatte, desto gleichgültiger und gelassener gab er sich nach außen hin.

»Willst du etwa behaupten, du habest das Zeug im Tal der Könige ausgegraben?« Budge klopfte mit dem Knöchel seines rechten Zeigefingers auf eine der Tafeln.

Der fremde Besucher schüttelte den Kopf.

»Er kommt aus El-Hagg Quandil«, mischte Mohammed sich in das Gespräch, »einem Dorf in der Mitte zwischen Kairo und Luxor.«

Budge schwieg in der Hoffnung, der Fremde würde weitere Erklärungen abgeben; aber der dachte genauso und wartete noch immer auf eine Antwort.

»Du weißt natürlich, daß das keine Hieroglyphen sind«, sagte Budge ohne aufzusehen. Der Fremde nickte und meinte, deshalb sei er ja gekommen, schließlich gelte der Engländer als Schriftenexperte.

Als er merkte, daß er so nicht weiterkam, tat Budge etwas,

wozu er sich sonst nie hinreißen ließ, er stellte die Frage: »Woher hast du das Zeug?«

Der Fellache machte keine Anstalten, zu antworten. Erst als Mohammed ein paar ermunternde Worte auf arabisch an ihn richtete, erzählte er: Eine Bäuerin aus El-Hagg Quandil habe nach Sebach gegraben, dem fruchtbringenden Düngemergel, der um das Dorf herum reichlich vorkomme. Dabei sei sie auf ein Versteck mit über 300 solchen Tontafeln gestoßen. Sie habe zunächst eine große Entdeckung vermutet, bis man ihr sagte, daß es sich dabei nicht einmal um ägyptische Schriftzeichen handle. Also gab sie den Kram an einen Dorfbewohner weiter. Der zahlte zehn Piaster – damit konnte man zwei Laib Brot kaufen. Doch dieser Halsabschneider, Allah sei seiner üblen Seele gnädig, habe sie für zehn ägyptische Pfund an einen des Weges kommenden Antiquitätenhändler verschachert. Dem aber bereitete der Weiterverkauf große Schwierigkeiten, nachdem irgendein Altertumsforscher behauptet hatte, es handle sich um Keilschriftzeichen, und Keilschrift-Aufzeichnungen seien noch nie in Ägypten gefunden worden. Deshalb habe er die Tafeln für einen Bakschisch weitergegeben.

»Alle?«

Der Fremde nickte. Er selbst habe nur noch diese sechs; aber sein Freund Hassan nenne weitere 77 sein eigen, das heißt, jetzt seien es nur noch 76. Die größte Tafel sei diesem Dummkopf auf dem Bahnhof in Kairo aus der Kalabija gerutscht und zersprungen. Seither werde er im ganzen Land steckbrieflich gesucht. »Das ist doch ein Zeichen dafür, daß die Tafeln von Wert sind!« rief der Fellache.

»Das kommt darauf an«, meinte Wallis Budge – »vorausgesetzt, sie sind echt!«

Wo denn sein Freund Hassan sei. – »Unten in der Küche, dieser Freßsack!« Er esse mit den Polizisten.

Mohammed ging zur Tür, rief etwas Unverständliches, und im nächsten Augenblick erschien Hassan mit zwei Bündeln unter dem Arm. Er legte sie vor dem Engländer auf den Boden und wischte sich mit dem Ärmel verlegen über den Mund. Budge öffnete eines der Stoffbündel und wickelte die sorgsam verschnürten Tontafeln aus.

Während er eine um die andere in die Hand nahm und begutachtete, sagte Budge mit gespielter Ruhe: »Echt oder nicht echt, das ist eine sehr schwierige Frage. Dies festzustellen, kann Wochen dauern, und die Wahrscheinlichkeit, in Ägypten ein Keilschrift-Original zu finden, spricht eigentlich gegen diesen Fund . . .« Budge unterbrach sich. Gleich die erste Tafel aus dem einen Packen, den Hassan vor ihn hingelegt hatte, trug, deutlich erkennbar, die Schriftzeichen »A-na Ni-ib-mu-a-ri-ja« – an Nibmuarija. Wer war dieser Nibmuarija? Und da: »Ihar matu Mi-is-ri« – König des Landes Ägypten.

Doch plötzlich begriff Budge den Zusammenhang. Diese unscheinbaren Tontäfelchen waren Briefe an einen ägyptischen König und damit von größter historischer Bedeutung. »Wie immer die Prüfung ausgehen wird«, wiederholte der Engländer, »ich werde Euch die Tafeln zu einem fairen Preis abkaufen.«

Die beiden Ägypter sahen ihn argwöhnisch an. »Oder habt Ihr schon einmal etwas Gegenteiliges gehört?« fragte Budge. »Dann nehmt das Zeug wieder mit, zerreibt es zu Sebach, damit Eure Felder besser gedeihen!« Bei diesen Worten legte er die Tontafeln auf das Bündel zurück.

Aber nein! Die Fellachen wehrten das Ansinnen des Engländers ab. Sie vertrauten ihm voll und ganz, er möge die Täfelchen behalten und auf ihre Echtheit prüfen.

»Effendi! Effendi!« Mohammeds Diener stürzte atemlos in den Raum. »Die Polizei hat das Schatzhaus umstellt und den Zugang versiegelt!«

»Das Schatzhaus?« Mohammed machte ein kummervolles Gesicht. Mitten im Dorf, an der Rückfront des Hotels Luxor, gab es eine alte, halbverfallene Scheune, von der niemand wußte, was darin aufbewahrt wurde und wem sie überhaupt gehörte. In diesem heruntergekommenen Bauwerk, das keine Fenster, aber meterdicke Mauern hatte, bewahrten Antikenhändler ihre Schätze auf, jeder für sich. Hier verschwand keine einzige Perle, das war Ehrensache!

»Jemand muß uns verpfiffen haben!« sagte Mohammed zornig. »Aber warum haben sie das Tor versiegelt?«

»Die Polizei hat den Befehl, auf die Ankunft des Dampfers der Altertümerverwaltung zu warten«, sagte der Diener.

Jetzt wurde auch Budge unruhig. In dem Lagerhaus, das über und über mit Schätzen aus zahllosen Raubgrabungen angefüllt war, bewahrte auch der Engländer seine neuesten Erwerbungen auf, Papyrusrollen, mehrere Kisten mit kleineren Kostbarkeiten, Jahrtausende alte Totenschädel, die er für einen englischen Anatomie-Professor erworben hatte, und eine Mumie samt Sarkophag.

Mohammed gab seinem Diener Order, mit einer Flasche Cognac zum Schatzhaus zu gehen und die Polizisten zu einem Gläschen einzuladen. Doch der Lakai kam erfolglos zurück, die Wächter hätten ihm Prügel angedroht und den Cognac nicht einmal angerührt. Die Lage sei brenzlig, sie erforderte einen höheren Aufwand.

Budge verließ das Haus Mohammeds durch den Hintereingang und eilte in sein Hotel, wobei er ebenfalls wieder den rückwärtigen Zugang wählte. In einem kurzen Gespräch schilderte er dem Hotelmanager seine prekäre Situation und die der Hehler von Luxor, dann weihte er ihn in seine Pläne ein. Es mußte schnell gehen.

Vor dem Hotel Luxor nahm eine lärmende Folkloregruppe Aufstellung. Bildhübsche Bauchtänzerinnen warfen ihre breiten Hüften, Flötenspieler entlockten ihren Instrumenten schrille Töne, und Trommler schlugen ihre Felle, daß auch die letzten Hotelgäste aus dem Schlaf gerissen wurden, auf die Straße eilten und mitklatschten.

Zur gleichen Zeit meißelte ein gut eingespieltes Team von

Grabräubern im Hotel-Park die Rückseite des Schatzhauses auf. Während die Musiker und Tänzerinnen die Straße auf und ab zogen, lösten die Männer in der Dunkelheit Stein um Stein lautlos aus dem Mauerwerk. Sie waren diese Art von Arbeit von zahllosen Raubzügen gewöhnt.

Nacheinander wurden die kostbaren Ausgrabungsgegenstände nun durch das enge Mauerloch gehoben und verschwanden irgendwo im Dunkeln. Wallis Budge stapelte seine Schätze im Schrank seines Hotelzimmers, den Sarkophag mit der Mumie mußte er zurücklassen. Er war der Ansicht, eine geringe Beute müsse den Kontrolleuren der Altertümerverwaltung in die Hände fallen, sonst würden sie weitersuchen. Außerdem versprachen die Hehler, umgehend eine neue, bessere Mumie nachzuliefern.

Budge zahlte für die Tafeln hundert Pfund, und der Fellache war es zufrieden. Der englische Forscher aber schloß sich in sein Hotelzimmer ein und versuchte mühsam, die Jahrtausende alten Dokumente zu entschlüsseln. Doch je mehr er sich in die tönernen Briefe vertiefte, hier und dort einen Namen, ein Wort, eine Zahl, einen Begriff entschlüsselte, desto bedeutungsvoller erschien ihm der Fund.

Da feilschten Könige um Frauen und Mitgift, warben um Freundschaft und drohten sich Krieg an. Nur – wer hier an wen schrieb, das blieb Budge noch verborgen. Eines aber war gewiß: Diese unscheinbaren, abgestoßenen Stimmen aus dem zweiten Jahrtausend würden in nicht allzuferner Zeit große weiße Flecken in der Geschichte Ägyptens auffüllen.

Der Brite machte sich nun auf die Suche nach den übrigen Tontafeln, brachte in Kairo drei Händler in Erfahrung und erlebte eine bittere Enttäuschung. Der erste hatte ein gutes Dutzend an unbekannte Privatsammler weiterveräußert, vom zweiten waren siebzehn Tafeln dem Museum zur Begutachtung vorgelegt und sofort beschlagnahmt worden – und Ali Abd el-Haj, der dritte, hatte über hundert Tafeln an einen Wiener Teppichhändler verkauft. Der aber wurde mit dem Kauf auch nicht gerade glücklich und gab den Schatz, mit Gewinn, versteht sich, an einen Ankäufer des Ägyptischen Museums in Berlin weiter.

Dort wuchs inzwischen eine neue Generation von Altertumsforschern heran. Lepsius war tot, Adolf Erman hatte sein Erbe als Museumsdirektor übernommen. Und die Deutschen zeigten sich nicht bereit, das ägyptische Altertum nur den Engländern und Franzosen zu überlassen.

XI.
Das Geheimnis von Tell el-Amarna

»Ach, Ihr habt wohl schon gedacht, der alte Brugsch hat die Schaufel aus der Hand gelegt«, sagte der Berliner pfiffig. »Nee, nee, nicht ohne noch ein letztes Mal meine zweite Heimat bereist zu haben. Ich habe hier ein Vierteljahrhundert in den verschiedensten Lebenslagen gelebt, das kann man nicht so einfach vergessen ...«

Die Wüstenebene von Tell el-Amarna, 250 Kilometer südlich von Kairo, war schon immer so steinig, staubig und abstoßend unwohnlich, daß selbst die Altertumsforscher einen weiten Bogen um sie machten. Und das, obwohl Felsengräber am Rand der Ebene und gelegentliche Funde auf eine ruhmreiche Vergangenheit hinwiesen. Aber die Gräber wurden schon vor Jahrhunderten ausgeraubt, und Skarabäen und Statuetten kamen auch an weniger abweisenden Orten nahe der Zivilisation ans Tageslicht.

Doch dann geschah eines Tages für die Einwohner der Stadt Der Mauas das Unglaubliche: Der Zug von Kairo hielt in dem kleinen verkommenen Bahnhof, und Engländer luden Blechkoffer, Reisekisten, Werkzeuge und Lebensmittel aus und charterten ein Schiff zum Ostufer des Nils. Unterwegs warben sie Arbeitskräfte an, und die Fellachen rissen sich um einen Arbeitsplatz; denn der englische Anführer, Flinders Petrie, zahlte zehn Piaster am Tag – die meisten hätten sich auch für zwei Piaster verdingt.

Petrie, der seinen ersten Grabungsauftrag im Nildelta ausgeführt hatte, wurde nun vom Egypt Exploration Fund mit zwei Assistenten nach Tell el-Amarna geschickt, um zu erforschen, welche Geheimnisse dieser Hügel berge. Genaugenommen verdankte er diesen Auftrag Wallis Budge. Budge hatte seine 82 Tontafeln mit nach Mesopotamien genommen, sie von dort im Gepäck eines indischen Fürsten auf ein englisches Schiff geschmuggelt und schließlich wohlbehalten nach England gebracht, wo sie dem Britischen Museum zu hohem Ansehen verhalfen; denn in Berlin, wo sogar 200 Tafeln angelangt waren, hatten die Schriftgelehrten inzwischen die Keilschrift-Texte übersetzt und eine erstaunliche Entdeckung gemacht: Bei den Täfelchen handelte es sich um die außenpolitische Korrespondenz der Pharaonen mit den Königen Vorderasiens. Mit einemmal galt die Wüstenebene, in der die Bäuerin jene Tafeln ausgegraben hatte, als vielversprechendes Grabungsgebiet.

Die ersten Tage verbrachten Petrie und seine Ausgräber damit, Steine und Ziegel zusammenzutragen, aus denen sie primitive Hütten bauten, die sie mit Nilschilf abdeckten.

»Effendi! Effendi, look!« Der Vorarbeiter hielt Petrie eine aus Gips gepreßte Totenmaske unter die Nase. »Ich habe Lehmziegel aufgehoben«, berichtete er voll Stolz, »und da lag sie im Sand.«

Flinders Petrie begutachtete den Fund von allen Seiten. Das Gesicht kam ihm bekannt vor. War es nicht jener rätselhafte Pharao Echnaton, der vielerorts in Ägypten seine Spuren hinterlassen hatte, dessen ausgeraubtes Grab man am Randgebirge entdeckt zu haben glaubte und über den man doch so wenig, fast gar nichts wußte.

»Wo hast du das gefunden? Zeig mir die Stelle!« sagte Petrie. Der Vorarbeiter führte den Forscher zu einer langen Mauer, fraglos die Begrenzung einer größeren Palastanlage. Nur einen Steinwurf entfernt waren die Keilschrift-Tafeln ans Tageslicht gekommen.

Lehrmeister für eine ganze Generation von Forschern: Flinders Petrie.

»Hier fangen wir an!« sagte Petrie und setzte einen Fuß besitzergreifend auf die Mauer. »Aber vorsichtig, das alles sind nur ungebrannte Nilschlammziegel, die keiner Spitzhacke standhalten!«

Was so erfolgreich begonnen hatte, erwies sich in den folgenden Tagen dann doch als Fehlanzeige. Petrie predigte seinen Arbeitern, sie sollten alle Scherben, jede Kleinigkeit, aufheben und in Körben sammeln. Die Fellachen befolgten es widerwillig, weil sie den Sinn dieser Arbeit nicht einsahen. Schließlich war Petrie der erste, der so vorging. Weder Franzosen, noch Deutsche hatten bei ihren Ausgrabungen bisher auf Tonscherben Wert gelegt. Inschriften und Bruchstücke von Skulpturen – ja, aber keine Tonscherben. Davon gab es im Niltal ohnehin viel zuviele.

Petries Überlegungen gingen dahin, daß Scherben Relikte einer Kulturepoche sind und daß ein und dieselbe Stelle oft von mehreren Kulturschichten überlagert ist. Scherben, die vom Material wie von der Bearbeitung gewisse stilistische Eigenarten aufwiesen, lieferten also bei entsprechender Sortierung interessante Hinweise. Allein die Menge der verschiedenen Tonscherben ließ Schlüsse zu: Eine größere Anzahl deutete auf eine längere Epoche hin, gab es nur wenig Scherben, so dauerte dieser Zeitabschnitt vermutlich nicht so lange.

Nach einer Woche Grabungsarbeit hatte Flinders Petrie in Tell el-Amarna nur Scherben gefunden, Scherben, auf denen er beim Sortieren jedoch zahlreiche Jahresangaben entdeckte. »Im fünften Jahr der Regierung des Pharao«, hieß es da zum Beispiel. Dabei handelte es sich offensichtlich um zu Bruch gegangene Vorratskrüge. Eines fiel sofort auf: Die Zahlenangaben bewegten sich allesamt zwischen eins und siebzehn. Es schien, als hätte dieser rätselhafte Pharao nur siebzehn Jahre regiert.

Mitten in der Arbeit hörte Flinders Petrie die jugendliche Stimme eines Engländers hinter sich: »Entschuldigen Sie, Sir!« Als sich Petrie umdrehte, stand vor ihm ein hochaufgeschossener junger Mann, der in der linken Hand ein Bündel mit Habseligkeiten, in der rechten ein paar Zeichenblöcke trug. »Ich komme auf Empfehlung von Lord Tyssen-Amherst und möchte mich bei den Ausgrabungen des Egypt Exploration Fund nützlich machen.«

Petrie wischte sich den Staub von den Händen, ging einen Schritt auf den Jungen zu und sagte: »Erst mal willkommen in Amarna. Ich bin Flinders Petrie.«

»Howard Carter!« stammelte der andere und machte den linkischen Versuch einer Verbeugung.

»So, so, Tyssen-Amherst schickt dich, ein großer Förderer unserer Kunst. Du kennst ihn?«

»Flüchtig«, antwortete Howard. »Daß ich hier vor Ihnen stehe, verdanke ich eigentlich seiner Frau. Ich begegnete Lady Amherst in Didlington. Dort habe ich gemalt. Sie meinte, ich könne mich beim Abzeichnen von Reliefs und Schriften nützlich machen.«

Petrie knurrte irgend etwas von Unverständnis und dummem Weibergeschwätz. Der Junge beeilte sich hinzuzufügen, daß der Lord ihn mit einer achtbaren Apanage ausgestattet habe, er werde dem Team also gewiß nicht auf der Tasche liegen.

»Und die Bedingungen?« fragte Petrie. »Seine Lordschaft knüpft an dieses Unternehmen doch gewisse Erwartungen.«

Carter nickte und rückte nur zaghaft mit der Sprache heraus: »Ich soll für ihn graben . . .«

»Ach, so ist das!« meinte Petrie, und aus seinen Worten klang nicht gerade Begeisterung. »Na ja, dann mach es dir mal bei uns bequem.« Er zeigte auf die zwei Ausgräberhäuser. Es ärgerte ihn, daß der Lord ihm einen Konkurrenten geschickt hatte, deshalb wies er Carter als erste Aufgabe ein Grabungsareal an der Außenmauer zu, dessen Erde er mit seinen Leuten bereits ohne großen Erfolg durchsiebt hatte.

Der junge Howard Carter war zurückhaltend, schüchtern und redete nur, wenn er gefragt wurde. Mutterseelenallein schaufelte er an der ihm zugewiesenen Stelle. Petrie schämte sich vor seinen beiden Assistenten Haworth und Kennard, die das unfaire Spiel durchschauten.

Seine Hoffnung, noch weitere Keilschrifttafeln zu finden, erfüllte sich nicht; denn die Bewohner von El-Hagg Quandil hatten längst das gesamt Areal umgegraben. Es gab keine weiteren Tafeln. Dafür stieß Petrie, der das Gelände des Palastes mit Suchgräben durchzogen hatte, auf einen prachtvollen Fußboden. Wasservögel, auf geglätteten Gips gemalt, huschten durch das Nilschilf, stelzten zwischen exotischen

Blumen, farbenfroh wie am ersten Tag. »Kennard«, sagte Petrie und verschränkte zufrieden die Arme über der Brust, »holen Sie mir den jungen Carter!«

Als Carter kam, hielt er dem Forscher eine kleine Plastik entgegen. Und als der Junge den fragenden Blick des Meisters sah, zeigte er zu der Palastmauer, dort habe er die Statue gefunden, keinen halben Meter unter der Oberfläche.

»Eine Königin«, murmelte Petrie und tippte auf die Königinnenhaube der weiblichen Figur. »Kommt so mir nichts dir nichts daher und gräbt eine Königinnenstatue aus.«

»Es gibt noch mehr davon«, sagte Howard, »aber alles nur Bruchstücke. Leider.«

Als sie an diesem Abend um den rauhgezimmerten Tisch in der Hütte saßen, begrub Petrie seine persönlichen Aversionen; denn er wußte, daß er in Howard einen begabten, vor allem aber verbissenen Ausgräber vor sich hatte. Und Carter bewunderte seinen Lehrmeister vorbehaltlos.

Gemeinsam gruben sie eine Wintersaison. Petries Bemühungen galten vor allem der Architektur des Ortes. Für konkrete Grabungen war das Gelände einfach zu weiträumig, deshalb beschränkte er sich darauf, mit Hilfe von Suchgräben Umfang und Größe der einzelnen Bauwerke festzustellen. Carter zeichnete Grundrisse und vermaß die Gegend, wobei er oft 50 Kilometer am Tag zurücklegte. Nach wochenlanger Arbeit präsentierte Howard Carter voll Stolz den ersten Stadtplan von Tell el-Amarna, das vor dreitausend Jahren Achetaton hieß.

»Phantastisch!« rief Petrie aus. »Damit machst du deinem Namen alle Ehre. Du solltest die Pläne der Altertümerverwaltung nach Kairo schicken.« Ein Bote brachte die Mappe nach Der Mauas zur Post, aber Carter wartete vergeblich auf ein Anerkennungsschreiben. Da traf ein Brief aus London ein: Petrie und seine Mannschaft wurden vom Egypt Exploration Fund abberufen. Seine Anwesenheit sei in Luxor dringend erforderlich. Im Tal der Könige sei der Teufel los. Der

Ausgräber tobte wegen der unsinnigen Anordnung, die an irgendeinem Londoner Schreibtisch ausgeheckt worden war.

Carter sah Flinders Petrie ratlos an. Der klopfte ihm auf die Schulter: »Howard, du kommst mit. Du gehörst doch zu uns.«

Während die beiden den Weg zu ihrer Behausung antraten, meinte Petrie: »Keine Angst, wir kommen hierher zurück. Ich lasse nicht eher locker, bis ich hinter das Geheimnis dieses Ortes gekommen bin.«

»Geheimnis?« fragte Carter neugierig.

»Ja. Dieser Ort birgt ein Geheimnis, das spüre ich. Wenn ich alle Ausgrabungen und Funde der letzten Wochen betrachte, dann kommt es mir vor, als hätten wir eine ganz eigenständige Kultur vor uns. Sie paßt so gar nicht in das Bild des alten Ägypten. Jedenfalls glaube ich nicht, daß der vierte Pharao mit dem Namen Amenophis nur fünf Jahre regierte und von diesem Echnaton abgelöst wurde.«

»Aber die Scherbenfunde nennen doch alle dieses Datum!«

Petrie seufzte: »Gewiß. Aber könnte es nicht sein, daß Amenophis und Echnaton ein und dieselbe Person sind? Wäre es nicht denkbar, daß dieser Pharao aus einem ganz bestimmten Grund seinen Namen änderte?«

»Und welchen Grund sollte er dafür gehabt haben?«

»Das könnten zum Beispiel religiöse Gründe gewesen sein. Die römischen Päpste erhalten auch einen neuen Namen, wenn sie gewählt sind.« Carter nickte, und Petrie fuhr fort: »Amenophis bedeutet soviel wie: Amun ist gnädig. Echnaton hingegen läßt sich etwa so übersetzen: Der dem Aton wohlgefällig ist. Beide Gottheiten aber schließen einander aus. Amun war das Oberhaupt eines Vielgötterhimmels, Aton galt als der einzige Gott . . .«

»Sie meinen«, unterbrach Howard, »dieser Pharao hat den alten Götterglauben aufgegeben und sich einer neuen Religion zugewandt?«

Petrie zog die Schultern hoch. »Vorläufig ist das meine Theorie; aber die Altertumswissenschaft lebt von Theorien – jedenfalls vorläufig.«

An der Nillände in Luxor drängten sich die Schiffe, vornehme Yachten mit Sonnendeck und Badekabinen und malerische Dahabijas, Nilschiffe mit spitzen dreieckigen Segeln, die von dem britischen Reiseagenten Thomas Cook für 60 bis 100 Pfund pro Monat verchartert wurden. Wer es sich irgendwie leisten konnte, Forscher oder reisefreudige Millionäre – manche waren beides –, der kaufte sich einen solchen Nilsegler und ließ ihn zu einem komfortablen Hausboot umbauen, das nahe der Ausgrabungs- oder Vergnügungsstätte dümpelte.

Das Nilschiff »Seven Hathors« des britischen Forschers Henry Sayce.

Das schönste Hausboot, weiß und mit hohen Seitenfenstern, gehörte Henry Sayce. Im verglasten Heck war eine Fachbibliothek mit mehr als 2000 Bänden untergebracht. Auch Charles Wilbour wurde, beeindruckt von der Bequemlichkeit des britischen Kollegen, zum Schiffseigner. Jacques Jean de Morgan verfügte über einen Schnelldampfer mit Konferenz- und Arbeitsraum. Kapitän Canaque konnte den neuen Chef der ägyptischen Altertümer in drei Tagen von Unter- nach Oberägypten befördern.

Die übrigen Dahabijas gehörten ausnahmslos Amerikanern. Inzwischen schien es, als habe Amerika Ägypten entdeckt. Den Anstoß dazu hatte eine Vortragsreise der unermüdlichen Amelia Edwards in den Vereinigten Staaten gegeben. Bei dieser Gelegenheit hatte die Lady auch eine amerikanische Sektion des Egypt Exploration Fund gegründet und ebenso einflußreiche, wie zahlungskräftige Mitglieder geworben.

Der Post-Steamer stieß dumpfe Heultöne aus, es gelang ihm nur mit Mühe, an der übervölkerten Anlegestelle festzumachen, wo Morgan bereits wartete. Verwirrt von soviel Hektik und Trubel, blickten Flinders Petrie und seine Begleiter hilfesuchend von der Reling.

Petrie stellte dem Chef seine beiden Assistenten Haworth und Kennard vor, und zuletzt Howard Carter. »Ein begabter junger Mann«, bemerkte Petrie, »er hat die Stadtpläne von Amarna gezeichnet. Sie haben sie doch erhalten?«

Morgan verneinte, er wisse nichts von Amarna-Plänen. Jedenfalls seien diese Pläne nicht in Kairo eingetroffen.

Petrie sah Carter an: »Entweder du hast einen Feind, der dir deine Leistungen neidet, oder Grabräuber sind auf unseren Spuren. Wenn die Pläne in die Hände von Grabräubern gelangen, dann ist die Stadt des vierten Amenophis für uns verloren!«

»Verloren? – Wieso verloren?« erkundigte sich Jacques de Morgan.

»Monsieur«, meinte Petrie mit einem spöttischen Unterton, »Mister Carter ist ein sehr gewissenhafter junger Mann. Er hat Achetaton nicht nur exakt vermessen, er hat in seine Pläne auch alle Gebäudeteile, die wir bisher geortet haben, und alle Fundstellen eingezeichnet. Die Gangster brauchen nur noch hinzugehen und zu graben.«

Morgan überlegte kurz, dann sagte er: »Sie haben recht, Petrie, das Verschwinden der Pläne ist kein Zufall. Ich werde sofort nach Minia telegrafieren. Man muß eine Polizeistreife nach Amarna schicken. Diesen Gangstern werden wir die Suppe versalzen!« Im Gehen rief er einem seiner Begleiter zu: »Kümmern Sie sich um die Herren Engländer! Wir sehen uns alle heute abend an Bord.«

Die am Ufer vertäuten Schiffe waren bunt beleuchtet und zauberten ein festliches Glitzern in den nächtlichen Nil. Die Schwüle des Abends war einer kühlen Brise gewichen. Kapitän Canaque, der sich selbst gern Kommandant des Schiffes nannte, begrüßte die Gäste und geleitete sie zum holzgetäfelten Konferenzraum, in dem ein festliches Diner für über zwanzig Personen gedeckt war. Aus den offenen Luken der Kombüse zog der herbe Duft stark gewürzter Hammelkoteletts. Sayce, Wilbour und Budge hatten ihre Frauen mitgebracht – sie reisten nie ohne sie. Allgemeines Aufsehen erregte Marguerite, die junge Frau Edouard Navilles. Die Tochter eines Grafen de Pourtalès war nicht nur außergewöhnlich hübsch, sie verstand auch viel von der Wissenschaft und plauderte klug und kenntnisreich. Im Gegensatz dazu war an der Konversation von Madame Budge die Lautstärke das einzige Bemerkenswerte. Flinders Petrie und Victor Loret, die jüngsten Ausgräber der Runde, waren noch unverheiratet. Sie kamen in Begleitung ihrer Assistenten. Als letzter nahm Howard Carter am unteren Ende des langen Tisches Platz. Wie zufällig blieb der Stuhl zur Rechten Morgans frei.

»Da kommt wohl noch jemand!« sagte Wallis Budge in

seiner gewohnt trockenen Art, und Morgan antwortete schlagfertig: »Wenn ich mich in dieser erlauchten Runde so umblicke, dann fehlt noch der Größte!«

Morgan erhob sich, ging zur Schwingtür und stieß sie auf. In der Tür stand Heinrich Brugsch – weißhaarig, alt geworden, ein wehmütiges Lächeln um die heruntergezogenen Mundwinkel. 65 Jahre eines aufreibenden Lebens hatten im Gesicht dieses Mannes deutliche Spuren hinterlassen.

»Brugsch Pascha!« Ein Ruf des Erstaunens kam wie aus einem Mund.

»Ach, Ihr habt schon gedacht, der alte Brugsch hat die Schaufel aus der Hand gelegt«, sagte der Berliner. »Nee, nee, nicht ohne noch ein letztes Mal meine zweite Heimat bereist zu haben. Ich habe hier ein Vierteljahrhundert in den verschiedensten Lebenslagen gelebt, das kann man nicht so einfach vergessen. An seiner Heimat hängt man doch, auch wenn's nur die zweite ist!«

Die Überraschung war gelungen. Umringt von den jungen Kollegen, die ihm bewundernd die Hand schüttelten und freundschaftlich auf die Schultern klopften, geleiteten sie den großen alten Mann der Ägyptologie, dem der Vizekönig den Ehrentitel eines Paschas verliehen hatte, zu seinem Platz. Ein dunkelhäutiger Diener fragte, was er zu trinken wünsche.

»Roten Burgunder«, antwortete Heinrich Brugsch ohne zu überlegen und fügte schmunzelnd hinzu: »Ich weiß, daß alle französischen Ausgräber Burgunder im Reisegepäck haben!« Dann erzählte er von seiner ersten Begegnung mit Mariette und wie er mit ihm in einem der riesigen Stiersarkophage diniert und roten Burgunder getrunken habe. »So gut«, rief er aus und blickte in die Runde, »ging es uns damals nicht. Einen gedeckten Tisch und einen holzgetäfelten Konferenzraum bekamen wir oft ein halbes Jahr nicht zu Gesicht.«

Brugsch musterte jeden einzelnen am Tisch. Wen er

kannte, zu dem sprach er ein paar freundliche Worte. Bei Wallis Budge konnte er sich den Hinweis nicht verkneifen, daß in Berlin mehr als doppelt so viele Keilschrift-Täfelchen aus Amarna zu bewundern seien wie in London. Budge konterte, er habe sich eben noch nie illegaler Methoden beim Erwerb von Kunstschätzen bedient, und erntete großes Gelächter.

Hinter vorgehaltener Hand, als sollte Morgan es nicht hören, sagte Brugsch: »Vielleicht können wir sogar ins Geschäft kommen. Ich reise nämlich nicht zu meinem Privatvergnügen. Die königlichen Museen Berlin haben meine Reise bezahlt, ich soll ein paar günstige Stücke erwerben. Ein alter Hochschullehrer kann sich teuere Reisen nicht mehr leisten.«

Die Anwesenden schüttelten ungläubig die Köpfe, jedes Kulturland der Erde würde sich glücklich schätzen, einen Forscher wie Heinrich Brugsch zum Ruhme der Nation arbeiten zu lassen.

»O weh«, kicherte Brugsch, »mit dem Ruhm des Vaterlandes ist es so eine Sache. Der liebste Ruhm ist dem Vaterland immer noch jener, der nichts kostet. Und so ziehe ich halt als Reiseprediger durchs deutsche Vaterland . . .«

»Sie halten Vorträge?«

»Ich weiß sehr wohl, daß mancher Gelehrte den Kopf schüttelt über meinen Entschluß, die altägyptischen Geheimnisse vor profanen Augen zu enthüllen, und daß wohlbesoldete Priester der Weisheit sich über meine Wanderungen in ironischen Redensarten ergehen. Aber ich bin entgegengesetzter Meinung. Mir ist keine wissenschaftliche Erkenntnis zu hoch, um nicht in ihrer einfachen Gestalt, ohne gelehrte Verbrämung, auch von Uneingeweihten verstanden zu werden. Diese Vergangenheit«, Brugsch klopfte auf den Tisch, »ist unser aller Vergangenheit, die der Engländer, der Franzosen und der Deutschen, und jedermann hat das Recht, sie zu erfahren.«

»Bravo!« rief Morgan, einige Männer klatschten, andere sahen betroffen vor sich hin.

»Aber«, meinte Brugsch, »all das ist das Geschwätz eines alten Mannes. Nun will ich von Euch Jungen hören, was hat der Boden Neues hergegeben? Was macht mein geliebtes Tal?«

Während das duftende Mahl aufgetragen wurde, berichtete Jacques de Morgan von den Grabungen im Tal der Könige. Naville und Loret würden an verschiedenen Stellen graben, aber die Sondierungen hätten bisher zu keinem Ergebnis geführt.

Der alte Brugsch schüttelte den Kopf: »Ist es nicht grotesk? Die größten Entdeckungen verdanken wir nicht unserer Forschungsarbeit, sondern dem Zufall.«

»Die Grabräuber nicht zu vergessen!« warf Wilbour ein. Und Edouard Naville erklärte, ein Grabungsarbeiter, den er besonders ins Herz geschlossen habe, habe angedeutet, daß die Leute von el-Kurna einen neuen aufsehenerregenden Fund gemacht hätten. Näheres wüßte er selbst nicht zu berichten. Auch Budge erzählte, von dieser Entdeckung gehört zu haben. Er wisse aber nur, daß sie so umfangreich sei, daß es offenbar Schwierigkeiten bereite, sie auf dem schwarzen Markt zu veräußern.

»Wenn ich Ihnen da vielleicht behilflich sein kann«, meinte Brugsch an Morgan gewandt, »ich kenne die Leute von Kurna recht gut. Ich habe doch jahrelang mitten unter ihnen gelebt.« Der Direktor ging auf das Anerbieten gern ein, und sie verabredeten sich auf den frühen Morgen, noch bevor die Hitze derartige Exkursionen zur Qual machte.

Am nächsten Morgen erwartete Achmed Abd er-Rassul, der Hüter des Tales, Morgan und Brugsch am Fuße der Memnon-Kolosse und begleitete die Besucher nach einer herzlichen Begrüßung den steinigen Weg hinauf nach Der el-Medina. Es gab viel zu erzählen. Voll Stolz zeigte Achmed hinüber nach Schech abd el-Kurna, wo sich ein neuerrichtetes weißes Gebäude von den übrigen deutlich abhob.

»Mein Haus«, sagte Achmed, »schönstes Haus von Kurna.«

»Ja, wirklich«, meinte Morgan und fand lobende Worte über die Tüchtigkeit des Wächters. Brugsch musterte das Haus, wiegte den Kopf hin und her, und mit einem spöttischen Lächeln trat er ganz nahe an Achmed heran. »Du hast ein schönes Haus gebaut, Achmed, aber der Platz am Hang ist einer der schlechtesten in ganz Kurna.« Achmed hob verlegen die Schultern. Brugsch bohrte weiter: »Kein Fellache baut sein Haus an den Hang, wenn in der Ebene noch Platz ist. Wer schleppt schon freiwillig das Wasser den Hang hinauf.« Achmed sagte nichts. »Es sei denn«, fuhr der Deutsche fort, »der Bauplatz böte irgendwelche Vorteile.«

»Man hat eine schöne Aussicht«, sagte Achmed treuherzig.

Brugsch lachte: »Es könnte natürlich auch sein, daß man so ein Haus nur deshalb an dieser Stelle errichtet, weil schon ein fertiges Kellergeschoß vorhanden ist, ein kunstvoll gebautes Grab zum Beispiel . . .«

Da hob der Alte die Arme zum Himmel: »Allah ist mein Zeuge. Erst während der Bauarbeiten habe ich gemerkt, daß sich unter dem Haus ein Grab befindet, und als ich es öffnete, war es leer, bei Allah!«

»Dann wollen wir uns dieses Grab doch einmal näher ansehen«, meinte Brugsch; aber Achmed fiel vor ihm auf die Knie, jammerte, man möge ihm diese Schmach ersparen, er würde sie nicht überleben, und seine drei Frauen und zwölf Kinder stünden dann ohne Ernährer da. Bei seiner rechten Hand schwor Achmed, daß dies der letzte Coup gewesen sei, nie mehr im Leben werde er eine Ausgrabung geheimhalten. Er würde sie auch zu jener Stelle führen, an der vor vier Wochen eine wunderbare Entdeckung gemacht wurde, ganz Kurna sei daran beteiligt; aber man möge ihn nicht anklagen.

Jacques de Morgan und Heinrich Brugsch sahen sich wortlos an. Schließlich meinte der Franzose: »Was ist das für ein Fund, von dem alle Leute reden?«

Oberaufseher Achmed Abd er-Rassul machte ein Geständnis: »Monsieur, Sie können mich schlagen, aber da ist noch ein Grab . . .«

Der Direktor stutzte: »Ist es ein Pharaonengrab?«

»Nein«, antwortete Achmed, »ich glaube, es handelt sich um ein Mumienversteck von Edelleuten oder Beamten, vielleicht sind es auch Priester. Aber das Grab ist zu groß, es sind einfach zu viele Mumien. Wir hätten es nie allein ausräumen können.«

»Wo?« fragte Brugsch.

Abd er-Rassul deutete auf ein kleines schwarzes Zelt, wie es die Ziegenhirten als Schutz vor der Sonne aufspannten. Es stand abseits auf einem Felsvorsprung von Der al-Bahari und fiel nicht weiter auf, denn man sah viele solcher Zelte in der Gegend. Oben angelangt, kappte Achmed das Seil, über das die Leinwand gezogen war. Das Zelt sank in sich zusammen und gab den Blick frei auf einen gemauerten unterirdischen Zugang. Der Oberaufseher ging voraus, die beiden Forscher hinterher. Im Innern entzündete er eine Kerze. Ein hoher, schmaler Gang öffnete sich mit einemmal zu einem großen Raum.

Brugsch hatte viel gesehen in seinem Leben, aber dieser Anblick verschlug ihm die Sprache: Aufgereiht wie in einer Klinik lagen da die Mumien von 153 Priestern, einige in pompösen Sarkophagen, andere in schlicht gezimmerten Holzsärgen, die meisten nur in ihrer Mumienverkleidung. Der Professor rang nach Luft.

Zurück im Sonnenlicht, sagte Brugsch zu Morgan: »Kein Zweifel, auch hier haben wir es mit einem nachträglich angelegten Mumienversteck zu tun. Aus Angst vor Grabräubern wurden die toten Priester hier zusammengetragen und, offenbar einbruchsicher, ein zweites Mal bestattet. Es würde mich nicht wundern, wenn auch die übrigen Pharaonen, die bisher noch verschollen sind, in einem solchen Versteck auftauchten.«

»Gut, Monsieur«, sagte Jacques de Morgan, »ich erteile Ihnen hiermit die Konzession, im Tal der Könige nach einem weiteren Pharaonenversteck zu suchen. Ich stelle Ihnen eine komplette Ausgräber-Mannschaft. Wenn Sie wollen, können Sie morgen anfangen . . .«

Brugsch brachte keinen Ton hervor, er bekam feuchte Augen und blickte hinauf zur Felsenspitze von Der el-Bahari, hinter der sich das Tal der Könige auftat. Und ohne auf den Franzosen einen Blick zu werfen, sagte er leise: »Nee, nee, lassen Sie mal, Herr Direktor. Es war der Traum meines Lebens, im Tal zu graben und das unberührte Grab eines Pharao zu entdecken; aber es war mir nicht vergönnt. So etwas muß ein Junger machen. Wissen Sie, mit der Entdeckung allein ist es nicht getan, genauso wichtig ist die wissenschaftliche Aufarbeitung, und die kann ein ganzes Leben dauern.«

»Sie sind sehr gewissenhaft«, sagte Morgan, »als Ausgräber vielleicht zu gewissenhaft.«

»Ich weiß«, antwortete Brugsch, »das habe ich immer an Mariette bewundert, er kannte keine Skrupel. Bei ihm stand stets die Entdeckung im Vordergrund, die Ausbeute und nicht der Nutzen. Im Vergleich zu ihm war ich immer nur der kleine Schreibstubengelehrte.«

»Ein großer Gelehrter!« korrigierte Morgan. »Einer der größten Altertumsforscher überhaupt!«

»Nee, lassen Sie mal, Monsieur!« lächelte Brugsch. »Ich kann doch froh sein, wenn sich in hundert Jahren noch einer an den alten Brugsch erinnert.«

Während sie so redeten, hatten die beiden den Weg zu einem Felsentempel der Hatschepsut genommen, wo Edouard Naville grub.

»Nanu«, sagte Brugsch, »ist das nicht der junge Carter, den Petrie mitgebracht hat?«

Naville kam den beiden entgegen, und der Deutsche erzählte, daß auch er hier schon gegraben habe, zusammen mit Mariette, nur – Schienen hätte er damals noch nicht zur Verfügung gehabt. In Der el-Bahari wie im Tal der Könige waren jetzt Geleise gelegt, und Loren transportierten den Schutt von den Ausgrabungsstätten. Das erleichterte die Arbeit ungemein und sparte gleichzeitig Arbeitskräfte.

»Wo ist Flinders Petrie?« erkundigte sich Brugsch.

Naville sah Jacques de Morgan an. Der war etwas verlegen: »Wir hatten gestern abend eine Auseinandersetzung. Er sagte, er wolle sich nicht herumkommandieren lassen, nicht von der Altertümerverwaltung und nicht vom Egypt Explo-

Bis zu den Schultern der 20 Meter hohen Ramses-Kolosse reichte der Schutt im Tempel von Luxor.

ration Fund. Er wolle dort graben, wo er es für richtig halte, und das sei zur Zeit in Amarna. Als ich ihm erklärte, die Direktionen in London und Kairo hätten sich darauf geeinigt, die Forschungen in Theben voranzutreiben, meinte er, dann sollten auch die Direktoren die Schaufel in die Hand nehmen. Heute morgen ist Petrie mit beiden Assistenten abgereist, den jungen Carter hat er dagelassen.«

Brugsch Pascha nickte: »Petrie hat recht. Akten und Schreibtische sind der Tod jeder Altertumswissenschaft.« Und als er Morgans betroffenes Gesicht bemerkte, fügte er hinzu: »Aber deshalb hätte er ja nicht gleich die Flucht ergreifen müssen.«

Es war Heinrich Brugschs letzte Ägypten-Reise. Er verbrachte den Sommer mit seiner Frau Antonie im Jagdhaus eines Jugendfreundes im Harz. Er merkte wohl, daß es mit ihm zu Ende ging, sprach vom Tod und vom Glanz der Abendsonne, die ihn mit allem, was er Schweres im Leben zu ertragen hatte, versöhne. Die Sonne, so meinte er, gebe ihm den verlorenen Mut zurück, die fast gebrochene Kraft aufs neue für die Wahrheit einzusetzen. Bis zuletzt arbeitete er wie ein Besessener, übersetzte alte Inschriften und kommentierte seine Forschungsergebnisse. Sein Lexikon der Hieroglyphen und der demotischen Sprache umfaßte nicht weniger als 3146 Seiten. Eine Inschriften-Sammlung mit astronomischen, geographischen und mythologischen Texten zählte 1578 Seiten. 1420 Seiten wies sein geographisches Lehrbuch des Alten Ägypten auf – nur drei von einer Fülle von Werken.

Professor Heinrich Brugsch Pascha starb am 9. September 1894 in Berlin. In Paris fand das erste internationale Autorennen statt, in New York bestritten Frauen ein Sechs-Tage-Rennen, in St. Petersburg starb Zar Alexander III., in Berlin wurde Fürst Hohenlohe zum deutschen Reichskanzler gewählt, da blieb für Brugschs Tod nur eine kleine Zeitungsnotiz.

Mit Heinrich Brugsch verlor die Ägyptologie einen ihrer Größten. Obwohl er keinen einzigen Tempel entdeckt, kein einziges Pharaonengrab ausgegraben und keinem einzigen Papyrus seinen Namen gegeben hat, leistete er seiner Wissenschaft unschätzbare Dienste. Brugsch ist selbst ein Stück Ägyptologie, ein Mann der ersten Stunde, der letzte der Piongeneration.

Im Niltal ging das Leben weiter. Ein neuer Khedive, Abbas II. Hilmi, besaß gegenüber dem britischen Generalkonsul Lord Cromer und dem neuen Oberbefehlshaber der ägyptischen Armee, Lord Kitchener, keine politische Einflußmöglichkeit mehr. Der Tempel von Luxor, auf dem noch vor wenigen Jahren Häuser gestanden hatten, war von den gewaltigen Schuttmassen befreit und versetzte die Touristen in Entzücken. Aus London kehrte Flinders Petrie zurück und machte sich an die Ausgrabung des Totentempels von Ramses am Fuße von el-Kurna. Und das Kairoer Museum, seit der Nilflut baufällig, wurde von der Vorstadt Bulak in das Khedivenschloß bei Giseh verlegt. In dem holzgetäfelten Saal, in dem einst Haremsdamen Ismail Pascha verwöhnten, lagen nun die Mumien der berühmtesten Pharaonen des alten Ägypten.

Die Leiche Mariettes, zunächst auf dem evangelischen Friedhof in Kairo bestattet, wurde exhumiert und in einen Granit-Sarkophag vor dem Haupteingang des Museums verbracht. Der preußische Pascha Heinrich Brugsch wurde schlicht auf dem Charlottenburger Friedhof beigesetzt. Irgendwie trennten sie ja schon im Leben Welten.

XII.
Spuren im Tal der Könige

Rote und grüne Raketen zischten zum Himmel und tauchten für Sekunden das nächtliche Tal in orientalischen Lichterzauber. Die schroffen Felswände glühten, um im nächsten Augenblick in fahlem Grün zu erstarren. Altertumsforscher aus aller Welt verabschiedeten das Jahrhundert im Tal der Könige.

Einheimische und Touristen, Fellachen mit ihren Eseln, verschleierte Mütter mit kleinen Kindern auf dem Arm, bellende Hunde und Maultiergespanne mit hochrädrigen Wagen, sie alle hetzten den staubigen Weg um den Hügel Dra abu el-Naga herum nach Südwesten zum Tal der Könige. Hunderte eifernder, lärmender, drängender Menschen steigerten sich in eine Psychose, trampelten Stolpernde nieder, jeder wollte der erste sein.

Ein Hirtenjunge hatte in atemlosem Lauf die Nachricht nach Luxor gebracht: »Loret hat einen Pharao gefunden!« Ein Gerücht wurde zur Wahrheit, von Goldschätzen war die Rede, unter der Erde ein Berg von Gold. Was für ein Kerl, dieser Victor Loret!

Die bewaffneten Wächter bildeten, als sie die schreiende Menge heranstürmen sahen, einen Ring um den Zugang. Dieser lag genau gegenüber jenem Seitental, in dem vor 80 Jahren Belzoni das Sethos-Grab entdeckt hatte. Beim Herannahen der erregten Menge feuerte einer der Wärter einen

Schuß in die Luft, und im nächsten Augenblick verebbte das hysterische Geschrei, Stille breitete sich aus, schweigende, gaffende Menschen reckten die Hälse: ein Pharao!

Aus der Menge löste sich eine Gestalt. Die meisten kannten ihn: Es war Flinders Petrie. Er kletterte den steilen Anstieg hinan, die Wächter ließen ihn bereitwillig passieren. Schließlich stand er am Rand eines großen Gerölltrichters, auf dessen Sohle ein schwarzes Loch gähnte. Petrie rutschte in den Trichter hinab, kam auf einem verwitterten Treppenabsatz zum Stehen und tastete sich vorsichtig auf den steilen Stufen nach unten. Nach wenigen Schritten war das Tageslicht zu Ende, er blieb stehen, lauschte. Wie aus endloser Tiefe drang verwaschenes Stimmengewirr an sein Ohr.

»Loret!« schrie der Engländer aus Leibeskräften, »Loret! Ich bin es, Petrie!« – Keine Antwort. Da tastete er sich weiter mit den Händen an den Wänden entlang. Er spürte Reliefs und Hieroglyphenzeichen, Furcht überkam ihn, er könnte in irgend etwas hineingreifen. Das Stimmengewirr wurde lauter. »Loret!« schrie er. – Nichts. Weiter. Auf einmal war die Wand weg, Petrie tastete ins Leere, spürte Schwindelgefühl, verlor die Orientierung. »Loret!« rief er in seiner Hilflosigkeit und lauschte.

Da näherten sich Schritte. »Loret!« wiederholte Petrie. Man hatte ihn gehört. Von irgendwoher tanzte ein Lichtschein, dahinter ein Schatten.

»Um Gottes willen, bleiben Sie stehen!« Es war Lorets Stimme. »Stehen bleiben!«

Erst jetzt, im diffusen Licht der Lampe, erkannte Petrie, daß er am Rand einer Fallgrube stand. Zehn, zwölf Meter mochte der Schacht tief sein. Loret hatte eine Leiter zur gegenüberliegenden Wand eingespreizt. Eine zweite Leiter lag im rechten Winkel darüber und führte zu einem knapp mannshohen Schlupfloch in der linken Wand des Schachtes. Der Franzose balancierte vorsichtig über die schwankende Leiterbrücke und streckte Petrie die Hand entgegen.

Durch einen engen Korridor gelangten sie in einen Saal mit vier Pfeilern. Loret hielt die Lampe in die Höhe, sagte aber kein Wort. Von der tiefblauen Decke glitzerten gelbe Sterne. An den Pfeilern stand der Pharao vor dem Totengott. Und dahinter lagen neben einem Sandstein-Sarkophag neun Mumien. Loret sagte noch immer kein Wort. War es der Entdeckerstolz oder die Ergriffenheit des Augenblicks, die ihm die Sprache raubte?

Petrie nahm Loret die Lampe aus der Hand und leuchtete über die fahlen Mumien zu seinen Füßen. Amulette und kunstvolle Hieroglyphen zierten die Hüllen, unter denen die Umrisse von Menschen zu erkennen waren. Petrie musterte jede einzelne Mumie, begann wieder von neuem, wiederholte den Vorgang noch einmal, dann ließ er den Lichtstrahl von einer zur anderen gleiten und sagte mit ergriffener Stimme: »Thutmosis. Amenophis. Merenptah. Siptah. Sethos.«

Jetzt nahm Loret dem Engländer die Lampe aus der Hand, beleuchtete den Sandstein-Sarkophag und sagte: »Und hier – der zweite Amenophis!« Er zeigte auf einen handbreiten Spalt an der Oberseite. Loret hatte den schweren Deckel mit Hilfe einer Brechstange verschoben, so daß man in das Innere blicken konnte. »Die Mumie ist unversehrt, mit allem Schmuck und allen Beigaben.«

Flinders Petrie spürte, wie seine Hände zitterten. Er streckte Loret seine Rechte entgegen und schämte sich nicht seiner Ergriffenheit. »Ich gratuliere, Loret!« sagte er leise. »Ich beglückwünsche Sie zu einer der größten Entdeckungen des Altertums.« Und dabei dachte er an die Worte des alten Brugsch, der immer von einem zweiten Versteck gesprochen hatte.

Die Entdeckung des Mumienverstecks im Jahre 1898 erfolgte gerade zu einem Augenblick, als die Arbeit im Tal wieder einmal aufgegeben werden sollte. Erman, der führende deutsche Ägyptologe, hatte in Berlin lautstark verkündet, die Periode der Entdeckungen sei zu Ende. Victor Loret, überzeugt von der Möglichkeit weiterer Funde in diesem Gebiet, grub monatelang erfolglos. Behörden und wissenschaftliche Gesellschaften verübelten es dem Franzosen, daß er sich mit derlei sinnlosen, aufwendigen Ausgrabungen beschäftigte. Seit dem Vorjahr erst hatte er den Posten des Altertümer-Direktors inne; er war der vierte innerhalb weniger Jahre. Doch schien er ziemlich ungeeignet für dieses Amt. Loret war kein Schreibtischmensch, und er machte sich durch seine Eigenwilligkeit sowohl die ägyptischen Beamten, als auch die europäischen Ausgräber zum Feind. Diese Entdeckung war daher Wasser auf seine Mühlen. Loret war gewiß nicht der bedeutendste Altertumsforscher jener Tage, der Organistensohn aus Paris zeigte bisweilen mehr Interesse für Musik und Botanik, aber diese Entdeckung machte ihn mit einem Schlag zum bekanntesten Forscher um die Jahrhundertwende.

Loret ließ die neun Pharaonenmumien, die in dem Amenophis-Grab versteckt worden waren, nach Kairo schaffen. Amenophis selbst verblieb auf Wunsch seines Entdeckers in seinem Sarkophag, der meinte, man dürfe einen Pharao, der unberührt in seinem Sarg gefunden werde, nicht aus seiner letzten Ruhestätte herausreißen und in ein Museum bringen. Das sei ein Frevel.

Deshalb wurde vor dem Grabzugang, der nun das vielbestaunte Pilgerziel Tausender Touristen wurde, ein schweres Eisengitter angebracht. Bewaffnete Wächter bewachten das Tor Tag und Nacht. Loret ernannte den jungen Howard Carter, inzwischen 24 Jahre alt, ein gewissenhafter Ausgräber und gefragter Zeichner, zum verantwortlichen Inspektor für die oberägyptischen Altertümer.

Man liebte ihn nicht allzusehr, diesen Howard Carter, der eine bewaffnete Truppe von Wächtern kommandierte und auch selbst nie ohne Gewehr angetroffen wurde. Kein Wunder, die einheimischen Fellachen standen nun unter strenger Kontrolle, und die meist viel älteren Forscher fühlten sich von dem die Aufsicht führenden jungen Engländer provoziert. Denn Carter tauchte zu jeder Tages- und Nachtzeit und an jedem Ort völlig unerwartet auf, machte ein paar Notizen und verschwand wieder. Er hauste in einer primitiven Hütte zwischen Dra abu el-Naga und el-Tarif, und ihm entging nichts.

3. Oktober 1899. In der Dämmerung ritt Howard Carter auf seinem Esel hinaus nach Karnak. Die Tempelstätte vor den Toren von Luxor war in den letzten Jahren etwas vernachlässigt worden. Spektakuläre Entdeckungen hatte es nicht gegeben, die Aufgabe, das bereits Bekannte freizulegen, war umfangreich genug und nahm nun schon hundert Jahre in Anspruch.

Carter band seinen Esel fest, nahm sein Gewehr und schritt durch den ersten Pylon des großen Amun-Tempels. Beim Durchgehen warf er einen Blick auf die Inschriften französischer Gelehrter aus Napoleons Armee, die vor hundert Jahren mit der Freilegung dieses größten ägyptischen Tempels begonnen hatten. Es bestand noch immer keine Aussicht, diese Arbeit zu vollenden. Über dem großen Hof hing der vergoldete Abendhimmel, die Widdersphingen zu beiden Seiten schienen sich von der Hitze des Tages auszuruhen. Ramses schritt über den zweiten Pylon, weitausholend.

Jedesmal, wenn Carter seine Schritte durch diesen Pylon in den großen Säulensaal lenkte, spürte er einen Schauder vor dieser unfaßbaren Größe. 134 Säulen, jede zehn Meter im Umfang, zwanzig Meter hoch, führten ihm drastisch seine eigene Winzigkeit vor Augen, ließen ihn kleiner und kleiner werden, unbedeutend.

Carter schreckte hoch. Ein fernes, unerklärliches Donnergrollen erregte seine Aufmerksamkeit. Während er in den Abend lauschte, vermeinte er ein Zittern und Vibrieren unter seinen Füßen zu spüren. Verunsichert starrte er in den gigantischen Säulenwald, da – er faßte sich an die Stirne, glaubte zu träumen, zu phantasieren – vor seinen Augen neigte sich einer der überdimensionalen Säulenkolosse ganz langsam zur Seite. Steinsplitter spritzten knallend vom Sockel, der in-

Der große Säulensaal im Tempel von Karnak vor der Ausgrabung.

nerhalb von Sekunden unter dem verlagerten Gewicht barst. Krachend lehnte sich die aus dem Gleichgewicht gekommene Säule an den benachbarten Stumpf, der erzitterte und, während eine gewaltige Staubwolke in den Abendhimmel schoß, seinerseits wankte, kippte, stürzte, gegen die nächste Säule fiel und unter infernalischem Donnern und Rumpeln eine Kettenreaktion auslöste, der insgesamt elf der massiven Kolosse zum Opfer fielen.

Der Staub raubte Carter den Atem, er hustete, die Augen tränten, und obwohl das Beben so schnell geendet hatte, wie es begonnen hatte, versuchte Howard Carter fluchtartig den Tempel zu verlassen. Er rannte zurück, prallte gegen eine Wand, rappelte sich hoch und entfloh durch den ersten Pylon ins Freie zu seinem Esel, der furchtbare Klagelaute von sich gab. Auf einem Säulenstumpf ließ er sich nieder, wischte mit der Hand über das Gesicht, als wollte er einen Alptraum abschütteln. Es dauerte eine ganze Weile, bis Carter realisierte, daß er das alles nicht geträumt hatte, daß auch kein Erdbeben das Niltal erschüttert hatte, sondern daß brüchiger Stein eines Fundaments diese unheimliche Kettenreaktion ausgelöst hatte. Und einen Augenblick erschien ihm das Naturereignis wie ein Aufbäumen der Vergangenheit vor der Gegenwart, die ihr kein Geheimnis mehr gönnen wollte.

Seit drei Jahren war die Nilüberschwemmung ausgeblieben. Im Herbst, wenn der Strom für gewöhnlich über die Ufer trat und das Tal mit fruchtbarem Schlamm überzog, war der Wasserstand kaum höher als das ganze Jahr über. Lebensmittel wurden knapp, und die Regierung faßte den Plan, oberhalb von Assuan einen Nil-Damm zu bauen, der eine gleichmäßige Bewässerung der Felder versprach.

Der technische Aufwand für die größte Talsperre der Welt, zwei Kilometer breit sollte die Staumauer werden, führte jedoch zu einem offenen Konflikt zwischen England, das sich für die Wirtschaft Ägyptens verantwortlich fühlte, und Frankreich, in dessen Händen die kulturelle Oberhoheit lag. Die Altertümerverwaltung protestierte gegen diese Pläne, gaben sie doch die Nilinsel Philae mit ihren unersetzlichen Tempelbauten der Ptolemäer- und Römerzeit der Vernichtung preis. Die Welt lief Sturm gegen das Projekt.

Unterstaatssekretär Sir William Garstin bat schließlich englische, französische und deutsche Ingenieure und Archäologen nach Assuan, um mit ihnen an Ort und Stelle alle Möglichkeiten zu erörtern. Unerwartet stimmten nun die Altertumsforscher und der französische Generalkonsul dem Damm-Bau zu; doch sie stellten drei Bedingungen: Alle Tempel auf Philae sollten einer generellen Renovierung unterzogen werden. Ein Damm um die gesamte Insel hatte die alten Tempel vor dem Wasser zu schützen, und die Regierung mußte das Versprechen abgeben, die Dammkrone nie zu erhöhen.

Unter den Ingenieuren befand sich ein junger Vermessungstechniker aus Berlin, der die ersten Berufsjahre seines Lebens mit dem Bau von Landstraßen und Hammelställen in Ostpreußen verbracht hatte. Ludwig Borchardts ganze Leidenschaft gehörte jedoch dem alten Orient, und wann immer es möglich war, machte er sich in der ägyptischen Abteilung des Berliner Museums nützlich, er studierte sogar ein zweites Mal und erforschte die Baugeschichte der Pyramiden und wurde zum Spezialisten für altägyptische Architektur. Die Akademie der Wissenschaften in Berlin meinte, Borchardt sei der ideale Mann, um die Insel Philae zu retten.

Aber Ludwig Borchardt war nicht nur ein Theoretiker, bei Ausgrabungen in Abu Gurob erwies er sich auch als Mann des Spatens. Südlich von Kairo grub Borchardt das Sonnenheiligtum des Ne-user-Re aus der 5. Dynastie aus. Er lieferte nach den vorhandenen Mauerresten eine vielbeachtete Rekonstruktion. Sein spektakulärster Fund, Reliefs mit Szenen eines königlichen Jubiläums, wurden vereinbarungsgemäß geteilt und wanderten in die Museen von Kairo und Berlin.

Eigentlich war dieser Ludwig Borchardt ein ganz und gar untypischer deutscher Altertumsforscher. Franzosen und Engländer machten sich damals lustig über die sogenannte Deutsche Schule. Sie bestand in der Hauptsache aus Schreibtischarbeitern und stand damit in krassem Gegensatz zur Französischen Schule. Die Deutschen forschten in antiken Überlieferungen, analysierten Funde, aufgrund deren Ergebnisse sie gezielte Ausgrabungen unternahmen. Anders die Franzosen: Sie gruben munter drauflos, nicht gerade planlos, aber ohne wissenschaftliche Unterstützung. Die Folge: Letztere machten die spektakulären Entdeckungen, erstere leisteten die wertvollere Forschungsarbeit. Schon Mariette und Brugsch waren repräsentativ für diese unterschiedliche Auffassung von Forschungsarbeit gewesen.

1899 kehrte Ludwig Borchardt nach Berlin zurück; aber er wollte nicht in der Reichshauptstadt bleiben. Sein Herz gehörte dem Land der Pharaonen. Und während man sich in Museums- und Behördenkreisen Gedanken über die Ver-

Die Nilinsel Philae, wie Ludwig Borchardt sie vorfand.

wendung des tatendurstigen Forschers machte, saß dieser nächtelang in einem Archivraum, ordnete und übersetzte Papyrusinschriften, die aus einem Fund bei Kahun stammten. Dabei handelte es sich um die Aktensammlung einer Tempelverwaltung.

Es ging auf Mitternacht zu, als Borchardt Besuch bekam. Kurt Sethe, ein jüngerer Kollege, versuchte den Forscher zu einer Bulette in einer der zahllosen Eckkneipen zu überreden.

»Laß mich in Frieden«, brummte Borchardt, »ich will endlich den Kram fertigkriegen.«

»Aber das hat doch wirklich bis morgen Zeit!« meinte der junge Sethe. »Es nimmt dir auch keiner die Arbeit weg.«

Borchardt lachte: »Das will ich glauben. Ist nämlich kein besonders vergnügliches Unterfangen, die Kühe und Rinder, Äcker und Gärten der Tempeldomäne zusammenzuzählen.«

»Also doch eine Bulette?«

»Meinetwegen!« Borchardt stand auf. Er schob den vor sich liegenden Papyrusteil beiseite, dabei kam ein unscheinbares zerfleddertes Stück Papyrus zum Vorschein, das seiner Aufmerksamkeit bisher entgangen war. »Was haben wir denn da?«

Borchardt überflog die Schriftzeichen, stockte, las noch einmal, diesmal langsamer, sah Sethe an und fragte unvermittelt: »Wie oft fielen bei den alten Ägyptern astronomisches und bürgerliches Neujahr zusammen?«

Sethe, dem der Sinn um diese Zeit viel mehr nach einer Bulette und einer Weißen mit Schuß stand, antwortete gereizt: »Du könntest mich auch was Leichteres fragen ...«

Borchardt ließ nicht locker: »Für die Ägypter begann das neue Jahr mit der Nilflut. Sie setzte ziemlich regelmäßig alle 365 Tage ein und solange dauerte auch ein Jahr. Doch dann kamen die Astronomen und rechneten ...«

»... und sie bemerkten, daß das astronomische Sonnenjahr sich alle vier Jahre um einen Tag verschob, weil alle vier

Jahre der Sothis-Stern, unser Sirius, einen Tag später aufging.«

»So ist es«, pflichtete Borchardt bei und kritzelte ein paar Zahlen auf einen Zettel. »Das bedeutet aber auch, daß alle 1460 Jahre Sothis-Jahr und Nil-Jahr denselben Neujahrstag hatten.«

»Klar, vier mal 365 ist 1460. Na und?«

Borchardt hielt Sethe den Papyrus-Fetzen unter die Nase: »Hier. Hier steht, daß an diesem Tag der Sothis-Stern aufging und das Niljahr begann. Damit haben wir zum erstenmal eine absolute Jahreszahl aus der ägyptischen Geschichte.«

Tags darauf zog Borchardt einen Astronomen zu Rat. Mit Hilfe der unscheinbaren Kalendernotiz konnte eine absolute Jahreszahl berechnet werden, ein Fixpunkt, von dem man andere Jahreszahlen errechnen konnte. Jetzt stellte sich heraus, daß die Altertumsforscher allesamt die Geschichte Ägyptens um mehr als tausend Jahre zu hoch angesetzt hatten, als sie in Wirklichkeit war.

Rote und grüne Raketen zischten zum Himmel und tauchten für Sekunden das nächtliche Tal in orientalischen Lichterzauber. Die schroffen Felswände glühten, um im nächsten Augenblick in fahlem Grün zu erstarren. Altertumsforscher aus aller Welt verabschiedeten das Jahrhundert im Tal der Könige. Inspektor Howard Carter hatte elektrischen Strom ins Tal legen lassen, eine unschätzbare Erleichterung für die Arbeit unter der Erde, doch in dieser Nacht diente die Elektrizität der bunten Illumination des Sethos-Grabes, in dessen Pfeilersaal weiß gedeckte Tische aufgestellt waren. Da fuhr der Sonnengott durch die Nacht der Totenwelt und König Sethos stand totenbleich vor Osiris und Hathor. Die rotgrünen Reliefs zeigten Horus und die vier damals bekannten Menschenrassen: Ägypter, Asiaten, Neger und Libyer.

Das Publikum zum Jahreswechsel 1899 war weit illustrer,

kam aus Ländern und Kontinenten, von denen die Ägypter zu Sethos' Zeiten keine Ahnung hatten: aus Amerika Charles Wilbour, dessen Rauschebart ihm bei den Einheimischen inzwischen den Namen Abu Dign, Vater des Bartes, eingebracht hatte, und der wohlhabende Kupfermagnat Theodore M. Davis, der Ägyptologie als Steckenpferd pflegte, aus Frankreich der alte und neue Altertümer-Direktor Gaston Maspero, aus der Schweiz Edouard Naville, aus England Flinders Petrie, Henry Sayce und Inspektor Howard Carter, und aus Deutschland Emil Brugsch, die rechte Hand Masperos. Er und Howard Carter waren als einzige ohne Damen erschienen. Der schüchterne Carter war Junggeselle aus Überzeugung, und Brugsch beklagte bei Tisch sein trauriges Schicksal, das ihn innerhalb eines halben Jahres um Frau und Vermögen gebracht hatte.

»Geschieht Ihnen ganz recht«, meinte Maspero, »ein Mann entführt nicht ungestraft eine Haremsdame des Khediven; aber sie dann auch noch heiraten zu wollen, das grenzt beinahe an Dummheit, Monsieur!«

»Aber ihre schwarzen Augen!« lamentierte der kleine Brugsch. »Haben Sie jemals ihre schwarzen, unergründlichen Augen gesehen?«

»Die schönsten Augen der Welt sind es nicht wert, daß man sein Vermögen an die Frau, die sie besitzt, verschleudert«, sagte Maspero, und den übrigen Anwesenden erklärte der Franzose, die Haremsdame des Paschas habe einer Heirat nur unter der Bedingung zugestimmt, daß Brugsch ihr sein Haus in Kairo überschrieb, und als dies alles geregelt gewesen sei, habe sie ihn vor die Türe gesetzt.

Genauso habe es sich abgespielt, stimmte Brugsch zu, zwanzig Jahre habe er gespart, um sich dieses Haus kaufen zu können, jetzt stehe er wieder vor dem Nichts, es sei ein Jammer, nur gut, daß Heinrich das alles nicht mehr erleben mußte.

Petrie drückte die Hand seiner jungen Frau Hilda, als

wollte er sagen: Von dir hätte ich das nicht zu erwarten. Aber schließlich waren die beiden erst kurz verheiratet.

Abu Dign erkundigte sich bei Petrie nach den Fortschritten seiner Grabungen in Abydos und wo er im kommenden Jahr zu arbeiten gedenke. Der Engländer antwortete, keine zehn Pferde brächten ihn aus Abydos fort. Er wollte endlich einmal eine Grabung zu Ende bringen und nicht von irgendwelchen Schreibtischmenschen an irgendwelche Einsatzorte geschickt werden.

Davis, der mit Sayce auf dessen Dahabija »Ischtar« nach Luxor gekommen war, unterhielt sich angeregt mit Howard Carter. Einmal im Tal der Könige zu graben, meinte er, das sei der Traum seines Lebens, und diesen Traum würde er sich viel Geld kosten lassen.

»Das wäre hinausgeworfenes Geld!« unterbrach ihn Maspero. »Im Tal gibt es keinen Stein, der noch nicht dreimal umgedreht worden ist. Da weiß ich fruchtbarere Flecken Erde.«

»Aber Mister Carter hat . . .«, wandte Davis ein.

»Mister Carter ist ein junger Mann von hoher Begabung«, sagte Maspero etwas überheblich, »aber ich glaube, es fehlt ihm noch an Erfahrung. Das Tal ist erforscht bis in die letzte Felsspalte, glauben Sie mir!«

Carter schien verärgert. »Verzeihen Sie, Sir, das hat schon Belzoni behauptet und Erman, und was ist seitdem alles geschehen? Vergleichen wir die Pharaonen-Listen von Abydos und Karnak, dann fehlt noch mindestens ein halbes Dutzend Könige.«

»Gut, gut, Mister Carter«, lächelte Maspero, »haben Sie irgendwelche Anhaltspunkte?«

Das war unverschämt, denn Maspero wußte natürlich ganz genau, daß Carter keinen einzigen Hinweis auf ein weiteres Grabversteck hatte. Carter wurde zornig und revanchierte sich mit der Behauptung, auch Loret habe nicht eine einzige Spur gehabt und dennoch zehn Pharaonen entdeckt.

Das traf. Maspero wurde nur ungerne an seinen Schüler Loret erinnert, der als Altertümerdirektor unfähig war, aber zum erfolgreichen Ausgräber wurde. Deshalb paßte es ihm ganz und gar nicht, als Howard Carter den Vorschlag machte, er selbst wolle zusammen mit Theodore Davis im Tal neue Suchgrabungen ansetzen.

Inzwischen lauschten auch alle übrigen Gäste der Diskussion mit Aufmerksamkeit. Vor allem Sayce und Wilbour bedrängten den Franzosen, die Konzession zu erteilen, schließlich bedeutete auch ein Mißerfolg des Unternehmens keinen finanziellen Verlust, da Davis alle Kosten aus eigener Tasche bestreite. Maspero sah sich in die Enge getrieben. Genaugenommen gab es keinen einzigen Grund, diese Grabungen zu verbieten.

»Effendi, Effendi!« Der Fellache, der in der Morgendämmerung gegen Carters Türe schlug, war aufgeregt. Schlaftrunken schob Carter den Riegel zurück und erkannte Yussuf, einen seiner Grabwächter. »Ein Überfall, ein Überfall!« schrie Yussuf. »Kommen Sie schnell!«

Howard Carter fuhr in die Kleider und rannte mit dem Grabwächter den Weg hinauf zum Tal. Unterwegs berichtete Yussuf, was vorgefallen war. Bewaffnete Gangster hätten sie mitten in der Nacht überwältigt, gefesselt und das Grab Amenophis' II. ausgeraubt, es sei eine Schande.

Carter erschrak, als er zusammen mit Yussuf das aufgebrochene Grab betrat. Die schwere Deckplatte des Sarkophages war heruntergewuchtet, die Mumie des Königs herausgerissen. Zerfetzte Bandagen vermittelten den Eindruck, daß der Leichnam genau an jenen Körperstellen durchsucht wurde, an denen die alten Ägypter kostbare Amulette anzubringen pflegten. Ob die Mumie Amenophis' II. solche Amulette enthielt, wußte Carter nicht; denn die Archäologen hatten den König nach seiner Entdeckung unberührt im Sarkophag belassen.

»Wie viele Banditen waren es?« erkundigte sich Carter.

»Ich weiß nicht«, beteuerte Yussuf, »vielleicht drei oder vier, es ging alles so schnell!«

»Und wo ist dein Freund, der zweite Wächter?«

»Zu Hause, er wurde niedergeschlagen.«

»Komm!« Carter packte Yussuf am Ärmel und zog ihn mit sich fort. »Hier gibt es nichts mehr zu bewachen.«

»Wohin gehen wir?« fragte Yussuf auf dem steilen Weg nach Schech abd el-Kurna. Carter antwortete, er wolle den anderen Wächter fragen, was er gesehen habe.

»Er hat noch weniger gesehen als ich«, schwor Yussuf, »du brauchst ihn nicht zu befragen, Effendi.«

Der zweite Mann kam ihnen im Morgengrauen entgegen. »O welch ein Unglück für das ganze Land. Man hat den toten König beraubt, welch ein Unglück!«

»Bist du verletzt?« erkundigte sich Carter.

»Allah sei Dank, nein. Ich konnte fliehen.«

»Sie haben dich also gar nicht niedergeschlagen?«

Yussuf beteuerte, gesehen zu haben, wie man seinen Kollegen niederschlug, erst dann sei er geflohen.

»Ich denke, die Banditen haben Euch gefesselt?«

»Nein«, antwortete Yussuf, »wir konnten fliehen.«

Als er merkte, daß die beiden sich in Widersprüche verwikkelten, schickte Carter sie nach Hause und ging zu dem aufgebrochenen Grabeingang zurück. Im schrägen Licht der Morgensonne erkannte er deutliche Fußspuren, allerdings gaben sie nicht den geringsten Hinweis auf ein Handgemenge. Es schien vielmehr, als habe ein einziger Räuber in aller Ruhe das Schloß aufgebrochen und das Gangsterstück ausgeführt. Wo waren die Wächter in dieser Nacht?

In Luxor lebte ein uralter Spurensucher, der seine Kunst den Jägern verkaufte. Ihn ließ Carter kommen, Fußabdrücke zeichnen und vermessen und schließlich verfolgen. Vor einem weißen Haus in el-Kurna blieb der Spurensucher stehen, es war das Haus der Abd er-Rassuls.

XIII.
Männer,
Träumer und Rivalen

Spät, nach Mitternacht, saß Borchardt, der nüchterne Planer und Architekt, bei Kerzenschein in seinem Zimmer, vor sich dieses lebendige Standbild der Königin, das edle, tadellose Profil, und es schien ihm, als bewegten sich ihre Lippen, als formten sie die Frage: »Warum hast du mich nicht in Ruhe gelassen – dort, wo ich war, im Schutt der Jahrtausende?«
Und Borchardt, zwischen Traum und Wirklichkeit, antwortete beinahe andachtsvoll: »Weil es glücklich macht, nach den Anfängen zu forschen. Wir können dieses unser Leben nur dann verstehen, wenn wir unsere Anfänge kennen. Und hier, auf diesem Boden, liegen die Anfänge unserer Kultur.«

Er war klein, untersetzt und drahtig und hatte die nervösen Bewegungen eines Kettenrauchers. Aber er war voller Energie – was er sich in den Kopf setzte, das führte er auch aus. Und in den Kopf gesetzt hatte er sich nun einmal, im Tal der Könige zu graben, wenn es sein mußte bis in zehn Meter Tiefe. »Entweder«, tönte Theodore Davis selbstbewußt, »ich gehe in die Geschichte ein als lächerlicher Dummkopf, oder man wird mich als großen Entdecker feiern!«

Der clevere Geschäftsmann Davis, der nichts im Leben dem Zufall überließ, hatte natürlich auch dieses Unternehmen bis ins kleinste durchkalkuliert, alle Möglichkeiten mit namhaften Forschern erörtert und war so zu der Überzeugung gelangt, daß das Tal noch manche Sensation verborgen hielt, nur müsse man mit ungeheuerem Aufwand arbeiten. Man müsse dreimal so tief graben wie alle bisherigen Forscher und Stellen angehen, an die sich bisher aufgrund technischer Schwierigkeiten kein Ausgräber gewagt hatte.

Davis handelte Maspero eine Exklusiv-Konzession für das Tal ab. Der Marquis von Northampton und der britische Chemie-Industrielle Sir Robert Mond, die seit Jahren, jeder für sich, ihre eigenen Ausgrabungen betrieben, störten den kleinen Amerikaner bei seinem Vorhaben. Ein paar hundert Grabungsarbeiter wurden angeworben und drei Männer vom Fach, der 23jährige Arthur Weigall, sein etwas jüngerer Kollege Edward Ayrton und Inspektor Howard Carter, allesamt Engländer.

Carter hatte keinen leichten Stand seit dem mysteriösen Überfall auf das Grab Amenophis' II. Der Inspektor war felsenfest überzeugt, daß die Abd er-Rassuls hinter dem Komplott steckten, aber alle Ermittlungen waren im Sand von el-Kurna verlaufen, und seither wurde Carter von den Einheimischen gemieden, die Kinder warfen Steine hinter ihm her.

Howard Carter war genau der richtige Mann für die aussichtslos scheinende Aufgabe, die sich Davis vorgenommen hatte. Aber wo sollte er ansetzen? Dort, wo Dutzende vor ihm aufgegeben hatten? Oder da, wo sich andere aufgrund der Unwegsamkeit des Geländes bisher nicht herangewagt hatten?

Der eigensinnige Engländer entschied sich für den steilabfallenden Südosthang des Tales, sehr zum Leidwesen seines Geldgebers, der meinte, ein Stück weiter unten würde er sich die Schuhe weniger schmutzig machen. Aber Davis redete dem Experten nicht drein. Dicht unterhalb des Weges, der über das Gebirge nach Der el-Bahari führt – jeder in der Gegend war ihn Hunderte Male gegangen –, stieß Carter schon nach drei Tagen auf einen gemauerten Eingang. Theodore Davis war entzückt, glaubte den größten Fund der Geschichte gemacht zu haben und verschickte Einladungen nach Amerika zur Eröffnung »seines Grabes«. Aber Carter ließ sich nicht beeindrucken, nach einer Woche öffnete er die Gruft. Altertumsforschung sei keine Theatervorstellung.

Zunächst mußte Carter feststellen, daß das Grab schon in alter Zeit ausgeraubt worden war. Ausstattung und Größe ließen einen wenig bedeutenden König mit nur kurzer Regierungszeit vermuten. Inschriften verwiesen auf Thutmosis IV., der acht Jahre über das Nilreich herrschte und mit der Schwester des Mitanni-Königs Schutarna verheiratet war. Abgesehen von einem Wagen und ein paar Kleinmöbeln hatten die Grabräuber nichts zurückgelassen.

Theodore Davis konnte seine Enttäuschung nicht verbergen und versuchte seine Ausgräber mit Geldprämien zu motivieren. Carter dagegen war stolz über seine erste Entdekkung und beruhigte den Amerikaner, das sei doch alles erst ein Anfang.

»Und wo wollen Sie nun weitergraben?« erkundigte sich der 66jährige.

Carter deutete auf ein wenige Schritte entferntes Loch im Boden. »Ich will endlich wissen, wo dieser Gang hinführt.«

Ayrton und Weigall warnten den Inspektor mit erhobenen Händen, an dieses Projekt heranzugehen. Seit hundert Jahren hätten Ausgräber sich an diesem verschütteten Felsstollen versucht, Napoleon hätte nach 26 Meter aufgegeben, Lepsius nach 46, und die einzige Erkenntnis, die beide aus der mörderischen Arbeit gewonnen hätten, sei die Tatsache, daß sich der endlos scheinende abwärts führende Gang im Uhrzeigersinn nach rechts drehe.

»Weder Napoleon noch Lepsius konnten auf elektrisches Licht zurückgreifen«, verteidigte Carter seinen Plan, »aber gerade die Beleuchtung ist das größte Problem bei diesem Grab. Es ist mir überhaupt ein Rätsel, wie die Grabbauer ihre Arbeit bewältigten; denn mit Sonnenspiegeln konnten sie nicht graben, und Fackeln raubten ihnen die Luft.«

Ayrton fragte, warum gerade dieses Grab keinen geradlinigen, sondern einen gewundenen Zugang habe; aber Carter winkte ab, bei näherer Prüfung des Gesteins werde das durchaus klar. Schon nach den ersten zehn Metern hätten die Steinhauer gemerkt, wie morsch und brüchig der Fels war, untauglich für jede Bearbeitung und Malerei, also hätten sie unter der Erde die Richtung geändert, auf der Suche nach besserem Gestein.

»Ich habe natürlich keinen Beweis in Händen«, sagte Carter, »aber ich glaube, wenn es sich um einen unbedeutenden König gehandelt hätte, dann hätte man nach 40 Metern eine Grabkammer geschlagen und den Pharao bestattet. Doch in diesem Fall scheint der König weder Mühen noch Kosten gescheut zu haben, und das spricht für eine bedeutende Persönlichkeit.«

»Carter hat recht«, sagte Theodore Davis, der die Diskussion mit sichtlichem Interesse verfolgte, »wenn sogar Napoleon den Stollen aufgegeben hat, so wird dadurch die Wahrscheinlichkeit nur um so größer, daß auch Grabräuber nicht bis in das Innerste vorgedrungen sind.«

Weigall wurde unruhig: »Um welchen Pharao könnte es sich dabei handeln, Mister Carter?«

»Ich lehne solche Spekulationen ab«, bemerkte Carter schroff. »Wie wir gesehen haben, wurden schon einige Pharaonen im Grab ihrer Vor- oder Nachfahren gefunden, außerdem entdecken wir immer neue Könige, die aus irgendwelchen Gründen in den alten Königslisten nicht geführt wurden. Denken Sie nur an den rätselhaften König Echnaton oder an Tut-ench-Amun, von dem im Tempel von Luxor die Rede ist.«

Der Amerikaner fand immer mehr Gefallen an dem Projekt. Die Vorstellung, er, Theodore Monroe Davis aus Newport, Rhode Island, könnte ein Königsgrab finden, vor dem Napoleon kapituliert hatte, ließ ihn innerlich wachsen. »Wir gehen daran!« sagte Davis bestimmt. Das war am 28. Februar 1903.

Die Installierung der elektrischen Beleuchtung erwies sich komplizierter als erwartet, inzwischen verrichteten die Männer ihre schweißtreibende Arbeit unter Tage bei Kerzenlicht. Schon am ersten Tag wurde klar, warum alle Ausgräber vor ihnen aufgegeben hatten: Dieser Stollen war nicht einfach freizuschaufeln, Regenwasser hatte einen Weg durch das morsche Gestein gefunden und den kalkhaltigen Schutt im Laufe von Jahrtausenden hart wie Mörtel werden lassen, Carter und seine Männer mußten ihn herausschlagen.

Nach fünfzig Metern tat sich eine Kammer auf, aber auch hier waren die Wände ohne Zierde. Zu diesem Zeitpunkt befanden sich die Ausgräber etwa zehn Meter unter dem Bodenniveau. Davis stieg nur noch jeden zweiten Tag in den Stollen, er litt unter Atemschwierigkeiten.

»Nein, das kann nicht die Grabkammer gewesen sein«, beteuerte Carter, »so ganz ohne jeden Wandschmuck, ohne jede Inschrift!«

»Aber wo geht es weiter?« schnaufte Davis. »Nirgendwo an der Wand ist ein Durchbruch zu erkennen.«

Howard Carter stampfte mit dem Fuß auf den Boden. »Hier«, sagte er, »ich glaube, es geht nach unten weiter.«

»Auf welcher Seite wollen Sie anfangen?«

Carter hob die Schultern. Da zog Davis eine Zehn-Piaster-Münze aus der Tasche: »Adler ist links, Kopf ist rechts!« Er warf das Geldstück hoch, hob es auf und zeigte es dem Ausgräber: »Kopf!«

Carter grub in der rechten Ecke nach unten und stieß tatsächlich auf einen weiteren Schräggang. Etwa hundert Meter hatte sich das Team jetzt in den Fels gewunden. Die Luft wurde immer knapper, Kerzen schmolzen vor Hitze, Arbeiter streikten, noch immer fehlte die elektrische Beleuchtung. Am 15. April brach Howard Carter die Arbeiten ab. Seine Leute, sagte er, würden keine Schaufel mehr anrühren, solange die Beleuchtungsfrage ungelöst sei.

Während der folgenden Sommerpause wurden endlich die

Leitungen gelegt. Feuerwehrmänner aus Luxor zogen Schläuche in den Stollen, durch die von oben Luft in das Grab gepumpt werden konnte. Am 15. Oktober nahm Carter die Arbeiten wieder auf.

Die ersten Tage verliefen erfolgversprechend; dann aber spitzte sich die Lage dramatisch zu.

»Sir, es ist aussichtslos«, sagte Carter zu seinem Geldgeber, »die Kinder, welche den Schutt hochschleppen, brechen reihenweise zusammen.«

»Nehmen Sie erwachsene Männer. Zahlen Sie das Doppelte!«

»Auch die Arbeiter sind am Ende. Der Staub verklebt ihnen Mund und Nase. Sie können nicht mehr atmen!«

»Ich gebe Ihnen die dreifache Menge. Teilen Sie Schichten von 15 Minuten ein. Das kann man aushalten!«

Der besessene Kupfermagnat blieb unerbittlich. Da kam ihm der Zufall zu Hilfe. Als Carter kraftlos am Ende schien, stieß er, 60 Meter von der ersten entfernt, auf eine zweite Kammer, schmucklos wie die erste. Zielsicher grub er auf der rechten Seite den Boden auf und stieß auf zwei Steinstufen. Von hier führte der Stollen weiter im Rechtsbogen schräg nach unten.

Statt fester wurde das Felsgestein immer brüchiger. Ganze Wagenladungen brachen von der Decke, verschütteten Arbeiter. Rettungsmannschaften mußten sie freischaufeln. Davis zahlte Sonderprämien. Da, am 26. Januar 1904, tauchte eine dritte Kammer auf, auch sie vollgefüllt mit Schutt.

Ein paar Augenblicke zweifelte Howard Carter: War dies die Grabkammer? Er befand sich nun 200 Meter im Fels. Dieser Stollen konnte doch nicht endlos in die Tiefe führen! Carter legte einen Suchgraben diagonal durch die Kammer an und stieß, wiederum auf der rechten Seite, auf eine Treppe. Von Stufe zu Stufe arbeiteten sich die Männer nach unten. Am Ende der Treppe versperrte eine Mauer den Weg. Es schien, als wäre sie eingestürzt. Doch nein – Carter faßte sich an den Kopf: In die Mauer war ein Loch gebrochen, ein Loch, so groß wie ein Wagenrad.

»Sagen Sie, daß es nicht wahr ist!« schrie der alte Davis immer wieder, nachdem Carter ihn in die Tiefe geschleift hatte. »Sagen Sie, daß es nicht wahr ist!«

»Es ist wahr!« stammelte der Engländer hilflos, und er, der arme Kerl aus Kensington, der den Amerikaner ein Jahr lang ein Vermögen gekostet hatte, er schämte sich ob seiner Erfolglosigkeit. Denn in der Grabkammer, deren brüchiges Gewölbe drei Säulen abstützten, stand nur ein leerer Sarkophag, daneben lag ein Deckel, daneben ein zweiter Sarkophag, leer wie der erste. Sonst lag hier nur Schutt herum, staubiger, dreckiger, widerlicher, nutzloser Schutt.

Carter traten Tränen in die Augen, Tränen der Wut, Tränen der Hilflosigkeit. Die Hieroglyphen am Sarkophag verschwammen zu unförmigen Gebilden, und es dauerte eine Weile, bis sie wieder klar vor ihm auftauchten. Das Entschlüsseln der Hieroglyphen war für ihn, den Autodidakten, ohnehin kein leichtes Unterfangen.

Davis drängte: »Nun, wer ist es?«

»Sie meinen: Wer *war* es?« antwortete Carter bitter. Dann zeigte er mit dem Finger auf einen Königsring und las stokkend: »Hatschepsut Chnemetamun.«

»Und der?« Davis macht eine Kopfbewegung in Richtung des zweiten Sarkophages.

»Thutmosis«, sagte Carter leise. »Vater und Tochter.«

Dann stiegen beide schweratmend nach oben.

»Wo mögen Thutmosis und Hatschepsut wohl hingekommen sein?« sinnierte Theodore Davis, als sie, oben angekommen, sich erschöpft unter einem Sonnensegel niederließen.

»Wo die beiden heute sind?«

Davis nickte stumm.

»In Kairo«, sagte Carter trocken, »genauer in Giseh.«

Der Amerikaner sah seinen Ausgräber verständnislos an.

»Ja«, antwortete Carter, »Thutmosis war unter den Königsmumien, die der alte Abd er-Rassul damals gefunden hat. Und eine Holzkiste trug den Namen Hatschepsuts. Nur leider lagen darin zwei weibliche Mumien. Eine davon ist wohl Hatschepsut.«

Für Theodore Davis, dem die Aufregung um das Hatschepsut-Grab sehr zugesetzt hatte, war damit ein Kapitel Grabungsgeschichte beendet. Weigall und Ayrton begannen Sondierungen an anderer Stelle. Carter schlich sich noch wochenlang allein in den tiefen Stollen und versuchte den Boden der Sargkammer aufzugraben. Kein Mensch wußte von diesem heimlichen Unternehmen. Niemand ahnte, daß er oft bis tief in die Nacht bis zur Erschöpfung den Boden aufhackte und Berge von Gestein bewegte. Er wollte einfach nicht glauben, daß Grabräuber 213 Meter tief im Fels nichts übersehen hatten.

Ende März gab er auf – erfolglos.

Das Haus mit dem breiten Säulenportal auf der Nilinsel Gesira galt seit langem als eine der besten Adressen in Kairo. Politiker und Diplomaten, Künstler, vor allem Archäologen aus aller Welt, gaben sich hier allzu gerne ein Stelldichein. Der Hausherr Ludwig Borchardt bekleidete offiziell den seltenen Rang eines wissenschaftlichen Attachés am deutschen Konsulat in Kairo. Selten deshalb, weil diese Planstelle eigens für ihn geschaffen worden war.

»Und wie fühlen Sie sich bei uns in Kairo, Monsieur Borchardt?« fragte Gaston Maspero.

Borchardt blickte in die Runde der namhaften Forscher und schmunzelte: »Ich bitte Sie, Monsieur, hier kann man sich wie zu Hause fühlen. Zugegeben, Kairo ist nicht Berlin, aber Kairo ist auch kein Kuhdorf. In der vergangenen Woche habe ich hier das erste Automobil fahren sehen. Natürlich so ein verrückter Engländer – wie King Eduard gekleidet.«

Flinders Petrie hüstelte verlegen: »Seine Majestät Eduard

VII. gelten überall in der Welt als sportliches und modisches Vorbild – was man von Ihrem Wilhelm ja nicht gerade behaupten kann.«

»Aber meine Herren«, ging Maspero dazwischen, »wir wollen uns doch nicht um die modischen Accessoires unserer Kaiser und Könige streiten.«

»Da können wir ohnehin nicht mithalten«, lachte der Amerikaner Theodore Davis, »Roosevelt als modebewußter König, ha, ha!«

Kurt Sethe blickte wie immer mürrisch vor sich hin und verzog keine Miene. Wie zur Entschuldigung erklärte Borchardt, sein Freund habe Schwierigkeiten mit seinem Nachbarn.

Nachbarn? Alle sahen Borchardt fragend an. »Er kann nun einmal diesen Naville nicht leiden. Sie hassen sich wie die Pest. Dabei graben sie in Der el-Bahari nebeneinander; aber sie sind nun einmal sehr verschieden. Ich glaube, sie haben miteinander noch kein einziges Wort gewechselt.«

»Mit diesem Herrn verkehre ich nur schriftlich!« meinte Sethe, er erhob sich und blickte mit auf dem Rücken verschränkten Armen aus dem Fenster auf den Nil. »Und wenn *er* heute hier anwesend wäre, dann müßten Sie auf *meine* Gegenwart verzichten.«

»Das geht nun schon ein paar Jahre so«, erklärte Borchardt, »und nur, weil sie sich über einige Details im Leben der Königin Hatschepsut nicht einigen können. Verrückt ist das, ich kann nur sagen, verrückt. Keiner läßt eine Gelegenheit aus, den anderen mit irgendwelchen Veröffentlichungen herabzusetzen. Wie kleine Jungen.«

Sethe sagte beleidigt: »Ich kann gerne meine Koffer pakken, wenn es gewünscht wird . . .«

»Davon kann doch keine Rede sein«, versuchte Maspero einzulenken, »dieses Jahrhundert hat für uns so vielversprechend begonnen, wir brauchen jeden Mann.«

Borchardt erkundigte sich nach den neuesten Ergebnissen,

und Maspero berichtete mit sichtlichem Stolz, der Italiener Ernesto Schiaparelli habe das Grab der Königin Nefertari, der Frau des großen Ramses, gefunden, ausgeraubt zwar, aber mit prächtigen, guterhaltenen Wandmalereien.

»Wie ist das eigentlich, Mister Petrie«, erkundigte Borchardt sich, »haben Sie vor, in Amarna weiterzugraben?«

Der Engländer versuchte, um eine Antwort herumzureden, erklärte, das Nildelta nehme ihn voll in Beschlag, aber später würde er vielleicht wieder einmal . . .

»Es ist nämlich so«, unterbrach ihn Borchardt, »wir Deutschen würden gerne in Amarna arbeiten. Die bereits freigelegten Häuser- und Palastgrundrisse haben mich auf die Idee gebracht, uns mit der Architektur dieser Ortschaft auseinanderzusetzen. Was meinen Sie, Monsieur Maspero?«

Der sah Petrie fragend an, und als der Engländer nicht reagierte, sagte Maspero: »Nichts dagegen, ein lobenswertes Vorhaben.«

»Die Deutsche Orientgesellschaft würde die Kosten übernehmen. Hinter ihr steht ein hochherziger Spender.«

»Wenn Sie so erfolgreich sind wie bei der Rettung von Philae, dann kann man Ihnen schon jetzt gratulieren, Monsieur. Viele sagen, die Tempelinsel präsentiere sich dem Betrachter seit Errichtung des Staudammes schöner als je zuvor.«

»Ich werde eine gute Mannschaft zusammenstellen, ich denke an etwa hundert Arbeiter.«

»Hundert Arbeiter? Das ist ein hoher Aufwand. Und Ihre Bedingungen?«

»Keine.«

»Sie wissen, daß erstrangige Funde nicht mehr außer Landes gebracht werden dürfen!«

»Wir graben nicht nach Schätzen, wir suchen die altägyptische Architektur zu ergründen. Wenn dabei die eine oder andere Kleinigkeit abfällt, die wir unserem Geldgeber zum Präsent machen können . . .«

»Also gut, Borchardt, Sie erhalten die Konzession. Aber alle erstrangigen Funde gehen an das Museum in Giseh. Bei zweitrangigen Stücken erfolgt eine Teilung nach Absprache.«

»Einverstanden!« rief Ludwig Borchardt, und Maspero hob sein Glas: »Auf gutes Gelingen!«

An einem Seil hängend, klopfte Edouard Naville die steile Felswand von Der el-Bahari ab. Die helltönenden Hammerschläge hallten durch das ganze Tal. Zweck des gefährlichen Unternehmens war es, im Felsgestein Spuren künstlicher Bearbeitung zu entdecken. Der dicke Naville schlug das Werkzeug in jede Spalte, Steinsplitter spritzten aus der Wand und polterten in die Tiefe.

»He da«, rief Naville und gab den im Tempel beschäftigten Arbeitern ein Zeichen, auf die andere Seite auszuweichen.

Eine gewaltige Felsnase erregte das besondere Interesse des Forschers. Irgendwie sah der Stein aus wie ein riesiger Propfen, den man auf eine Öffnung gesetzt hatte. Naville schlug die Spitze seines Hammers in einen seitlichen Spalt, doch als er das Werkzeug wieder herausziehen wollte, saß es fest.

Am Seil baumelnd, spreizte sich Naville mit beiden Beinen ein und versuchte mit ganzer Kraft, den Hammer herauszuziehen. Ein Ruck – er hatte den Hammer in der Hand; doch gleichzeitig löste sich die Felsnase, so groß wie ein Mühlstein, schürfte an seiner Hüfte entlang und sauste an den Felswänden mit Krachen in die Tiefe. An einem Vorsprung aufschlagend, kam der Steinkoloß ins Rotieren, sprang noch einmal auf und machte einen gewaltigen Satz über die erste Galerie des Tempels, geradewegs auf die Holzhütte zu, die Naville für sich und seine Frau über einem ausgeraubten Grab errichtet hatte, weil es für Kühle sorgte.

Naville sah das Unglück kommen; aber er brachte keinen

Laut hervor. Rufen wäre auch zwecklos gewesen, das alles dauerte nur Sekunden. Als der schwere Felsbrocken das Blechdach der Hütte durchschlug und mit einem lauten Knall zwischen berstenden Balken und Brettern verschwand, schloß Naville für einen Moment die Augen. Als er sie wieder öffnete, sah er im Tal eine einzige, schmutzige Staubwolke.

Er ließ das Seil durch seine Hand laufen, daß die verbrannte Haut stank, unten angekommen hetzte er, die Arbeiter beiseite stoßend, auf die zerstörte Hütte zu. »Marguerite! Marguerite!« schrie er verzweifelt. Der Staub nahm ihm die Sicht, er stolperte über herumliegende Trümmer, rappelte sich hoch – da stand vor ihm eine kleine Gestalt, auf den Armen Marguerite: Sethe.

»Es ist ihr nichts passiert«, hustete Sethe, »Sie können ganz beruhigt sein.«

Naville wischte Marguerites Tränen mit bloßen Händen ab und schlug den Staub von ihrem Kleid. »Es ist nichts passiert«, stammelte sie in ihrem Schock immer wieder, »es ist wirklich nichts passiert!«

In der Aufregung hatte Naville Ali ganz vergessen, den einheimischen Koch. »Mein Gott«, rief er plötzlich, »wo ist Ali?« Dann lief er auf die Trümmer der Hütte zu. »Ali!« wiederholte er. »Kannst du mich hören?« Ihm war, als hätte er eine Antwort gehört. »Ali!« rief Naville immer wieder. Ein paar Arbeiter eilten herbei und halfen, Balken und Trümmer beiseite zu räumen.

Da war Alis Stimme. »Unten im Keller!« sagte Naville. Vorsichtig entfernten die Männer das Gebälk von der Treppe, die in das Grab führte. Der Felsen hatte die Decke durchschlagen und Ali mit all seinen Kochutensilien in die Tiefe gerissen. Dort saß er lächelnd, eine kleine Schramme über dem linken Auge.

Als Marguerite das ganze Ausmaß der Katastrophe erkannte, begann sie zu toben. Naville und Sethe führten sie gemeinsam zum Ausgräberhaus des Deutschen. »Ich will nach Hause«, schrie Marguerite in einem fort, »mir ist mein Leben lieber als dieser gottverdammte Tempel der Hatschepsut!« Naville versuchte, seine Frau zu beruhigen. Aber kaum hatte er sie überzeugt, daß es sich um einen Unfall gehandelt habe und ihnen überall ein Unglück widerfahren könne, da fragte sie: »Und wo sollen wir wohnen?«

Sethe schluckte. Man konnte ihm ansehen, daß er irgend etwas Bedeutsames sagen wollte. Schließlich meinte er: »Sie können ja hierbleiben, wenn Sie wollen. Im Haus ist genug Platz. Nur eine Bedingung: Wir reden nie über Hatschepsut!«

Naville nahm Sethes Hand und drückte sie stumm.

Theodore Davis grub weiter im Tal der Könige; aber ohne Howard Carter. Der hatte sich mit seiner bewaffneten Wächtertruppe so viele Feinde geschaffen, daß es ihm kaum noch möglich war, Arbeitskräfte anzuwerben. »Mit Carter? No«, sagten die Fellachen. Was blieb Maspero anderes übrig, als ihn nach Unterägypten zu versetzen? In Sakkara wachte er nun über den unterirdischen Serapis-Tempel.

James Quibell nahm seine Stelle in Luxor ein und grub zusammen mit Weigall weiter. Quibell hatte Glück. Unmittelbar am Tal-Eingang entdeckte er eine Steintreppe, untrügliches Kennzeichen für einen Grabzugang. In wenigen Metern Tiefe versperrte eine Mauer den Weg, doch groß war die Enttäuschung: In der Mauer klaffte ein Loch.

Man beschloß, zunächst den jüngsten Träger an den Füßen in die Maueröffnung zu halten, um zu sehen, was sich hinter der Mauer verbarg. Der Junge schrie fürchterlich, er hatte Angst, aber als Weigall ihn wieder nach oben zog, da hielt er einen kunstvoll verzierten Stab, einen Skarabäus, und ein Paar Sandalen in den Händen. Es liege da noch mehr herum, sagte er, lehnte es aber ab, sich noch einmal für ein solches Unternehmen zur Verfügung zu stellen.

Der Tatbestand war ungewöhnlich. Bisher hatte man meist Gräber gefunden, die ausgeraubt und danach zum Schein wieder verschlossen worden waren. Hier war der Einbruch schon von außen sichtbar, aber das Innere barg noch unbekannte Schätze.

»Das sieht mir ganz danach aus«, meinte Maspero, der am nächsten Tag zusammen mit Davis auf dem Esel ins Tal ritt, »als seien die Räuber bei ihrem Vorhaben gestört worden.«

»Viel wird es wohl nicht sein, was sie zurückgelassen haben«, antwortete Davis, »sonst wären sie sicher noch einmal zurückgekommen.«

Maspero lachte: »Wer weiß?«

Nach Besichtigung der Mauer stiegen Davis und Maspero in den Stollen hinab. Eine zweite Wand nach wenigen Metern war schnell überwunden, dann wurde es zur Gewißheit. Die Grabräuber hatten nicht die Möglichkeit gehabt, das Grab vollständig auszuräumen, und aus diesem Grund sperriges Mobiliar und Geschirr zurückgelassen.

Von Wandinschriften waren die Grabbewohner den Ausgräbern bereits bekannt: Juja und Tuja, die Schwiegereltern Amenophis' III. Davis deutete auf zwei Holzkisten. Maspero nickte. Beide hatten den gleichen Gedanken. Maspero hob vorsichtig den Deckel der ersten Kiste. Vor ihnen blinkte ein goldener Mumiensarkophag. Als er auch diesen abhob, schaute er in das würdevolle Antlitz eines alten Mannes. Dünne weiße Haare umspielten eine hohe Stirne, die Augen waren geschlossen wie zum frommen Gebet. Noch nie hatte Maspero in ein derart lebensechtes, unverhülltes Mumiengesicht geblickt. Nicht anders in der zweiten Holzkiste. In ihr lag Tuja, eine Frau mit aschfahlem langem Haar und zierlichem Gesicht.

Nach langen Beratungen kamen Maspero und Davis überein, sowohl die Grabausstattung als auch die beiden Mumien nach Giseh ins Museum zu bringen. Sie in ihrem Grab zu belassen, schien, wie sich gezeigt hatte, zu riskant. Vorbereitung und Verpackung nahmen drei Wochen in Anspruch. Am Tag vor der Verladung hielt sich Quibell allein im Grab auf, als er von draußen Stimmen hörte. Sie redeten französisch. Soweit Quibell hören konnte, sprach ein Mann eine alte Dame mit »Hoheit« an. Und da standen sie plötzlich vor ihm, eine würdige 80jährige Dame am Stock und ihr Diener.

»Madam!« sagte Quibell höflich. »Dieses Grab wurde gerade erst entdeckt, es ist noch nicht zur Besichtigung für die Öffentlichkeit freigegeben.«

»Ich weiß, ich weiß«, antwortete die resolute alte Dame, und mit einem Blick auf den kunstvollen alten Stuhl, den Quibell zu verpacken gerade im Begriff war, sagte sie: »Sehr liebenswürdig, Monsieur!«, nahm das kostbare Stück und setzte sich pustend darauf, noch bevor der Engländer irgend etwas sagen konnte.

Während die vornehme Dame, beide Hände auf den Stock gestützt, den Blick in die Runde gleiten ließ, starrte Quibell auf den unersetzlichen Stuhl und überlegte krampfhaft, wie er die Frau zum Aufstehen bewegen konnte.

»Das letzte Mal war ich hier im Tal nach der Einweihung des Suezkanals«, begann sie zu erzählen, »aber da waren Sie vermutlich noch gar nicht auf der Welt, ich hatte ein paar Falten weniger und ein paar Verehrer mehr. O dieser Khedive Ismail!« Sie kicherte in sich hinein. »Damals hatte ich die schönste Yacht im Mittelmeer, heute muß ich froh sein, wenn ich ein Ticket auf einem Liniendampfer bekomme. Haben Sie Mariette und Brugsch gekannt? Tolle Burschen!«

Quibell schüttelte den Kopf, er überlegte. Auf einmal fiel es ihm wie Schuppen von den Augen: Vor ihm saß Eugénie, die Ex-Kaiserin der Franzosen. Nach der Niederlage von Sedan und der Gefangennahme ihres Mannes Napoleons III. war sie nach Großbritannien geflohen. Dort lebte sie seither unter dem Namen Gräfin von Pierrefonds.

»Sie können sie auch gar nicht gekannt haben«, nahm die

Ex-Kaiserin ihre Rede wieder auf, »aber ich habe sie gekannt – beide. Tolle Burschen, sage ich Ihnen!«

Die Gräfin erhob sich, grüßte mit einem dezenten Kopfnicken und verschwand. Beim Treppensteigen hörte Quibell noch, wie sie murmelte: »Tolle Burschen, die zwei.«

Maspero schlug mit beiden Händen auf den Tisch: »Aber warum in aller Welt sind Sie nur so stur! Sie entschuldigen sich beim französischen Konsul, und alles hat seine Bewandtnis.«

Howard Carter blickte ernst: »Ich wüßte nicht, wofür ich mich zu entschuldigen hätte. Ich habe meine Pflicht getan, mehr nicht.«

»Carter«, sagte Maspero mit Nachdruck, »Sie sind einer unserer fähigsten Männer, das wissen Sie so gut wie ich. Sie haben eine große Zukunft in diesem Land. Aber wenn Sie auf das Entschuldigungsverlangen des Konsuls nicht eingehen, bekomme ich große Schwierigkeiten. Dann gibt es keine andere Möglichkeit, ich muß Sie entlassen.«

Ein paar Tage zuvor hatte eine Horde betrunkener Touristen, es waren allesamt Franzosen, versucht, ohne Eintrittskarten in den Serapis-Tempel einzudringen. Es kam zum Streit mit den Wächtern. Die riefen Inspektor Carter zu Hilfe, und der forderte sie auf, sich zu verteidigen. Bei den folgenden Auseinandersetzungen wurde ein Franzose niedergeschlagen. Als sie wieder nüchtern waren, beschwerten sich die Touristen beim Generalkonsul über die unziemliche Behandlung. Der Konsul wurde höchstoffiziell und forderte eine Entschuldigung.

»Herrgott«, schimpfte Maspero, »dann bleibt mir keine andere Wahl. Ich suspendiere Sie hiermit von Ihrem Dienst. Die schriftliche Kündigung folgt nach.«

Carter zuckte mit den Schultern, drehte sich um und ging grußlos. Er war nicht einmal besonders traurig; denn geliebt hatte er Unterägypten nie, geliebt hatte er nur das Tal.

Ludwig Borchardt kam mit großem Aufgebot. Er brachte den Archäologen Hermann Ranke mit, zwei Berliner Regierungsbaumeister, einen Regierungsbauführer, einen Vermessungstechniker, einen Koch, einen qualifizierten Vorarbeiter und hundert Hilfsarbeiter. Vor dem Grabungshaus, das Borchardt schon im Vorjahr hatte errichten lassen, wurde die schwarz-weiß-rote Flagge aufgezogen. Tell el-Amarna war fest in deutscher Hand.

Auch wenn sich seit Flinders Petrie keine Ausgräber mehr nach Tell el-Amarna verirrt hatten, so war die Forschung doch nicht stehengeblieben. Vor allem die in weitem Umkreis verstreuten Felsinschriften mit den Gründungsurkunden der Stadt hatten zu der zwingenden Erkenntnis geführt, daß es sich bei Achetaton, so der alte Name der Stadt, um eine ehemalige Residenz- und Hauptstadt Ägyptens handelte. Echnaton hatte die Stadt im Zuge einer Glaubensreform mitten in der Sandwüste errichtet, eine Generation lang war sie Hauptstadt gewesen, nach seinem Tod wurde die Metropole von allen Bewohnern verlassen, und sie verfiel innerhalb weniger Jahre.

Gleich am ersten Tag stießen Borchardts Ausgräber beim Legen von Suchgräben auf eine merkwürdige Kalksteinskulptur, sie schien roh und unvollendet und warf die Frage auf, ob man nicht im Atelier eines Bildhauers gelandet sei; denn ein winziger Elfenbeindeckel trug die Aufschrift: »Oberbildhauer Thutmosis«.

»Na, dann sehen wir uns das Haus des Oberbildhauers doch einmal näher an!« meinte Borchardt und gab Auftrag, weitere Suchgräben durch dieses Areal zu legen. Innerhalb weniger Tage tauchten Grundmauern aus dem Sand, die Wohn-, Schlaf- und Arbeitsräume vermuten ließen. Und da man immer mehr Gefäßscherben, Werkzeuge und Porträtmasken fand und weil der Boden sich unerwartet fruchtbar zeigte, ließ Borchardt tiefer graben, als es für die Aufnahme von Grundrissen erforderlich war.

Nofretete war seine größte Entdeckung: Ludwig Borchardt.

Eine kleine Kammer, nicht viel größer als zehn Quadratmeter, schien der interessanteste Raum des ganzen Hauses zu sein. Hier tauchten kleine Modellbüsten auf, aus Gips modellierte Hände des Königs Echnaton und seiner schönen Frau Nofretete. Ganz offensichtlich war dies die Modellkammer im Atelier des Künstlers.

Kurz nach 13 Uhr, Borchardt hielt gerade Siesta, kam ein Junge gelaufen und überreichte ihm einen Zettel, auf dem stand: »Dringend! Lebensgroße, bunte Büste in Haus P 47! Ranke.«

Die Forscher hatten für ihre Arbeit Tell el-Amarna in Planquadrate eingeteilt, von links nach rechts Buchstaben, von oben nach unten Zahlen. In P 47 lag das Atelier des Oberbildhauers Thutmosis. Borchardt machte sich auf den Weg. Professor Ranke empfing ihn schweigend. Wortlos zeigte er auf einen Trichter im Boden. In ein Meter Tiefe ragte der schlanke Hals einer Frau aus dem Schutt.

Borchardt rutschte in den Erdtrichter hinab und versuchte das seltsame Fundstück aus dem Boden zu ziehen. Vergeblich. Da räumte er vorsichtig mit bloßen Händen den Schutt beiseite. Ein schmales Kinn kam zum Vorschein, ein Mund, ein Gesicht wurde lebendig, aber noch immer war die Büste nicht zu bewegen. Kein Wunder, denn der Kopf steckte in einer überdimensionalen Kappe, der typischen Königinnenkappe. Bange Minuten vergingen, bis auch die Kappe freigeräumt war, dann hob Ludwig Borchardt das kostbare Stück aus dem Sand. Kein Zweifel, das war sie, die Königin von Achet-aton: Nofretete.

Ohne Aufsehen zu erregen wurde Nofretete in das Grabungshaus gebracht. Spät, nach Mitternacht, saß Borchardt, der nüchterne Planer und Architekt, bei Kerzenschein allein in seinem Zimmer, vor sich diese lebendige Büste der Königin, das edle, tadellose Profil, und es schien ihm, als bewegten sich ihre Lippen, als formten sie die Frage: »Warum hast du mich nicht in Ruhe gelassen – dort, wo ich war, im Schutt der Jahrtausende?«

Und Borchardt, zwischen Traum und Wirklichkeit, antwortete beinahe andachtsvoll: »Weil es glücklich macht, nach den Anfängen zu forschen. Wir können dieses unser Leben nur dann verstehen, wenn wir unsere Anfänge kennen. Und hier, auf diesem Boden, liegen die Anfänge unserer Kultur.«

»Was ist Kultur?«

»Kultur ist die Pflege, Verbesserung und Veredelung unserer leiblichen, seelischen und geistigen Anlagen und Fähigkeiten.«

»Und das macht Euch glücklich?«

»Das ist das Leben.«

Borchardt wollte gerade selbst eine Frage formulieren, da erwachte er aus seinem Traum, und die Wirklichkeit holte ihn ein. Morgen, so fiel es ihm wie Schuppen von den Augen, morgen würde er diese bedeutsame Entdeckung der Altertümerverwaltung in Kairo melden müssen. Boten würden sie abholen, und Nofretete, seine Nofretete, würde für immer für ihn verloren sein.

Da nahm der Forscher die Büste und trug sie vorsichtig wie eine Geliebte in den angrenzenden Lagerraum. Dann hüllte er sie in Stoffetzen, öffnete eine Holzkiste und legte sie hinein. Über das Bündel streute er Tonscherben und Bruchstücke von anderen Funden bis zum Rand. Auf den Deckel schrieb er mit roter Kreide: »Königliche Museen Berlin. Bruchstücke.« Anschließend legte er sich zur Ruhe; aber in dieser Nacht konnte Ludwig Borchardt keinen Schlaf mehr finden.

Im Tal eilte Davis von Erfolg zu Erfolg. Mit seinem Archäologen Edward Ayrton entdeckte er die Gräber von Thutmosis IV. und König Siptah.

»Sehen Sie nur!« sagte Ayrton, der gerade aus einem Erdtrichter hervorkroch und nach oben auf die Felsenklippen deutete. Dort beobachtete Howard Carter das Geschehen im Tal aus sicherer Entfernung.

»Armer Kerl«, brummte Davis und quetschte seine Zigarette mit dem Fuß aus, »wovon lebt er eigentlich?«

Ayrton hob die Schultern: »Es geht ihm ziemlich dreckig. Die Leute erzählen, daß er in dem Grab wohnt, in dem schon der alte Brugsch hauste und Aquarelle vom Tal macht und sie an die Touristen verkauft.«

Davis fuchtelte mit den Armen in der Luft herum, Carter solle herunterkommen. Der verstand.

»Es ist nicht sehr ermutigend«, sagte Ayrton und deutete auf den Erdtrichter, »wir entdecken ein Grab nach dem anderen, aber jedes ist ausgeraubt. Ich glaube nicht, daß es uns noch jemals vergönnt sein wird, ein unberührtes Pharaonengrab zu finden.«

»Und dieser Pharao Haremhab?« – Davis deutete auf das Erdloch – »War er ein bedeutender König?«

»Nein, ganz gewiß nicht«, antwortete Ayrton, »auch wenn man dies von den Ausmaßen des Grabes her vermuten könnte.«

Während sich Carter vom Kamm her näherte, machte Ayrton Anstalten, in dem neuentdeckten Grab zu verschwinden, in das er schon 50 Meter schräg nach unten vorgedrungen war. Ein zehn Meter tiefer Fallschacht hatte ihn aufgehalten. Ihn wollte er nun mit Hilfe einer Leiter, die er in dem niedrigen Gang hinter sich herzog, überwinden. Aber länger als zehn Minuten konnte es kein Mensch in der stickigen Luft dort unten aushalten.

»Mister Carter!« Theodore Davis begrüßte seinen ehemaligen Grabungsleiter freundlich. »Wie verbringen Sie Ihre Tage?«

Der machte eine unwillige Handbewegung und sagte: »Mehr schlecht als recht. Aber man läßt sich nicht unterkriegen. Ich habe mich meines erlernten Berufes erinnert und male bunte Bildchen für die Touristen.«

»Und wie geht das Geschäft?«

Carter verzog die Mundwinkel: »Wenn ich ehrlich sein darf – schleppend.«

»Sie könnten doch für mich malen? Ich meine, für mich ganz privat, ein paar Ansichten vom Tal der Könige. Es braucht ja niemand zu wissen!«

Howard Carter verstand. Der alte Davis handelte aus Mitleid, aber er wollte keine Schwierigkeiten mit Maspero bekommen. Am liebsten hätte er den Auftrag abgelehnt; aber dann dachte er daran, daß er auch irgendwann wieder etwas essen mußte, und er versprach, in den nächsten Tagen eine Auswahl vorzulegen.

»Aber ich möchte nicht, daß Maspero Sie sieht!« sagte Theodore Davis. Carter nickte und verschwand.

Ayrton kam schwer atmend aus dem Erdloch hervor. Davis sah ihn fragend an, aber der schüttelte nur den Kopf. Auch im Grab des Haremhab gab es nichts mehr zu entdekken.

Nur einen Steinwurf entfernt tat sich, zunächst unter grobem Geröll verborgen, ein Schacht auf. Winterregen hatten ihn im Laufe von Jahrhunderten mit Schlamm aufgefüllt. Und da Davis und seine Männer nichts unversucht ließen, schaufelten sie auch dieses Erdloch in mühsamer Arbeit frei. In acht Meter Tiefe stießen sie auf ein zerbrochenes Kästchen, das jedoch drei dünne Goldplättchen enthielt. Auf den Goldplättchen waren Hieroglyphen eingraviert.

Ayrton entschlüsselte die Schriftzeichen als die Namen von Tut-ench-Amun und seiner jungen Frau Anches-en-Amun. Allgemeine Ratlosigkeit machte sich breit. Der Schacht endete auf gewachsenem Fels. Um ein Grab konnte es sich dabei nicht handeln.

Zwei Tage später schienen die Ausgräber einer Lösung nähergekommen zu sein: Eine weitere Grube, ein paar Meter entfernt, gab einfaches Geschirr, Tonkrüge, vertrocknete Girlanden und Säckchen mit Natron frei, wie es beim Mumifizieren Anwendung fand. Ein Fetzen Leinwand, der über einen der Krüge gestülpt war, trug die Aufschrift »Jahr 6 des Tut-ench-Amun«.

»Darf man gratulieren?«

Davis drehte sich um. Am Rand des Erdtrichters stand Carter. »Ich habe ein paar Bilder für Sie gemalt«, sagte er verlegen, als er die bescheidene Ausbeute der Grabung sah.

»Gratulieren, wozu?« sagte Davis mürrisch. »Wir sind zufällig auf das Grab dieses vergessenen Pharaos gestoßen – wie war sein Name? – Tut-ench-Amun.«

»Diese Grube da?« Carter schien entsetzt.

Davis zuckte mit den Schultern. »Ein bedeutsamer Pharao war es ohnehin nicht. In den Königslisten ist nicht einmal sein Name aufgeführt.«

»Aber das hier«, wandte Carter ein, »ist doch nie im Leben ein Pharaonengrab.«

»Was ist es denn sonst«, meinte Ayrton, »die Krüge, die Girlanden, das Natron – alles typische Grabbeigaben!«

»Ich fürchte«, sagte Theodore Davis, »daß damit das Tal der Könige restlos erforscht ist.«

Ayrton erschrak. »Soll das heißen, Sie geben auf?«

»Was heißt aufgeben? Wir haben alles entdeckt, was es zu entdecken gab, sechzehn Gräber in sechs Jahren, allein sieben Gräber mit Inschriften. Glauben Sie ernsthaft, daß dieses Tal noch irgendein Geheimnis bergen könnte?«

Carter blickte sich um. Die schroffen Felswände, die endlosen Geröllhalden, stickige Luft und flirrende Hitze, das alles war ihm zur Heimat geworden. Und er wußte, daß er ein Leben lang von diesem Ort nicht loskommen würde.

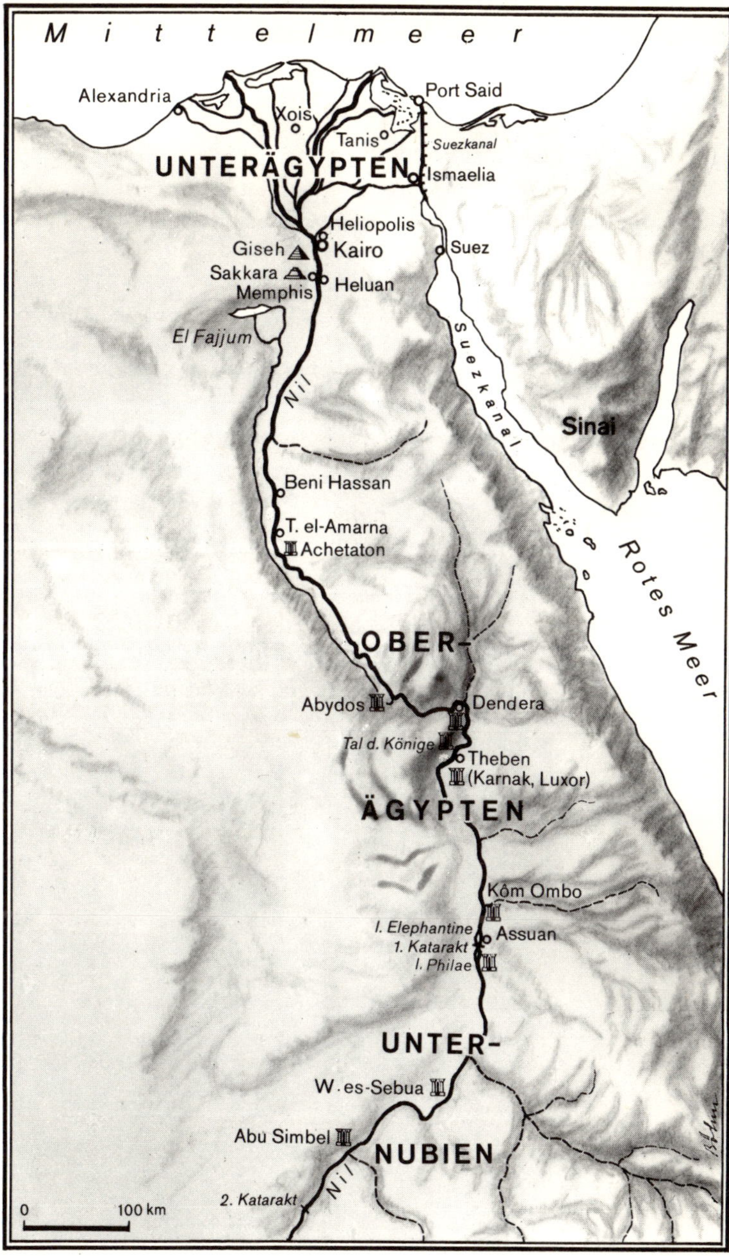

Mittelmeer
Alexandria
Xois
Port Said
Tanis
Suezkanal
UNTERÄGYPTEN
Ismaelia
Heliopolis
Giseh
Kairo
Suez
Sakkara
Memphis
Heluan
El Fajjum
Nil
Suezkanal
Sinai
Beni Hassan
T. el-Amarna
Achetaton
Rotes Meer
OBER-
Abydos
Dendera
Tal d. Könige
Theben
(Karnak, Luxor)
ÄGYPTEN
Kôm Ombo
I. Elephantine
Assuan
1. Katarakt
I. Philae
UNTER-
W. es-Sebua
Abu Simbel
NUBIEN
Nil
2. Katarakt
0
100 km

Bibliographie

Brugsch Heinrich *Mein Leben und mein Wandern*, 1894
Brugsch Heinrich *Reiseberichte aus Ägypten*, Leipzig 1855
Budge Wallis *By Nile and Tigris*, London 1920
Budge Wallis *The Rosetta Stone*, London 1929
Burckhardt J. L. *Notes on the Bedouins and Wahabys*, London 1831/1967
Denon Vivant *Mit Napoleon in Ägypten, 1798–1799*, Tübingen 1978
Ebers Georg *Die Geschichte meines Lebens*, 1893
Ebers Georg *Mein Grab in Theben*, Breslau 1882
Ebers Georg *Papyros Ebers*, 1889
Ebers Georg *Richard Lepsius*, Osnabrück 1969
Flower Raymond *Napoleon to Nasser. The story of modern Egypt*, London 1972
Gordon Lucie Duff *Letters from Egypt*, London 1969
Institut Français d'Archéologie *Melanges Mariette*, Kairo 1961
Kienitz Ernesto *Der Suez-Kanal*, Berlin 1957
Lepsius Richard *Briefe aus Ägypten und Äthiopien*, Berlin 1852
Petrie Flinders *Ten Years digging in Egypt 1881/91*, London 1923
Rhind Alex. Henry *Thebes: Its tombs and their tenants*, 1862
Rifaat Bey M. *The Awaking of modern Egypt*, London 1947
Sayce Archibald Henry *Reminiscences*, London 1923
Schmitz Paul *Ägyptens Weg zur Freiheit*, Leipzig 1941
Tugay Emine Foat *Three Centuries…*, Oxford 1963
Waterfield Gordon *Lucie Duff Gordon*, 1937
Wilbour Charles Edwin *Travels in Egypt*, Brooklyn 1936
Wilson John A. *Signs and Wonders upon Pharaohs*, Chicago/London 1964
Wilson John A. *Thousands of Years*, New York 1972
Wolley Charles L. *Ausgrabungen – Lebendige Geschichte*, Köln 1958
Wolley Charles L. *Dead Towns and living Men*, London 1954
Wortham John David *The Genesis of British Egyptology 1549–1906*, Oklahoma 1971

Register

Abbas I. Pascha, Khedive von Ägypten 35 f., 38 ff., 53, 60, 85
Abbas II. Hilmi, Khedive von Ägypten 306
Abbasija 38
Abdin-Palast 144, 173
Abdul Aziz, türk. Sultan 158 f., 175, 197 ff.
Abdul Halim 159
Abdul Hamid II., türk. Sultan 255
Abdul Madschid I., türk. Sultan 120 ff.
Abessinien 23
Abu Dign s. Wilbour, Charles
Abu Gurob 314
Abukir 16
Abu Simbel 140 ff.
Abusir 9
Abydos 83, 88 f., 91 f., 237, 252, 319
Achetaton s. Tell el-Amarna
Achmed, Scheich 56 f.
Achmed Abd er-Rassul 67 f., 202 ff., 263, 267 ff., 300 ff., 321, 323, 329
Achmed Rifat Pascha 95, 97
Ägypten 18 ff., 44, 60, 63, 83, 193
Ahmose 91, 124, 126, 270
Ahotep 124 ff., 134, 136, 150, 173, 175 f., 189
Aida 182
»Aida«, Oper v. Verdi 223
Alexander II., Zar von Rußland 196, 198
Alexander III., Zar von Rußland 305
Alexandria 16 f., 41, 53, 59 f., 84, 94 f., 98, 144, 155, 158, 162, 195, 224, 226, 255, 271 ff., 279, 282
Ali Abd el-Haj 286
Al-Ismailia 14
Amenophis I. 91, 270, 309
Amenophis II. 309 f., 320, 323
Amenophis III. 71, 135, 335
Amenophis IV. s. Echnaton
Amenmesse Siptah 113
Amset 64
Amun 46, 138, 213 ff., 294, 311
Amun-Ra 64
Anches-en-Amun 343
Andrassy, Gyula Graf 219 f., 222, 225
Apis-Stier 30, 33
Arab el-Madfuna 88
Arabi Pascha, Achmed 272 ff.
Assasif 69
Assuan 313 f.
Aszensions-Apparat 196 f.
Atum 165
Auad 46 ff., 52, 54, 57 f., 64 ff.
Augustus, röm. Kaiser 79
Ayrton, Edward 323 f., 329, 341 ff.

Baumwollfieber 147, 149
Bayern 172 f.
Bedreschëin 259
Bellefonds, Linant de 236
Belzoni, Giovanni 44, 131, 140 ff., 205, 275, 307
Benha, Palast 53
Beni Suef 237, 252
Bentanta 66
Berlin 114, 149 f., 287, 289, 305, 310, 315 f., 341
Berliner Museum 287, 314 f.
Beust, Friedrich Ferdinand von 225
Biban el-Harim 64
Bilharz, Theodor 18, 21
Bilharziose 18
Bischofsheim 147, 233
Bismarck, Otto von 175, 191
Blignières, M. de 255 f.
Bonnefoy 9 ff., 27, 29, 32, 123
Borchardt, Ludwig 314 ff., 322, 329 ff., 338 ff.
Borel, Lavelley und Co. 122
Boulogne-sur-Mer 11
Boulos Todrous 135 f.
Britisches Museum 289
British Hotel, Kairo 14
Brugsch, Antonie 220, 305
Brugsch, Emil 148 ff., 156, 221, 237 f., 253, 258 ff., 263 ff., 318
Brugsch, Heinrich 15 ff., 45 ff., 63 ff., 79 f., 82 ff., 90 ff., 98 ff., 148 ff., 155 ff., 161, 173 ff., 219 ff., 225 ff., 232 ff., 248 f., 252 ff., 264, 288, 298 ff., 306, 336, 341
Brugsch, Pauline 16, 56, 88, 102, 113, 148 ff., 155, 157, 174, 186
Bubastis 252
Budge, Wallis 277, 279 ff., 289, 297, 299
Bulak 15, 84, 150, 156, 306
Burckhardt, Johann Ludwig 143, 168

Calcutta, Schiff 16
Campbell, Major 241
Canaque, Kapitän 296 f.

Carter, Howard 291 ff., 303, 305, 310 ff., 317 ff., 334 ff., 341 ff.
Ceylon 274
Chaemwese 11, 32 f., 151
Chaillé-Long, Colonel 241
Champollion, Jean François 7, 32, 49 f., 81 f., 131, 143, 171
Chefren-Pyramide 142
Cheopspyramide 219 ff.
Cholera 152 ff., 174
Chons 32, 50
Clarendon, Earl of 229
Compagnie Universelle du Canal Maritime de Suez 63, 121 f., 145, 163
Cook, Thomas 275, 295
Cornus, Madame 195
Courbet, Gustave 181
Couvreux 122
Cromer, Lord 274 f., 306

Daguerreotypie 48
Dahabija 295 f., 319
Darius 167
Daud Pascha 268 f.
Davis, Theodore M. 318 ff., 322 ff., 334 f., 341 ff.
Dekret von Kanopos 171 f.
Demotisch 20, 70, 80, 172, 195, 305
Der el-Bahari 67, 98 f., 107, 111, 138 f., 202, 210, 215 ff., 237, 269, 302 ff., 323, 330, 332
Der el-Hedina 99, 203, 301
Der Mauas 288, 293
Deutsche Orientgesellschaft 331
»Deutsche Schule« 315
Déveria, Théodule 123 f., 126 ff., 134, 136
Didlington 292
Diodorus 44
Disraeli, Benjamin 240
»Don Carlos«, Oper v. Verdi 176 f., 182
»Don Carlos«, Schauspiel v. Schiller 176
Dongola 49, 239
Dra abu el-Naga 69, 307, 311
Drovetti, frz. Konsul 142
Dschebel Musa 168
Dümichen, Johannes 138
Dussaud Frères 121

Ebers, Georg 228, 244 ff.
Echnaton 289, 294, 296 f., 325, 338 f.
Edfu 83, 92, 237, 239
Eduard VII., König von England 330
Edwards, Amelia 242 ff., 275 ff., 296
Egypt Exploration Fund 277, 289, 291, 293, 296, 304 f.
Elephantine 83, 92
El-Hagg Quandil 282 f., 292
Elisabeth, Kaiserin von Österreich 220
El Gisr 122
Elliot, Henry Sir 225
Erman, Adolf 287, 309
Esbekija-Garten 15, 17, 150
Esna 92, 237
Eti, Frau des Perehu 103 f.
Eugénie, Kaiserin von Frankreich 198 f., 224 f., 228 f., 336 f.

»Figaro«, frz. Zeitung 185
Fink und Sigl 187
Floris, Korse 88, 93 f.
Franz Joseph, Kaiser von Österreich 219 ff., 229
»Französische Schule« 315
Friedrich Wilhelm IV. von Preußen 16 f., 20, 87, 225
Fuad Pascha 198

Garstin, Sir William 314
Gautier, Thèophile 225
Gesira 144, 329
Giffard 195
Girardin 184 f.
Giseh 11, 83, 162, 219, 306, 328, 332, 335
Giseh-Palast 144
Gordon, Charles 241
Gordon, Lucie Duff 130 ff., 151 ff., 242, 280
Goschen 147, 233
Gounod, Charles 182
Greif, Schiff 225
Grille, Schiff 225

Halim, Prinz 97
Haremhab 205, 342 f.
Harris, Anthony C. 17, 87 ff.
Harris, Selima 17, 97 ff.
Hassan, Diener Mariettes 32, 36
Hassan, Kapitän 125 f.
Hassan Pascha Monasterli 39 f.
Hathor 317
Hatschepsut 100 ff., 138 f., 205, 303, 328 f., 330, 334
Hatschepsut-Tempel 56, 83, 100, 109, 138 f., 203
Hawarth 292, 296
Heluan 145, 227
Hieratisch 80, 108
Hieroglyphen 29, 65, 70, 80 ff., 91, 102, 171, 190, 211, 258, 282, 305, 309, 328, 343
Heliopolis 38, 108
Hohenlohe, Fürst 305
Horus 83, 90, 92, 317
Hôtel des Voyageurs 165
Hotel d'Orient, Kairo 14 ff.
Huber, von, österr. Generalkonsul 18
Humboldt, Alexander von 17 f., 28, 58, 180

Ibsen, Henrik 225
Illaire 58
Indien 166
Insha-Palast 144
Ipet 51
Ischtar, Schiff 319
Isis 64, 105, 157
Ismail Pascha, Khedive von Ägypten 39, 53, 61, 97, 118, 144 f., 158 f., 173 ff., 182 f., 199 f., 220, 223, 225 ff., 232 ff., 238 ff., 254 f., 306, 336
Ismailia 165, 228
Ismailia-Palast 144
Ismail Saddyk 239
Ismain 140 ff., 155
Ithaka 16

Jemtschik, Dr. 18 ff.
Jeremias-Kloster 31
Juja 335
Julius Cäsar 195

Ka 104
Kaaper 137
Kafr el Zayat 95 ff., 118
Kahun 316
Kairo 14 ff., 41, 53, 59 ff., 84, 95, 113 ff., 121, 125 f., 131, 134, 136, 144, 149 f., 155 ff., 175, 184, 193, 200, 223, 226, 240, 249 ff., 255, 260, 278, 282, 288, 293, 310, 314, 328 f.
Kap der Guten Hoffnung 166
Karnak 49 f., 52, 54, 56, 91, 101, 105, 124, 237, 311 f., 319
Kaukasus 23
Kaulbach, Wilhelm von 201
Keilschrift, babylonische 281 ff., 289, 292, 299
Kena 64, 124 f., 151, 235 f., 247
Kennard 292 f., 296
Khan-en-Khalili-Basar 19
Kitchener, Lord 306
Kleopatra, Frau des Ptolemaios Euergetes II. 51, 81
Kleopatra, letzte Pharaonin 223
Kleopatra, Schwester des Ptolemaios Euergetes II. 51
Knaus, Ludwig 201
Kom Ombo 92
Königgrätz 175
Königstafel von Karnak 43
Konstantinopel 158
Koser 235
Krupp, Alfred 189, 201
Kurnet Murai 69

La Favorita, Palast 255
L'Aigle, Schiff 224, 228
La maison de France 46 f., 130 ff., 154, 242

Lepsius, Richard 32, 44, 46, 54, 70, 82, 87, 138, 143, 159 ff., 201, 222, 225, 227, 245, 277, 287, 324
Lesseps, Ferdinand de 53, 59 ff., 72 ff., 120 ff., 146, 163 ff., 199 f., 224 ff., 230, 274
Libysche Wüste 13
Locle, Camille du 181 f., 200
Loret, Victor 297, 300, 307 ff., 319 f.
Louvre 11, 13, 29, 38, 84
Luxor 44 ff., 93, 98, 130, 135, 143, 154, 168 f., 202 f., 217, 227, 241 ff., 264 ff., 279 f., 282, 285, 293, 295, 307, 311, 321, 334
Luxor-Tempel 47, 52, 88, 131, 149, 306

Ma 104
Mahroussa, Schiff 228, 255
Makare s. Hatschepsut
Manet, Edouard 181
Manethos 113
Mariette, Edouard 137
Mariette, Eléonore 137, 148, 150, 156 ff., 174, 186
Mariette, François Auguste 9 ff., 25 ff., 42, 44, 72 ff., 83 ff., 98 ff., 120, 123 ff., 133, 136 ff., 143, 148 ff., 156 f., 159 f., 169, 173 ff., 213, 219, 221 f., 225 ff., 232 ff., 250 ff., 264 f., 277, 298, 303 f., 306, 336
Marseille 121
Maspero, Gaston 190 f., 257 f., 263 ff., 276, 318 ff., 329 ff., 342 f.
Maunier, Galli du 48, 52 ff., 132 ff.
Medinet Habu 99, 237
Memnonium 56
Memphis 80, 108, 207, 237
Mendes 252
Menes 91
Mensaleh-See 120
Mentuhotep-Tempel 84
Merenptah 113, 169, 309
Mesopotamien 281, 289
Metternich, Fürst 229
Minia 297
Mitraline 237
Mohammed Abd er-Rassul 202, 204, 216 ff., 244, 268 f.
Mohammed Ali, Khedive von Ägypten 38 f., 53, 59, 61 f., 144, 162, 236
Mohammed As Saduk, Bey von Tunis 175
Mohammed Muhassib 280 ff.
Mokatam-Gebirge 145
Moltke, Helmuth Graf von 172
Mond, Sir Robert 323
»Monitor«, frz. Zeitung 198
Morgan, Jacques Jean de 296 ff.
Moses 168
Murray, Sir Charles 41 f.

Musk, Prinz 21
Mustafa Aga Ayat 52 ff., 69, 77, 130 ff., 202, 204, 217 f., 241 ff., 248 f., 268 f., 280
Mustafa Fadel 159

Napoleon 62 f., 80, 88, 143, 199, 222, 227, 324
Napoleon III. 73, 146, 195, 198 ff., 224, 230, 336
Napoleon, Prinz 73, 84, 198
Natterer, Dr. 18 ff.
Naville, Edouard 277, 297, 300, 303 f., 318, 330, 332 ff.
Naville, Marguerite 297, 333 f.
Neapel 255
Nechbet 203
Necho 62
Nefertari 331
Ne-user-Re 314
Nibmuarija 284
Nildelta 41, 60, 95, 98, 331
Nilflut 249 ff.
Nofretete 339 ff.
Northampton, Marquis von 323
Nubar, Eisenbahn-Direktor 117
Nubien 112, 138
Nut 92

Odysseus 16
Offenbach, Jacques 181
Omar, Diener Lady Duff Gordons 130 ff., 135, 151
Oppenheim 147, 233
Oriente, Schiff 16
Osiris 30, 65, 89 f., 141, 157, 317
Österreich 172
Österreichischer Lloyd 15
Ottomanisches Reich 23

Palmerston, Henry J. T. 123, 191, 239
Pelusium 120 f.
Pène, Henri de 177 ff.
Pentz, Baron von 17 ff., 25, 40 ff., 58
Perehu, Fürst von Punt 103 f.
Petrie, Flinders 277, 288 ff., 296 f., 303 ff., 318 f., 329 ff., 338
Petrie, Hilda 318
Phantasia 113, 241
Philae 81, 92, 175, 314 f., 331
Phiops 259 ff.
Pierrefonds, Gräfin von s. Eugénie, Kaiserin von Frankreich
Pithom 169
Poole, Reginald Stuard 276 f.
Port Said 121, 146, 167 f., 223 ff.
Pourtalès, Graf de 297
Preußen 173
Ptah 30, 65, 128
Ptolemaios Euergetes II. 51, 81, 171
Ptolemäus Philopater III. 79
Ptolemäus V. 80 f.
Punt 103
Pylontempel 83

Quai d'Orsay 179
Quibell, James 334, 336 f.

Radames 182
Ramses, Stadt 162, 169, 277
Ramses 43, 164, 167, 331
Ramses II. 11, 62, 89, 169, 215, 217, 270
Ramses III. 65, 108, 112 f., 213
Ramses IV. 65
Ranke, Hermann 338, 340
Raschid 80
Ras el Tin 121, 123
Re 104
Reitz, Konsul 55
Rhind, Alexander 69 ff., 77 f.
Rigolboche 191
»Rigoletto«, Oper v. Verdi 223
Roosevelt, Theodore 330
Rosselini 131
Rotes Meer 168, 236
Rothschild 147, 200
Rothschild, Lionel 246
Rougé, Emmanuel de 194
Papyri 11, 13, 17, 79, 89, 99, 106 ff., 246, 280, 306, 316 f.
Paris 13, 28, 63, 131, 305
Pavillon du Réalisme 181

Sachs, Dr. 155 ff.
Sachsen 172
Said Pascha, Khedive von Ägypten 39, 53, 58 ff., 72 ff., 84 ff., 95, 97, 114 ff., 121, 123, 129, 143 ff.
Saidia 113, 117
Sakkara 9, 12, 26, 36, 83, 91, 136, 207, 238, 252, 258 ff., 334
Saladin 21
Sally, Zofe Lady Duff Gordons 130 ff.
Salt, Henry 70, 131, 142
Samanoud, Schiff 83, 88, 93, 106, 123 ff.
Sayce, Henry 295 ff., 318 ff.
Schaluf 223
Schech abd el-Kurna 44 f., 50, 54 ff., 77 f., 106 f., 136, 142, 202 f., 205, 244, 267, 270, 300 f., 306, 321
Schiaparelli, Ernesto 331
Schiller, Friedrich von 176
Schönburg, Graf 17 f.
Schu 92
Schutarna 324
Sebach 283
Sebau 79
Senenmut 106
Serapis 11, 29
Serapis-Tempel 12, 14 ff., 26 ff., 34, 42, 73, 136, 258, 334, 337

Serbal-Gebirge 168
Seth 157
Sethnacht 113
Sethe, Kurt 316f., 330, 333f.
Sethos I. 82, 89ff., 142, 162, 205, 215, 307, 309
Sethos II. 113
Sethos-Tempel 92, 317
Seven Hathors, Schiff 295
Sharia el-Markaz 134
Sharia el-Muski 21, 150
Sharkia 144
Sinai 168
Siptah 309, 341
Sirius s. Sothis
Sklavenmarkt 19, 22ff.
Smith, Edwin 244ff.
Smyrna 85
Soliman Abd er-Rassul 202, 205f., 212, 216, 269
Sotheby 142
Sothis 317
Stein von Rosette 80f., 171f.
Stephenson, Robert 60, 95
Stone, Charles P. 234ff., 238, 247ff.
St. Petersburg 305
Strabo 11, 44
Sudan 23, 145, 241
Suez 60, 226
Suez-Kanal 120ff., 143ff., 163ff., 182, 219ff., 274, 336

Tabai 79
Tal der Könige 43, 55, 124, 138, 149, 214, 237, 257, 280, 282, 293, 300, 303ff., 307ff., 322, 334, 336, 342ff.
Tal der Königinnen s. Biban el-Harim
Tanis 169
»Tannhäuser«, Oper v. Wagner 183
Taufik Pascha, Khedive von Ägypten 61, 159, 255, 274
Tausret 113
Tegetthoff, Wilhelm, österr. Admiral 219
Tell el-Amarna 288ff., 293, 296ff., 331, 338ff.
Tell el-Kebir 164, 274
Tell el-Maschute 164
Tentopet 66
Theben 43, 45ff., 51, 83, 86, 108, 124, 140, 305
Thuoris 113
Thutmosis, Oberbildhauer 338, 340
Thutmosis I. 43, 91, 102, 309
Thutmosis II. 102
Thutmosis III. 101, 105, 205, 215, 270
Thutmosis IV. 324, 341
Ti 136f.
Timsah 49f., 52, 54
Timsah-See 120f., 146, 228
Ti-ti 65f.
Triest 16
Tuilerien 198
Tuja 335
Tuna 237
Turban Kalabija 144
Tussun Pascha 116
Tut-ench-Amun 205, 325, 343f.
Tyssen-Amherst 291f.

Ulama 117
Umberto, König von Neapel 255

Vassali, Luigi 85, 134, 156
Verdi, Giuseppe 176, 182ff., 200, 223, 225
Victor Emanuele II. 255

Wadi Hammamat 235, 247ff.
Wadi Tumilat 169
Wagner, Richard 176, 182f.
Weidenbach, Ernst 160, 168ff.
Weigall, Arthur 323ff., 329, 334
Weltausstellung 1867 in Paris 173, 175ff., 195ff.
Wenham, Mr. 70, 72, 78
Wertheim 187
Wien 175
Wilbour, Charles Edwin 263ff., 296f., 300, 318ff.
Wilhelm I., deutscher Kaiser 87, 196, 264
Wilhelm II., deutscher Kaiser 330
Wilkinson, Sir Gardiner 70
Wilson, Sir Erasmus 276f.
Wilson, Sir Rivers 255f.
Windischgrätz, Fürstin 17ff.
Wolseley, engl. General 274

Yussuf, Scheich 152f.

Zaaferan-Palast 144
Zagazig 121, 272
Zola, Emile 225

Bildnachweis

Bidlarchiv Preußischer Kulturbesitz, Berlin 26, 35, 61 (oben rechts/unten links), 100, 122, 161, 188, 290, 339
Archiv für Kunst und Geschichte, Berlin 21, 90, 146, 224, 273
Ullstein Bilderdienst, Berlin 61 (oben links/unten rechts), 139, 315
Bilderdienst Süddeutscher Verlag, München 197
Amelia B. Edwards, A Thousend Miles up the Nile, London 1877 47, 204, 246, 304, 312
Philipp Vandenberg 295